全国教育科学规划项目“处境不利儿童的相对剥夺感对其心理社会适应的影响机制及追踪研究”（EBA160408）

基于“获得感”视角的流动儿童相对剥夺感研究

熊　猛◎著

科学出版社
北　京

内 容 简 介

党的十九大报告指出，要“抓住人民最关心最直接最现实的利益问题……使人民获得感、幸福感、安全感更加充实、更有保障、更可持续”。本书基于“获得感”视角，选取城市流动儿童这一特殊群体为研究对象，采用访谈法、测验法和实验法，系统考察流动儿童相对剥夺感的内容结构、发展特点、影响因素、外显作用机制及内隐作用机制，以期能够深入揭示和理解儿童相对剥夺感的产生过程和作用机制，为有效预防和干预流动儿童的相对剥夺心理，促进其获得感水平提升和更好地融入城市生活提供科学依据。

本书适合从事儿童青少年心理健康教育的科研人员和研究生阅读，也可为相关中小学的心理健康教师、心理咨询师、班主任提供参考，还可为相关教育管理者和流动儿童家长提供教育启示。

图书在版编目（CIP）数据

基于“获得感”视角的流动儿童相对剥夺感研究 / 熊猛著. —北京：科学出版社，2022.10

ISBN 978-7-03-070835-9

Ⅰ. ①基…　Ⅱ. ①熊…　Ⅲ. ①流动人口–儿童教育–研究–中国　Ⅳ. ①G61

中国版本图书馆 CIP 数据核字（2022）第 199162 号

责任编辑：卢　森 / 责任校对：杨　然

责任印制：李　彤 / 封面设计：润一文化

科 学 出 版 社出版

北京东黄城根北街 16 号

邮政编码：100717

http:// www.sciencep.com

北京建宏印刷有限公司 印刷

科学出版社发行　各地新华书店经销

*

2022 年 10 月第　一　版　开本：720×1000　1/16

2022 年 10 月第一次印刷　印张：14 3/4

字数：300 000

定价：99.00 元

（如有印装质量问题，我社负责调换）

序　言

长江大学熊猛博士为新著《基于“获得感”视角的流动儿童相对剥夺感研究》请我作序，我欣然同意，有两个原因：一是初识熊猛，就给我留下了深刻的印象，他年轻有为，志向高远，勤奋努力，一位年轻学者表达出对心理学事业的强烈热爱与追求，其学术使命感让我称赞；二是因为我们同为中国心理学会心理学与社会治理分会理事，我主要从事社会心理学和青少年健康人格及其教育的研究与实践，而熊猛博士长期关注的处境不利儿童的相对剥夺感正好属于社会心理学和青少年人格发展领域的重要研究主题。相对剥夺感（relative deprivation，RD）一词是由美国社会学家斯托弗（Stouffer）于 1949 年在《美国士兵》（*The American Soldier*）一书中首先提出来的，他采用相对剥夺感来解释“二战时期美国升迁较缓慢的军警部队里士气比较高，而升迁较快的空军部队里士气却比较低落”这一“反常”现象。经过半个多世纪的历史演进，相对剥夺感已经成为心理学、社会学、政治学乃至经济学等领域的重要研究课题。改革开放 40 多年来，我国在宏观经济发展与社会公共服务质量改善方面均取得举世瞩目的成就，人们的物质文化生活水平显著提高的同时，我国社会主要矛盾已经转化为人民日益增长的美好生活需要和不平衡不充分的发展之间的矛盾。如何破解发展不平衡不充分的难题，最大限度地满足人民群众对美好生活的向往，成为当前及今后一个时期党和政府的重要历史使命。而相对剥夺感的研究，有利于提高弱势群体的心理和谐水平，有利于社会稳定，具有重要的理论价值和现实意义。

熊猛博士在 8 年前就开始关注我国城镇化进程中流动儿童的相对剥夺感问题，并系统地梳理了国内外相对剥夺感研究的历史脉络、基本理论和实证成果。近年来，他围绕我国处境不利儿童的相对剥夺感问题，进行了全国教育科学规划项目“处境不利儿童的相对剥夺感对其心理社会适应的影响机制及追踪研究”、湖北省高等学校哲学社会科学研究重大项目“乡村振兴视角下农村留守儿童相对剥夺感的结构特征、影响机制及干预研究”、湖北省社会科学基金项目“我国困境儿童的相对剥夺感与心理社会适应：基于外显、内隐及追踪研究的证据”、福建省社会科学基金项目“和谐社会视野下城市流动儿童的相对剥夺心理及其缓解策略”等课题的研究，发表了一系列有价值的研究成果，获得了福建省优秀博士学位论文奖、湖北省社会科学优秀成果奖等奖励，并受邀担任多份期刊的审稿专家，这些都表明其在相对剥夺感方面的研究成果和学术积累逐渐得到学界的认可。

熊猛博士的《基于“获得感”视角的流动儿童相对剥夺感研究》以“相对获得感”为切入点，以“相对剥夺感”为镜鉴，建构与“相对获得感”相反相成的路径和框架，系统考察“相对剥夺感”的结构测量、形成机制和作用机制，研究结果对“获得感”这一热点问题的深入理解将大有裨益。该书有如下创新和特色：

第一，立意的时代性。习近平总书记在党的十九大报告中指出，“中国特色社会主义进入新时代，我国社会主要矛盾已经转化为人民日益增长的美好生活需要和不平衡不充分的发展之间的矛盾”，“保障和改善民生要抓住人民最关心最直接最现实的利益问题……不断满足人民日益增长的美好生活需要，不断促进社会公平正义……使人民获得感、幸福感、安全感更加充实、更有保障、更可持续”。经历 40 多年的改革开放，我国推进发展、深化改革的焦点在于，如何更加平衡、更加充分、更加公平和公正地实现人民的利益要求。因此，“获得感”是新时代国家治理的良政基准与善治标尺。正如作者所言，目前关于“获得感”的研究尚未积累丰富的理论资源和实证研究，但“相对获得感”与“相对剥夺感”概念之间具有密切相关性。“相对获得感”与“相对剥夺感”可以视为一体两面的概念，两者之间构成的相反相成相关性，恰可以为我们分析研究“获得感”提供有效切入点。

第二，论证的科学性。作者立足于流动儿童这一特殊群体，以相对剥夺感为全文研究的逻辑主线，遵循“研究设计—文献梳理—量表研制—发展特点—影响因素—外显作用机制—内隐作用机制—总结展望”的总体研究思路，系统考察了流动儿童相对剥夺感的结构与特点（内容结构与发展特点）、影响因素（个体因素与环境因素）和作用机制（外显机制与内隐机制）三大层面、七个具体研究。各个子研究之间相对独立但又逐次递进，分别探索却又相互呼应，具有较好的内在逻辑一致性。在整个研究过程中综合运用文献分析法、质性访谈法、问卷调查法、内隐实验法以及多元统计法等科学研究方法，将质性研究与量化研究、调查研究与实验研究、横断研究与纵向干预有机结合，使得整体研究都是基于科学的研究设计和实证数据，整体研究结论真实可信。

第三，研究的本土性。半个多世纪以来，西方社会学家和心理学家对弱势群体的相对剥夺感进行了大量的理论探讨和实证研究，也取得了较多有意义的研究成果。然而，作者清醒地意识到东西方在种族、宗教、历史、社会、文化上的巨大差异，并没有把西方的相对剥夺感理论、概念和测量工具生搬硬套放在中国人的身上，而是真正地进行了一场由中国人主持、在中国文化背景下进行、以中国流动儿童为被试、反映中国流动儿童心理与行为的本土化研究。由于西方的研究主要针对的是群体成员资格无法改变的弱势群体，例如，德国统一后东部民众相较于西部民众、加拿大以法语为母语者相较于以英语为母语者、苏格兰人相较于英格兰人等，而中国流动儿童的群体成员资格主要是其所属的流动人口身份，这种群体成员资格存在较大的可变性和相对隐蔽性，通过自身的努力（如考学）或者返回老家等，流动儿童可以改变自己的群体成员资格。因此，作者在借鉴西方相对剥夺感相关研究成果和已有工具的基础上，在中国社会转型期城镇化进程稳步推进的历史背景下，探索中国流动儿童相对剥夺感的系列研究，包括构建中国流动儿童相对剥夺感的内涵结构并编制问卷，调查中国流动儿童相对剥夺感的发展现状及变迁趋势，探讨个体和环境因素对中国流动儿童相对剥夺感的影响，剖析相对剥夺感对中国流动儿童心理社会适应的影响及作用机制，并进一步采用内隐联想测验考察相对剥夺感对中国流动儿童内隐社会认知的影响及触发情境的调节作用，最后得出了一些基于中国本土研究结果的流动儿童心理健康教育实践启示和建议。由此可见这是一个真正的本土化研究，得出了中国流动儿童相对剥夺心理的独特结构、形成机制及其影响后效。

第四，结论的启发性。作者研究发现的很多结论对于认知和消解流动儿童的相对剥夺心理富有启发性和借鉴性。比如“流动儿童的相对剥夺感整体上并不明显，且呈现出随着年龄的增长而逐渐升高的发展趋势”，“社会大众不应戴着有色眼镜看待流动儿童的心理社会发展”，“应引导流动儿童进行合理的社会比较，并对其不良情绪进行及时疏导”，“加强对特定类别流动儿童的心理疏导和情感关爱”，“构筑起‘个体—家庭—学校—社会—政府’五位一体的流动儿童关爱支持系统”，“重点关注影响流动儿童心理社会发展的危险性因素和保护性因素”，“着力消除对流动儿童的不公正待遇和歧视性政策”等都是一些原创性结果发现，这些结论通俗顺畅、言简义丰、启发性强，对于社会大众准确理解流动儿童的心理社会发展、对于在社会治理中充分利用和适度消解处境不利儿童的相对剥夺心理都是很好的建设性参考意见。

总而言之，熊猛博士的这本《基于“获得感”视角的流动儿童相对剥夺感研究》，贯穿着作者对个人健康、群体获得、社会和谐的人文关怀，立意新颖深刻，学理严谨公允，资料翔实充分，文字流畅通达，是一部严谨而又活泼的学术著作。作为一项能够激发多个学科研究者兴趣并极具时代意义的研究课题，对获得感的探讨和研究必将继续并繁荣，作者著述的流动儿童相对剥夺感研究已成为获得感在中国文化背景下的一次有益的尝试，是很好的研究先导，为其他学者开展相关研究提供了基础理论、基本工具和基本架构。同时也希望作者在不断增强人民群众获得感的研究热潮中，有更多探讨社会转型期我国处境不利儿童心理社会发展的研究，有更好地反映中国人心理与行为的本土化研究成果。

是为序。

许　燕

中国社会心理学会原会长

中国心理学会常务理事

北京师范大学心理学部教授、博导

2021年6月20日

前　　言

党的十九大报告指出，要“抓住人民最关心最直接最现实的利益问题……不断满足人民日益增长的美好生活需要，不断促进社会公平正义……使人民获得感、幸福感、安全感更加充实、更有保障、更可持续”。近年来，随着全面消除绝对贫困、新的发展理念的提出和我国经济发展进入新常态，增强人民群众的“获得感”已经成为党和政府的一个重要理念和政策关怀（王思斌，2017）。人民群众的“获得感”是其切身利益和根本利益实现状况和实现程度的主观感受，是新时代中国特色社会主义事业根本属性的现实诠释（王浦劬，季程远，2018）。关于“获得感”的研究，目前学界尚未积累丰富的理论资源和实证研究。但文献回顾发现，“相对获得感”与“相对剥夺感”概念之间具有密切相关性。相对获得感（relative acquisition，RA）是指个体或者群体通过与参照对象比较而感知到自身处于有利地位，进而体验到愉快的一种主观认知和积极情绪体验，具有正能量特性（何小芹等，2017）；而“相对剥夺感”是个体或者群体通过与参照对象比较而感知到自身处于不利地位，进而体验到愤怒和不满等负性情绪的一种主观认知和情绪体验，具有负能量特性（熊猛，叶一舵，2016）。“相对获得感”与“相对剥夺感”可以视为一体两面的概念，二者相对立而存在，但有着共同的核心心理过程——社会比较。鉴于此，本书尝试以“相对获得感”为切入点，以“相对剥夺感”为镜鉴，建构与“相对获得感”相反相成的路径和框架，系统考察“相对剥夺感”的结构测量、形成机制和作用机制，以期对“获得感”这一热点问题的深入研究有所助益。

随着城市化进程的加速发展，我国流动人口的规模不断扩大，流动人口由单一流动逐渐过渡到“家庭化”流动，流动儿童的数量急剧上升，如何保障流动儿童的健康发展逐渐成为研究者关注的重要课题。由于城乡文化背景、生活方式、价值观念的差异以及户籍制度的限制，流动儿童与城市儿童相比在家庭环境、人际网络、教育发展等资源方面处于相对弱势的地位（申继亮，2009）。流动儿童通过与城市儿童进行对比，容易在心理上产生主观的相对剥夺感。以往有关相对剥夺感的研究主要关注的是群体成员资格无法改变的弱势群体，而流动儿童的群体成员身份具有可改变性和相对隐蔽性，以往的研究结论无法完全推论。因此，系统考察流动儿童相对剥夺感的特定规律无论对于丰富相对剥夺感的理论体系，还是对于促进弱势群体的心理和谐水平，均具有重要的理论价值和现实意义。

本书基于获得感视角，选取城市流动儿童这一特殊群体为研究对象，采用访谈法、测验法和实验法，以小学四年级至初中三年级的流动儿童为被试，围绕流动儿童通过与城市儿童比较而体验到的相对剥夺问题，系统考察流动儿童相对剥夺感的内容结构、发展特点、影响因素、外显作用机制及内隐作用机制，以期能够深入揭示和理解儿童相对剥夺感的产生过程和作用机制，为有效地预防和干预流动儿童的相对剥夺心理，促进其更好地适应和融入城市生活提供科学依据。具体而言，本书通过十一章的内容（七个实证研究部分）来实现上述目标。

第一章为绪论。首先阐述流动儿童相对剥夺感的宏观研究背景，接着阐述本书的问题提出与研究意义，最后阐明本书的总体研究思路。

第二章为流动儿童概述。具体介绍流动儿童及其相关研究，包括流动儿童的概念界定、流动儿童的心理适应、流动儿童的社会适应、流动儿童的内隐社会认知以及流动儿童的相对剥夺感等。

第三章为相对剥夺感的研究现状与展望。本章内容包括相对剥夺感的概念与辨析、相对剥夺感的起源与发展、相对剥夺感的理论基础、相对剥夺感的结构与测量、相对剥夺感的影响因素、相对剥夺感的影响效应及机制、相对剥夺感的实验与干预研究及未来展望等。

第四章为“结构与测量：流动儿童相对剥夺感量表的研制与信效度检验”。在文献分析、深度访谈和开放式调查的基础上，通过项目分析、探索性因素分析、验证性因素分析等规范程序，编制了一份适用于我国流动儿童群体的相对剥夺感量表，并对其信度和效度进行了检验。

第五章为“现状与发展：流动儿童相对剥夺感的发展特点与追踪测查”。采用第四章研制的正式量表对流动儿童群体进行大规模广泛施测，具体考察流动儿童相对剥夺感的总体水平与发展趋势，以及相对剥夺感在主要人口学变量上的差异（包括性别差异、学段差异、独生与否差异、流动时间差异以及流动性高低差异等）。

第六章为“内忧与外患：个体和环境因素对流动儿童相对剥夺感的影响”。在前人研究的基础上，考察了心理控制源、歧视知觉等个体因素以及家庭社会经济地位、学校班级环境等环境因素对流动儿童相对剥夺感的影响及其效应大小，并进一步考察不同流动时间下个体和环境因素对流动儿童相对剥夺感的预测作用差异。

第七章为“积极与消极：相对剥夺感对流动儿童心理适应的影响及机制”。采用结构方程模型探讨相对剥夺感对流动儿童心理适应（以心理健康、主观幸福感、自尊为指标）的影响，并重点分析个人控制感在其中起到的中介作用以及公正世界信念在其中起到的调节作用。

第八章为“融入与退缩：相对剥夺感对流动儿童社会适应的影响及机制”。采用结构方程模型探讨相对剥夺感对流动儿童社会适应（以攻击性行为、社会退缩行为、亲社会行为为指标）的影响，并重点分析社会支持在其中起到的中介作用以及群体认同在其中起到的调节作用。

第九章为“外显与内隐：相对剥夺感对流动儿童内隐社会认知的影响——基于经典IAT范式”。采用经典的IAT范式和量表法，考察相对剥夺感对流动儿童内隐群际偏好、内隐自尊及内隐攻击性的影响，并验证内隐群际偏好与外显群际偏好、内隐自尊与外显自尊以及内隐攻击性与外显攻击性是否会发生分离。

第十章为“旁观与卷入：相对剥夺感对流动儿童内隐社会认知的影响——触发情境的调节作用”。针对第九章研究的不足，检验相对剥夺感对流动儿童内隐社会认知的影响是否会因触发情境的不同而变化，即考察触发情境因素（包括利益相关情境和利益无关情境）在相对剥夺感对流动儿童内隐社会认知的影响中是否起到调节作用。

第十一章为综合讨论与实践启示。在社会认同理论、社会比较理论、生态系统理论、心理弹性理论以及系统公平理论等理论框架下对本书的七个实证部分的研究结果进行了详细的综合讨论和理论解释。然后阐述了研究结果对于教育实践的启示意义，并指出了本书的不足之处及未来研究展望。

通过系统研究，本书得出如下主要研究发现：

第一，流动儿童的相对剥夺感具有二阶双因素结构——个体相对剥夺（个体—认知RD和个体—情感RD）与群体相对剥夺（群体—认知RD和群体—情感RD）。自编的流动儿童相对剥夺感量表具有良好的内部一致性信度和重测信度，以及结构效度和效标关联效度，可以作为研究流动儿童相对剥夺感的工具。

第二，流动儿童的相对剥夺感整体上并不明显，但随着年龄的增长其相对剥夺感有逐渐升高的发展趋势。总体而言，流动儿童的相对剥夺感处于中等水平，其中群体相对剥夺感要显著高于个体相对剥夺感。流动儿童的相对剥夺感呈现出随着年龄的增长而逐渐升高的发展趋势，其中13～14岁是一个缓冲期，而14～15岁是一个加速期。流动儿童的相对剥夺感存在着显著的学段差异、独生与否差异以及流动性高低差异，初中流动儿童显著高于小学流动儿童，非独生流动儿童显著高于独生流动儿童，随着流动性的升高其相对剥夺感呈现出逐渐增强的发展趋势。

第三，流动儿童的相对剥夺感受环境因素和个体因素的显著影响，且环境因素的影响效应整体上要大于个体因素。在控制了人口统计学变量之后，家庭社会经济地位、师生关系、同学关系和班级竞争气氛对流动儿童的相对剥夺感具有显著的负向预测作用，心理控制源和歧视知觉具有显著的正向预测作用。随着流动时间的延长，个体和环境因素对流动儿童相对剥夺感的影响呈减弱趋势。

第四，相对剥夺感对流动儿童的心理适应具有显著的直接影响，且个人控制感在其中起着中介作用，公正世界信念在其中起着调节作用。相对剥夺感对流动儿童的心理健康水平、主观幸福感以及自尊均具有显著的直接预测作用，并且通过个人控制感间接地影响心理健康水平、主观幸福感和自尊。当流动儿童的公正世界信念水平较高时，相对剥夺感对其心理健康水平、主观幸福感以及自尊的负向影响较弱；当流动儿童的公正世界信念水平较低时，相对剥夺感对其心理健康水平、主观幸福感以及自尊的负向影响较强。

第五，相对剥夺感对流动儿童的社会适应不仅具有显著的直接影响，且社会支持在其中起着中介作用，群体认同在其中起着调节作用。相对剥夺感对流动儿童的攻击性行为和社会退缩行为具有显著的正向预测作用，对亲社会行为具有显著的负向预测作用。社会支持在相对剥夺感对流动儿童的攻击性行为和亲社会行为的影响之间均起着显著的部分中介作用，在相对剥夺感对社会退缩行为的影响之间起着显著的完全中介作用。当流动儿童的内群体认同水平较高时，相对剥夺感对其亲社会行为的负向影响较强；当流动儿童的内群体认同水平较低时，相对剥夺感对其亲社会行为的负向影响较弱。

第六，高、低相对剥夺水平的流动儿童在内隐社会认知上存在显著的差异。流动儿童的内隐群际偏好与外显群际偏好显著分离，表现为内隐外群体偏好和外显内群体偏好；高相对剥夺水平流动儿童的内隐外群体偏好水平显著高于低相对剥夺水平的流动儿童。流动儿童的内隐自尊与外显自尊显著分离；高相对剥夺水平流动儿童的内隐自尊水平显著低于低相对剥夺水平的流动儿童。流动儿童的内隐攻击性与外显攻击性显著分离；高、低相对剥夺水平流动儿童的内隐攻击性水平不存在显著性差异。

第七，触发情境因素与相对剥夺感的交互作用对内隐社会认知的影响效应显著。在利益相关情境下，高相对剥夺水平流动儿童的内隐外群体偏好和内隐攻击性水平显著高于低相对剥夺水平的流动儿童，内隐自尊水平显著低于低相对剥夺水平的流动儿童；在利益无关情境下，高、低相对剥夺水平流动儿童的内隐外群体偏好、内隐自尊和内隐攻击性水平均不存在显著性差异。

本书的创新点体现在：第一，首次从个体—群体与认知—情感相结合的视角，探索了流动儿童相对剥夺感的内容结构，并采用严谨的量表研制程序编制了一份适用于我国城市流动儿童相对剥夺感并且性能良好的定量测评工具，为今后开展中国背景下流动儿童相对剥夺感的实证研究奠定了一定的基础。第二，首次系统考察了流动儿童相对剥夺感的总体水平、发展趋势和发展特点，相关研究结果为该领域的进一步深入研究提供了基础性数据和重要参考。第三，首次从个体因素和环境因素相结合的视角，考察了关键的个体和环境因素对流动儿童相对剥夺感的影响效应及其作用差异，相关研究结果对于揭示流动儿童相对剥夺感的产生机制、完整理解相对剥夺感的心理过程以及流动儿童相对剥夺感的预防和干预均具有重要的参考价值。第四，首次采用结构方程模型系统考察了相对剥夺感对流动儿童城市适应（包括内在的心理适应和外在的社会适应行为）的影响效应及其中介与调节机制，相关研究结果丰富了流动儿童心理社会适应领域的研究，并为提高流动儿童的城市适应、促进其城市融合提供了科学的实证资料。第五，首次尝试运用内隐实验方法，系统考察了相对剥夺感对流动儿童内隐社会认知（包括内隐群际偏好、内隐自尊以及内隐攻击性）的影响及触发情境因素在其中起到的调节作用，相关研究结果有助于完整理解相对剥夺感的影响后效，发展和完善相对剥夺感的理论体系。

目　录

第一章 绪 论

一座房子可大可小，只要它周围的房子和它一样小，那么这座房子是可以满足居住者的所有社会需求的。但是，一旦这座小房子周围耸立起一座宫殿，那么这座小房子就立刻变成了茅草屋模样。这时，这座小房子表明其居住者没有任何社会地位可言。

——马克思《薪酬、劳动力与资本》

随着我国经济社会平稳快速发展和农村劳动力加速转移，流动人口数量呈显著增加趋势。我国流动人口在规模不断增大的同时，结构也发生了重要变化，最为显著的结构变化之一就是流动人口的家庭化，即某些家庭中由单个成员流动变为整个家庭流动，大批学龄儿童跟随身为流动人口的父母来到城市，成为流动儿童（蔺秀云等，2009）。流动儿童作为我国城市社会中一个特殊且庞大的群体越来越受到社会各界的关注和重视，如何保障流动儿童心理的健康发展已成为多学科研究者共同关注的重要课题（刘霞等，2013）。

流动儿童随父母从经济相对落后的农村进入城市，由于城乡文化背景、生活方式、价值观念的巨大变化以及户籍制度的限制，使其与城市儿童相比在家庭环境、人际网络、教育发展等资源方面处于相对弱势的地位（申继亮等，2009）。他们通过与城市儿童进行对比，容易在心理上产生主观的相对剥夺感（熊猛，叶一舵，2011）。然而通过文献回顾我们发现，以往有关流动儿童相对剥夺感的研究还较为匮乏，仅有的研究也主要限于宏观的理论探讨和思辨（李宁，2008），有关流动儿童相对剥夺感的实证研究较为鲜见。那么，流动儿童相对剥夺感的总体水平和发展特点如何？影响流动儿童相对剥夺感发展的关键个体因素和环境因素有哪些？相对剥夺感对流动儿童外显的城市适应（心理适应与社会适应）的影响如何？其内在作用机制是什么？相对剥夺感对流动儿童内隐社会认知的影响如何？内隐机制与外显机制是否存在差异？本书尝试通过严谨的实证研究来回答以上问题。在相当长的时期内，做好城市流动儿童的心理疏导和社会救助工作是增进社会和谐和实现中国梦的重要一环，也是摆在心理学与社会学工作者面前的重要课题。因此，开展流动儿童相对剥夺感的理论与实证研究对于提高弱势群体的心理和谐水平、预防和化解群体性事件、构建社会主义和谐社会等均具有重要的理论价值和现实意义。

第一节 流动儿童相对剥夺感的研究背景

一、提升民众获得感上升到国家战略层面

2015年2月27日，习近平总书记首次在中央全面深化改革委员会第十次会议上提出“把改革方案的含金量充分展示出来，让人民群众有更多获得感”。党的十九大报告指出，中国特色社会主义进入新时代，我国社会主要矛盾已经转化为人民日益增长的美好生活需要和不平衡不充分的发展之间的矛盾。报告对保障和改善民生给予了充分关注，指出“必须多谋民生之利、多解民生之忧，在发展中补齐民生短板、促进社会公平正义……保证全体人民在共建共享发展中有更多获得感”，提出要“使人民获得感、幸福感、安全感更加充实、更有保障、更可持续”。这就为新时代如何切实增进民生福祉提出了新课题和新要求。

所谓“获得感”，指的是人们在收获某种物质或精神利益后而产生的满足感，它是反映社会供给满足民生需求程度的重要指标，是国民幸福感的基础成分（邢占军，牛千，2017）。“获得感”与“幸福感”既有共同点，又有不同点。获得感强调的是一种实实在在的客观“得到”，既包括物质方面也包括精神方面；而幸福感则更多意味的是主观感受，主要指的是精神方面。相比于追求国民幸福感，获得感更具操作性与外部指向性。可以说“获得感”的提法更加务实和平易。如果不讲“获得”只一味强调幸福，就容易流于形式、流于空泛。此外，“获得感”的提出使人民得到的利益有了进行指标衡量的可能。因此，在当下中国，“获得感”更加符合民情、贴近民意、温暖民心。

根据相关学者的观点（苏晓龙，2016），获得感可以划分为以下三个逐步递进的层次：一是“观感”，就是人民群众对改革政策和发展成效的直观感受，这是获得感最直接和最表面的层次。虽然很多社会现象在理论或法律上没有绝对的对错之分，但人民群众听到或看到后却会产生不同的情绪和感受，这种社会观感在很大程度上就代表着民意。大家能够明显感觉到，中央八项规定出台以来，通过持续有力地整风肃纪，党的作风、形象已经有了明显改进和提升。二是“身感”，就是人民群众通过亲身经历直接得到的收获和体会，这是获得感最常用和最基本的层次。坚持全心全意为人民服务，坚持立党为公、执政为民，不能只是

停留在宣传口号和一般要求上，必须围绕人民群众的具体利益问题来落实。如果我们的发展不能回应人民的期待，不能解决群众的具体问题，不能把党和政府的政策转化成群众看得见、摸得着的实惠，不能实现好、维护好、发展好最广大人民的根本利益，这样的发展就失去了意义，也不可能持续。三是“心感”，就是人民群众通过理性思考发自内心的感悟和认同，这是获得感最根本和最核心的层次。人民群众能够切实感受到党和政府的温暖，就会产生对党和国家的归属感和忠诚感，它是党和国家凝聚力和向心力的重要表现，也是党治国理政合法性的重要来源。民心是最大的政治，只有明确把人民对美好生活的向往作为自身奋斗目标、“以百姓心为心”的执政党，才会给人民群众带来真正切实的获得感，也必将因此获得人民群众最深沉、最热烈的支持和拥护。

如果说追求幸福是人类社会发展的终极价值目标与归宿，那么获得感则为人类积极体验的增强和国民幸福的全面实现提供了现实基础与可行性路径，有望突破民众体验与社会发展以及社会供给与民众需求间关系的局限。在全面深化改革、全民共建共享发展成果的社会治理格局下，获得感是人民评估社会供给对民生需求满足程度的重要指标，成为评估改革发展成效的新标杆（邢占军，牛千，2017）。提升人民获得感是党中央在政策语境下将社会资源与民生资源相对接的生动诠释，体现了我国改革发展重心的进一步下移。在经济增速放缓、消费结构全面升级的新常态下，全面提升人民获得感、促进民众共享改革成果成为当前深化改革的重中之重。

作为国家和社会治理的新理念，关于“获得感”的研究目前尚未积累丰富的理论资源。但是仔细梳理实证分析和评价经济社会发展的既有理论和方法，可以发现“获得感”与“相对剥夺感”（RD）概念之间具有密切相关性。如果说“获得感”是人们的收益感，那么“相对剥夺感”则是人们的失落感，具有负能量特性。“获得感”是人们对于自身实际收益在特定阶段前后变化的评价，是人们对于自身所得的客观比较和对比后产生的主观感受，具有正能量特性，在获得与失落的联系意义上，“获得感”也可以称之为“相对获得感”。正因为如此，“相对获得感”与“相对剥夺感”可以视为一体两面的概念，两者之间构成的相反相成相关性，恰可以为我们分析研究“获得感”提供有效切入点（邢占军，牛千，2017）。

二、缩小贫富差距和实现共同富裕

改革开放 40 多年以来，我国经济发展取得举世瞩目成就，不仅创造了“中国奇迹”、成为世界第二大经济体，也使人民群众生活水平得到了显著提高。然而，20 世纪 90 年代中期以来，不同阶层、行业、职业之间的居民收入差距逐渐显现出来，出现了贫富分化现象（陈雪菲，黄爱军，2014）。从财富占有差距来看，一方面，随着社会生产力的发展和居民收入水平的不断提高，社会财富总量大幅度增加，但另一方面，财富在社会成员之间的分配存在不均等的现象。

总体来看，我国贫富差距问题主要体现在三个方面：一是城乡收入差距依然存在。根据统计资料，我国城乡收入比由 2017 年的 2.8 缩小到 2021 年的 2.5（国家统计局，2022），虽然差距在缩小，但受当前经济下行压力影响，城乡收入分配差距依然存在。二是地区间贫富差距加大。人均收入较高的包括浙江省、广东省、上海市、北京市、天津市等省市，大多位于东部的沿海地区，而收入较低的包括贵州省、陕西省、甘肃省、云南省等，多处于西部的内陆地区。三是行业间收入差距过大。行业间工资收入的差距逐步凸显并日益扩大，而且表现出了短期内难以消除的趋势。我国工资水平较高的行业主要有金融、电信、民航、电力等一些相对垄断性行业（邬琼，2017）。

不可否认，贫富差距是客观存在的，而且任何一个公平和谐的社会，都不可能消灭贫富差距，而是控制差距的范围，必须把差距控制在一个合理的限度内。这个限度体现在两个方面：一方面，此限度能保证人们的基本生活需要，贫富差距不能超过国民的物质承受力；另一方面，社会财富的分配不能同大多数人的价值观相背，即贫富差距不能超过国民的心理承受力。从中国民众对贫富差异的感受来看，大多数人难以承受过大的贫富差距。人们对贫富差距的心理承受力主要体现在三个方面：相对剥夺感、分配不公感和期望失落感（王培暄，1999；金霞，谢丽华，2013）。

社会主义的本质是实现共同富裕。贫富差距问题及其衍生而来的各种显性和隐性后果，已经成为影响我国经济发展与社会和谐稳定的突出问题，遏制贫富差距的扩大势头并努力实现共同富裕已经刻不容缓（青连斌，2012；贺雪峰，2022）。

第二节　问题提出、研究意义与总体思路

对流动儿童的相对剥夺感问题进行系统的理论探索与实证研究，无论在理论上还是在实践上都是一个有益的尝试。对该课题的研究不仅是探索获得感的理论渊源、拓展相对剥夺感的适用范围的理论需要，也是不断提升流动儿童心理健康水平的现实需求。

一、问题提出

本书采用严谨的实证研究思路，拟探讨以下四个方面的问题。

（一）流动儿童相对剥夺感的结构与特点问题

半个多世纪以来，西方社会学家和心理学家对弱势群体的相对剥夺感进行了大量的理论和实证研究，也取得了较多有意义的研究成果。然而，以往的研究主要针对的是群体成员资格无法改变的弱势群体，例如德国统一后东部地区民众相较于西部地区民众（Schmitt & Maes，2002）、加拿大以法语为母语者相较于以英语为母语者（Bougie et al.，2011）、苏格兰人相较于英格兰人（Abrams，1990）等。而流动儿童的群体成员资格主要是其所属的流动人口身份，这种群体成员资格存在较大的可变性和相对隐蔽性，通过自身的努力（如考学）或者返回老家等，流动儿童可以改变自己的群体成员资格（刘霞，申继亮，2010b）。那么，通过与城市当地儿童相比较，群体成员身份具有可变性的流动儿童的相对剥夺感总体水平和发展特点如何？这是本书拟探讨的第一个问题。而要想全面了解流动儿童相对剥夺感的水平和特点，首先需要一套科学规范的研究工具。因此，我们在考察流动儿童相对剥夺感的现状之前，先编制了一份针对流动儿童相对剥夺感的测评量表。

（二）流动儿童相对剥夺感的影响因素问题

相对剥夺感的产生是由主观、客观、心理、社会、文化等多种因素共同造成的（王思斌，1988）。以往针对普通人群的实证研究表明，影响相对剥夺感的因素众多，如人口统计学方面的性别、年龄、受教育程度（Zhang & Tao，2013；Pettigrew et al.，2008），个体因素方面的人格特质、归因方式、歧视体验、知觉控制感（Crosby，1976；Smith et al.，2012；Koomen & Fränkel，1992；Moore，2003），以及环境因素方面的社会经济地位、收入水平、社会支持、程序公正（Pettigrew et al.，2008；Mclaughlin et al.，2012；Zhang & Tao，2013；Folger et al.，1983）等。那么，对于流动儿童这一特殊的弱势群体而言，其相对剥夺感的形成机制如何？哪些关键的个体和环境因素会对其相对剥夺感产生影响？这些因素的作用差异如何？这是本书拟探讨的第二个问题。影响因素的探讨有助于揭示流动儿童相对剥夺感的产生机制，并为相对剥夺感的预防和干预提供依据。

（三）流动儿童相对剥夺感的外显作用机制问题

流动儿童从农村老家来到城市生活，普遍面临着适应新环境的发展任务。如何增加一些保护性因素的积极影响，消解一些危险性因素的不利影响，进而促进流动儿童更好地适应和融入城市的学习生活，是摆在理论和实践工作者面前的一项重要课题。在影响流动儿童城市适应的各种危险性因素中，通过与城市儿童相比较而感知到自身不利地位的相对剥夺体验是一个非常突出的问题。那么，流动儿童城市适应的现状如何？相对剥夺感对流动儿童城市适应的影响效应如何？其内在的作用机制是什么？哪些关键因素在其中起到显著的缓冲作用或调节作用？这是本书拟探讨的第三个问题。参照前人研究（刘杨等，2008；袁晓娇等，2009；刘杨等，2012；袁晓娇等，2010），本书以内在的心理适应过程和外在的社会适应行为作为流动儿童城市适应的指标，具体分析相对剥夺感对流动儿童心理适应和社会适应行为的直接影响及其中介与调节机制。由于该部分研究全部采用量表法，因此可以将其看作是相对剥夺感的外显作用机制研究。

（四）流动儿童相对剥夺感的内隐作用机制问题

由于外显的量表法可能存在社会称许性及共同方法偏差等缺陷，因此，进一步采用实验法和量表法相结合的方式考察相对剥夺感对流动儿童内隐社会认知的影响及其机制。根据前人的研究（丁芳等，2014；唐春芳，2012；戴春林等，2006），采用内隐群际偏好、内隐自尊以及内隐攻击性作为内隐社会认知的指标，具体考察内隐群际偏好与外显群际偏好、内隐自尊与外显自尊、内隐攻击性与外显攻击性是否会发生显著分离，高、低相对剥夺水平流动儿童的内隐群际偏好、内隐自尊以及内隐攻击性是否存在显著差异，并进一步考虑触发情境因素对相对剥夺感与内隐社会认知之间关系的调节作用。由于该部分主要采用 IAT 来研究相对剥夺感对流动儿童内隐社会认知的影响效应，因此可以看作是相对剥夺感的内隐作用机制研究。

二、研究意义

随着我国经济快速发展和农村劳动力加速转移，流动人口数量在我国总人口中仍然占据相当大的比重。2020 年第七次全国人口普查结果显示，中国现有流动人口 37 582 万人，同 2010 年相比增长 69.73%（国家统计局，2021）。而进城务工人员及其随迁子女（即流动儿童）作为城市流动人口的主体越来越受到社会各界的关注和重视（熊猛，叶一舵，2011）。因此，系统考察城市流动儿童这一特殊群体的相对剥夺心理及其影响因素和作用机制具有重要的理论价值和实践意义。

（一）理论意义

本书的理论意义主要体现在：

1）以往有关相对剥夺感的研究大多以普通人群作为样本，缺乏对目标人群（如弱势群体）的研究，本书对城市流动儿童这一特殊弱势群体的相对剥夺感进行系统研究，有助于进一步拓宽相对剥夺感的适用范围，完善相对剥夺感的理论体系，并提高研究的生态效度。

2）通过考察关键的个体因素和环境因素对相对剥夺感的影响及其作用差异，有助于深入揭示相对剥夺感的产生机制、完整理解相对剥夺感的心理过程，并为后续的相关研究提供参考。

3）通过系统研究相对剥夺感对流动儿童心理适应过程和社会适应行为的影响及其内在作用机制，相关研究结果有助于丰富流动儿童心理社会适应领域的研究，并进一步验证以往的相关研究。

4）鉴于以往有关相对剥夺感对内隐社会认知影响的研究较为鲜见，本书通过考察相对剥夺感对流动儿童内隐群际偏好、内隐自尊以及内隐攻击性的影响及其机制，研究结果有助于弥补该领域研究的不足，并为后续的研究奠定基础。

（二）实践意义

本书的实践意义主要体现在：

1）采用科学规范的量表研制程序，开发出一套专门针对流动儿童相对剥夺感的测评工具，有助于从社会比较的角度进一步完善流动人口子女心理健康的普查和建档工作。

2）研究主要的个体和环境因素对流动儿童相对剥夺感的影响及其效应大小，研究结果对于开展流动儿童相对剥夺感的预防和干预工作具有重要的指导意义，说明可以从这些关键的影响因素入手，对流动儿童的相对剥夺心理进行有效的消解。

3）研究相对剥夺感对流动儿童内在的心理适应过程和外在的社会适应行为的影响及其中介与调节机制，有助于从消极因素（如相对剥夺感）与积极因素（如公正世界信念、内群体认同）相互作用的角度理解流动儿童的心理社会适应过程，并为有效提高流动儿童的心理社会适应水平、促进其更好地融入城市社会提供科学的指导。

4）流动儿童的相对剥夺感是其心理不和谐的现实体现，本书对于流动儿童相对剥夺感的科学干预和有效缓解具有指导意义，从而有助于提高城市弱势群体的心理和谐水平，增进社会和谐进程。

三、总体思路

本书立足于流动儿童这一特殊群体，从获得感与社会和谐视角，结合生态系统理论，将质性研究与量化研究、调查研究与实验研究、横断研究与纵向追踪有机结合，力求深入全面呈现流动儿童相对剥夺感的全貌，并为其获得感的提升提供实证依据和理论参考。总体而言，本书遵循“研究设计→文献梳理→量表研制→发展特点→影响因素→外显作用机制→内隐作用机制→总结展望”的总体思路展开研究。具体来说，本书包括四个部分（七个实证研究）。

第一部分，流动儿童相对剥夺感的结构与发展特点研究。在文献分析、深度访谈和开放式调查的基础上，首先编制一份适用于我国流动儿童群体的相对剥夺感量表，并对量表的信效度进行了检验。然后采用该量表对流动儿童群体进行大规模广泛施测和追踪调查，以考察流动儿童相对剥夺感的总体水平、发展特点及变化趋势。

第二部分，个体和环境因素对流动儿童相对剥夺感的影响研究。在前人研究的基础上，考察了心理控制源、歧视知觉等个体因素以及家庭社会经济地位、学校班级环境等环境因素对流动儿童相对剥夺感的影响及其效应大小，并进一步考察不同流动时间下个体和环境因素对流动儿童相对剥夺感的预测作用差异。在考察以上因素的影响效应时，均将人口统计学变量作为控制变量纳入分析。

第三部分，相对剥夺感对流动儿童城市适应的影响及其作用机制研究。以往研究（Ward & Rana-Deuba，1999；刘杨等，2008）认为，流动儿童的城市适应包含两个方面：一是心理适应，二是社会适应。前者指流动儿童在新文化的适应过程中保持精神健康的状态，后者指在新文化的适应过程中相关行为规范和社会生活技能习得的水平。心理适应与压力应对范式有关，主要关注情感层面；而社会适应与文化学习范式有关，主要侧重于行为层面（Zhou et al.，2008；袁晓娇等，2010）。参照这一分类，我们以内在的心理适应和外在的社会适应行为作为流动儿童城市适应的指标。在具体的操作层面，心理适应常以心理健康（孤独感、抑郁、焦虑等）、主观幸福感（积极情感、消极情感、生活满意度）、自尊等情绪指标进行评估（范兴华，2012；袁晓娇等，2009；袁晓娇等，2010；刘杨等，2012）；而流动儿童社会适应行为研究较多的有攻击性行为（李晓东等，2007）、社会退缩行为（谢子龙等，2009；李晓东等，2007）和亲社会行为（邱剑，安芹，2012；王晓芬，庄云，2012），其中攻击性行为属于指向外部的消极行为，社会退缩行为属于指向内部的消极行为，而亲社会行为属于积极行为。因此，我们以心理健康、主观幸福感、自尊作为流动儿童心理适应的指标，以攻击性行为、社会退缩行为、亲社会行为作为流动儿童社会适应行为的指标。

以往研究还表明，个人控制感在相对剥夺感对心理适应变量的影响之间起着中介作用（Birt & Dion，1987；Moore，2003），而公正世界信念在相对剥夺感与心理适应变量的关系之间起着调节作用（Osborne & Sibley，2013）。类似地，社会支持在相对剥夺感对社会适应变量的影响之间起着中介作用（范兴华，2012；邱剑，安芹，2012），而群体认同在相对剥夺感与社会适应变量的关系之间起着调节作用（Schmitt & Maes，2002；张书维等，2012）。因此，我们在考察相对剥夺感对流动儿童心理适应和社会适应行为的直接影响的基础上，进一步采用结构方程模型考察个人控制感在相对剥夺感与心理适应之间的中介作用、公正世界信念在相对剥夺感与心理适应之间的调节作用，以及社会支持在相对剥夺感与社会适应行为之间的中介作用、群体认同在相对剥夺感与社会适应行为之间的调节作用。

第四部分，相对剥夺感对流动儿童内隐社会认知影响的实验研究。以上相对剥夺感对流动儿童城市适应的影响主要采用的是量表法，因而属于外显作用机制方面的考察。量表法虽然具有诸多优势，但也存在一些缺陷。因此，我们采用实验法和量表法相结合的范式，进一步考察相对剥夺感对流动儿童内隐社会认知的影响及其作用机制。以往研究表明，流动儿童表现出外显内群体偏好和内隐外群体偏好，其外显和内隐群际偏好显著分离（陈陈，张心玮，2013；丁芳等，2014）；流动儿童的内隐自尊效应显著，且其内隐自尊与外显自尊也发生显著分离（唐春芳，2012）。因此，本部分研究主要以内隐群际偏好和内隐自尊作为流动儿童内隐社会认知的指标。有关流动儿童内隐攻击性的实证研究较少，但为了与前述外显攻击性（行为）的研究结果相对照，本研究也将内隐攻击性纳入内隐社会认知的指标。具体而言，本部分研究采用 IAT 测量流动儿童的内隐群际偏好、内隐自尊和内隐攻击性，采用量表法测量流动儿童的外显群际偏好、外显自尊、外显攻击性以及相对剥夺感。实验一考察高、低相对剥夺水平流动儿童在内隐群际偏好、内隐自尊以及内隐攻击性上是否存在差异；实验二针对实验一的不足，进一步考察触发情境因素（包括利益相关情境和利益无关情境两个水平）是否在相对剥夺感对流动儿童内隐社会认知的影响之间起着显著的调节作用。

关于相对剥夺感的三个主要后果变量（即心理适应、社会适应行为、内隐社会认知）之间的关系，细察之，其实它们可以被纳入到一个统一的概念框架中。人的心理现象由心理过程和个性心理两个方面组成，而心理过程又分为认知过程、情绪情感过程和意志过程（即行为过程）（阴国恩等，1998）。以上流动儿童的内隐社会认知属于认知过程，心理适应属于情绪情感过程，而社会适应行为属于行为过程。国内研究者在综述流动儿童心理健康的相关研究时，也是从社会认知、情绪情感和社会适应行为三个主要方面来展开的（熊猛，叶一舵，2011）。因此，本研究从内隐社会认知（社会认知）、心理适应（情绪情感）和社会适应行为（行为意向）三个方面来考察相对剥夺感的影响效应及其作用机制是合理有效且较为全面的。本书的总体思路和技术路线如图 1-1 所示。

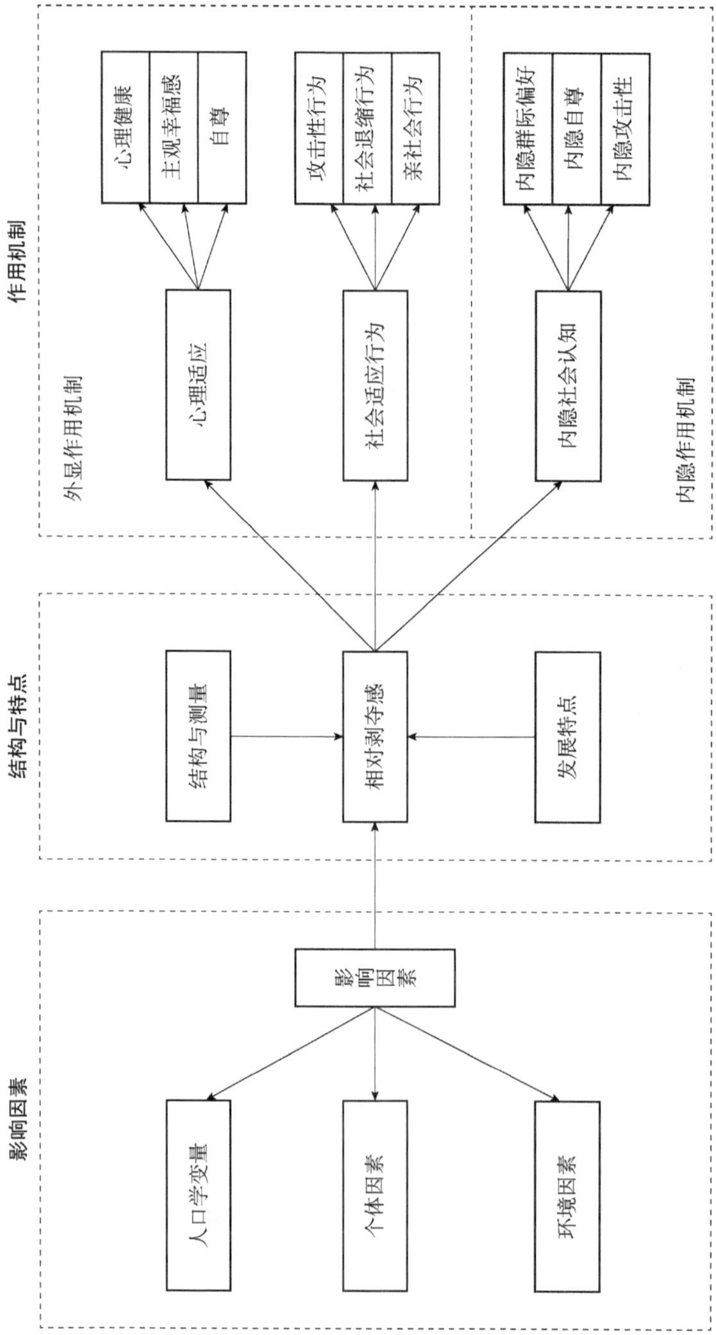

图 1-1　本书的总体思路和技术路线图

第二章　流动儿童概述

随着我国城市化进程的加速发展，流动人口的规模不断扩大，同时结构也发生了重要变化，最为显著的结构变化之一就是由单一流动逐渐过渡到“家庭化”流动（辜美惜等，2010）。随着农村劳动力的举家迁移，城市中也出现了数量庞大的第二代移民——流动儿童。

第一节　流动儿童的概念界定

流动儿童（migrant children，MC）又称作“流动人口子女”“农民工子女”或“进城务工人员子女”（肖敏敏，2012）。对于流动儿童的界定，大多数研究者倾向于采用 1998 年教育部和公安部颁布的《流动儿童少年就学暂行办法》中的定义，即流动儿童少年是指 6～14 周岁（或 7～15 周岁），随父母或其他监护人在流入地暂时居住半年以上、有学习能力的儿童少年（教育部，公安部，1998）。而第五次全国人口普查资料将流动儿童定义为“居住在本乡镇街道半年以上，户口在外乡镇街道”或者“在本乡镇街道居住不满半年，离开户口登记地半年以上”的 18 周岁以下的人口（张黎明，赵顺义，2003）。申继亮等人主持的“处境不利儿童的心理发展现状与教育对策研究”课题组将流动儿童界定为：6～18 周岁随父母或其他监护人在流入城市暂时居住半年以上，且在当地学校就读的儿童青少年（申继亮等，2009）。肖敏敏（2012）进一步将流动儿童定义为：7～15 周岁随父母或其他监护人在城市暂时居住半年以上的、具有农村户籍的儿童少年。

综合以上观点我们可以看出，有关流动儿童的界定必须包含以下三个要素：年龄、来城市时间以及户口所在地。根据以上要素，本书将流动儿童界定为：6～18 周岁随父母或其他监护人在流入城市暂时居住半年以上，具有农村户籍，且在当地学校就读的儿童青少年。由于城市农民工子女是城市流动儿童的主体，参照以往的研究（刘霞等，2013），本书关注的流动儿童主要是我国大中城市中的农民工子女。另外，为了使得后续的取样更为准确和具体，我们参考前人的研究（刘霞等，2013），将本书中流动儿童的筛选标准确定为：①6～18周岁；②父母没有任何一方去世；③父母没有离异；④儿童自身没有残疾；⑤父母为农民工，户口在农村老家；⑥非城市出生；⑦随父母来城市暂时居住半年以上。

第二节 流动儿童的心理适应

我国的城市流动儿童类似于国外的移民儿童。国外研究表明，移民及与移民相关的过程影响人们的心理健康（不管是成人还是儿童）（Stillman et al.，2009；Leavey et al.，2007），移民儿童比当地儿童感受到更多的焦虑、抑郁和压力，更多的内化和外化问题行为（Stevens & Vollebergh，2008；Mejía & McCarthy，2010）。

流动儿童从农村老家来到城市生活，环境的变迁迫使他们在心理和行为上加以调整，以更好地适应新环境（郭良春等，2005）。心理适应（psychological adjustment）指生存环境发生变化时，个体在适应过程中保持良好的精神健康状况，主要侧重于情感层面（袁晓娇等，2010）；在操作层面，心理适应常以心理健康（如孤独感、抑郁、焦虑）、主观幸福感（如生活满意度、积极情感、消极情感）、自尊等指标进行评估（范兴华，2012）。

近年来，随着流动儿童数量的不断增加，流动儿童的心理适应状况逐渐成为研究者关注的重要领域之一。在心理健康方面，研究表明，流动儿童的心理健康水平在整体上要低于城市当地儿童（申继亮，2009；韩煊，2009；熊猛，叶一舵，2011），孤独感（蔺秀云等，2009；胡冰等，2013）、抑郁（卢璇，2012）和社交焦虑（蔺秀云等，2009）水平显著高于城市当地儿童。男生、转学次数多、打工子弟学校、来城市时间短、家庭收入低的流动儿童，其孤独、抑郁水平较高（王中会等，2014）。纵向研究还表明，随着进入城市时间的延长，流动儿童的孤独感显著减少（侯舒艨等，2011），抑郁感显著下降，但社交焦虑水平无明显变化（袁晓娇等，2012）。

在主观幸福感方面，流动儿童的主观幸福感总体处于中等水平以上（王瑞敏，邹泓，2010），但要显著低于城市儿童（王瑞敏，邹泓，2010；卢璇，2012；师保国等，2009），86.87%的城市儿童觉得自己非常幸福，而流动儿童中觉得自己非常幸福的只有58.52%（申继亮，2009）。公立小学流动儿童的个体和群体幸福感相对较高，流动男孩比流动女孩具有较高的生活满意度，流动女孩比流动男孩具有较高的群体幸福感（刘霞等，2013）。随着流动时间的延长，流动儿童的幸福感显著增加（王芳，师保国，2014）。

在自尊方面，流动儿童的自尊水平显著低于城市儿童（李小青等，2008；胡冰等 2013；曾守锤，2009），且不够稳定（曾守锤，2009）；流动儿童中只有不到一半的人（41.83%）非常认可自己是“有价值的人”，而城市儿童中该比例为 74.53%；流动儿童中有 30.25%的人觉得自己很没有价值，而城市儿童中该比例只有 9.58%（申继亮，2009）；校际差异显著，混合公立学校流动儿童的自尊发展水平显著高于打工子弟学校的流动儿童（李小青等，2008）。

总体来看，流动儿童的心理适应状况要差于城市当地儿童（胡冰等，2013；熊猛，叶一舵，2011）。但也有研究者得出了不同的结论，认为流动儿童的总体心理适应状况比较乐观，其生活满意度处于中等偏上水平，积极情感体验显著高于城市儿童，消极情感体验显著低于城市儿童。并且发现不同流动时间儿童的心理适应差异显著，来城市半年至 1 年是流动儿童面临心理适应问题的重要时段，来城市达到 3 年以上的流动儿童，其心理适应状况普遍较为良好（彭丽娟，2012）。这些研究结果的不一致至少可以说明两点：一是需要后续的更多研究来进一步探明流动儿童心理适应的总体水平和一般特点；二是不应该给流动儿童贴上“适应不良”或“弱势群体”的标签，而应从积极发展的视角出发，看到其心理适应的优势和潜能，即心理弹性和积极心理品质的保护性作用（曾守锤，2010a）。

第三节　流动儿童的社会适应

社会适应（social adjustment）指社会环境发生变化时，个体的观念、行为方式随之而改变，使之适应所处的社会环境的过程（林崇德等，2003）。心理适应与压力应对范式有关，主要关注情感层面；而社会适应与文化学习范式有关，主要侧重于行为层面（Zhou et al.，2008；袁晓娇等，2010）。由于年龄和身份的特殊性，流动儿童的社会适应有其特殊性，即与其他生活于单一社会环境中的儿童（如城市儿童或农村儿童）相比，他们的社会适应过程多了一层适应新社会环境的任务（熊猛，叶一舵，2011）。

近年来，研究者们对流动儿童社会适应的内隐问题和外显行为问题进行了大量研究，普遍发现流动儿童的社会适应存在一定程度的困难和问题（曾守锤，李其维，2007；熊猛，叶一舵，2011）。流动儿童在人际友好、活动参与、学习自主、生活独立、人际协调、社会认同和社会活力等社会适应维度上的得分显著低于城市当地儿童（胡韬等，2012）；在课业适应、常规适应、师生关系适应、同学关系适应和自我接纳等学校适应维度上的表现显著不如城市非流动儿童（谭千保，2010）。流动儿童比城市儿童表现出更多的行为问题（曾守锤，2010b），流动儿童行为问题（如违纪、反社会行为、神经症或情绪障碍）的检出率为25.20%，显著高于城市儿童（18.40%）（张伟源等，2010）。流动儿童的依赖、焦虑、退缩、冲动、夸大等问题行为更多，更具攻击倾向（李晓东等，2007）。流动儿童的同伴拒绝（李丹等，2011）和退缩行为（谢子龙等，2009）显著多于城市儿童；其同伴交往能力发展滞后于城市儿童，语言能力相对滞后，社交障碍更多（王晓芬，庄云，2012）。

然而，也有研究者得出了不同的结果，发现流动儿童的社会文化适应状况整体良好（范兴华等，2012），多数流动儿童在城市中的社会适应较好（郑砚，2012；邓丽，2012），只有少数流动儿童对城市生活表现出一定的不适应（杨小艳，2007），流动儿童在某些方面的适应能力甚至要好于本地儿童（王璟，2011），流动儿童比本地儿童更具亲社会性（王晓芬，庄云，2012），生活独立能力更高（胡韬，2007）；与一般儿童相比，流动对儿童社会适应无明显不利影响（范兴华等，2009）。

这些研究结果表明，流动儿童的社会适应可能并不是完全按照“处境不利（高危）—压力—适应不良”的直线模型发展的（熊猛，叶一舵，2011）。事实上，根据心理弹性的相关理论，流动儿童的社会适应也可能遵循着“处境不利—心理弹性—适应良好”的轨迹发展（赵淑娟等，2009）。这提示我们，不仅应看到流动儿童在城市适应过程中遇到的各种困难和问题，也应该看到其发展良好的潜能和背后的保护性因素，如独立、韧性、勤奋等。

第四节　流动儿童的内隐社会认知

社会认知（social cognition），一般是指人对各种社会刺激的综合加工过程，是人的社会动机系统和社会情感系统形成变化的基础，它包括社会知觉、归因评价和社会态度形成三个主要方面（杨治良等，1997；解春玲，2005；陈启山，2009；伍秋萍等，2011）。根据社会信息加工的意识和无意识性可以将社会认知划分为外显和内隐社会认知两个方面（解春玲，2005；张东宁，王有智，2005）。内隐社会认知（implicit social cognition）是指在缺乏意识监控或在意识状态不明确的条件下，认知主体对社会刺激的组织和解释过程；在这一过程中，虽然主体不能回忆某一过去经验（如用自我报告法或内省法），但这一经验潜在地对主体的行为和判断产生影响（Greenwald & Banaji，1995；Fiske，1993；Jacoby et al.，1993）。内隐社会认知具有间接性、积淀性、无意识性和启动性等特征（刘玉新，张建卫，2000；叶茂林，彭运石，2004）。目前学界对内隐社会认知的研究主要集中在内隐态度（implicit attitude）、内隐自尊（implicit self-esteem）、内隐刻板印象（implicit stereotype）及内隐攻击性（implicit aggression）等方面（陈启山，2009；叶茂林，彭运石，2004）。对内隐社会认知的研究方法主要有加工分离法、投射测验法、阈下态度条件反射法、情境测验法［如刻板解释偏差（stereotypic explanatory bias，SEB）］以及基于反应时范式的方法等（Greenwald et al.，1998；张东宁，王有智，2005）。基于反应时范式的方法又包括内隐联想测验（implicit association test，IAT）、Go/No-Go 联想测验（the go/no-go association test，GNAT）以及外部情绪性西蒙任务（the extrinsic affect simon task，EAST）（苗艳敏，2008），其中 IAT 是目前内隐社会认知领域使用最广泛的方法之一。

鉴于外显的量表法往往存在社会称许性以及容易出现共同方法偏差等缺陷，国内研究者采用内隐测量的方法对流动儿童的内隐社会认知进行了探索性研究，归纳起来主要包括内隐群际偏好（内隐群际态度）、内隐自尊以及内隐身份认同等。例如，丁芳等人（2014）采用 IAT 范式对初中流动儿童内隐群际偏爱的研究表明，流动儿童存在内隐外群体偏爱，对自身所属群体表现出内隐的消极认同；本地儿童存在内隐内群体偏爱，对流动儿童具有内隐的消极认知。唐春芳（2012）同样采用 IAT 对流动儿童和城市儿童内隐群际偏好的研究表明，流动儿童和城市儿童均表现出明确的内隐内群体偏好，但流动儿童较城市儿童的内隐内群体偏好要低。陈陈和张心玮（2013）的研究进一步明确表明，流动儿童表现出外显内群体偏好和内隐外群体偏好，其外显和内隐群际态度显著分离。而董蔚楠（2012）采用刻板解释偏差对流动儿童内隐群体偏好的研究发现，流动儿童的群体偏好倾向并不显著。林颖（2012）采用 IAT 对流动儿童内隐自尊的研究表明，流动儿童的内隐自尊效应显著，其内隐自尊与外显自尊相关不显著，说明两种自尊结构相对独立。唐春芳（2012）的研究进一步证实了这一结果。刘妍洁（2013）采用外部情绪性西蒙任务对流动儿童的内隐身份认同进行了研究，结果发现流动儿童的内隐身份认同效应显著，即流动儿童的内隐身份认同明确，他人与自我认同相一致，都更倾向于农村人认同；内隐身份认同和外显身份认同相关不显著，说明二者是相互独立的结构。

综合上述研究可以发现，流动儿童的内隐群际偏好、内隐自尊以及内隐身份认同与相应的外显成分均发生了分离，说明流动儿童的内隐社会认知与相应的外显成分可能分属两个不同的系统，因此有必要对流动儿童的内隐社会认知进行专门研究。不过以上研究都还只是初步的探索性研究，还有待更多的实证研究来丰富和佐证。

第五节 流动儿童的相对剥夺感

流动儿童由于家庭、经济、环境等各方面的原因，生活质量相对低下，教育资源比较匮乏，更容易产生消极的发展后果（Schmidt，2022）。他们通过与城市儿童的不合理比较，容易在心理上产生主观的“相对剥夺感”。

文献回顾发现，以往有关流动儿童相对剥夺感的研究较为缺乏，仅有的研究也主要限于宏观的理论探讨和文献回顾（李宁，2008）。例如，熊猛和叶一舵（2011）进行的文献述评认为，流动儿童的相对剥夺感主要表现为敌对、心理不平衡和不公平感等。流动儿童在敌对、心理不平衡方面的得分显著高于城市当地儿童（邱达明等，2008）；流动儿童由于感觉到社会不平等的存在，极容易对社会产生一定的反感情绪，有时会对周围的人甚至对社会产生敌意，最终导致问题行为的出现（北京市流动儿童就学及心态状况调查课题组，2006）。然而，以上研究并没有直接针对流动儿童相对剥夺感的本身进行研究，相对剥夺感虽然与敌对、心理不平衡、不公平感等负性心理联系紧密，但并不完全一样。因此，以上相关研究结论并不能完全代表流动儿童相对剥夺感的全貌。尽管如此，以往的相关研究还是为我们深入探讨流动儿童相对剥夺感的本质和形成机制提供了重要的参考资料。

第三章　相对剥夺感的研究现状与展望

第一节　相对剥夺感的概念与辨析

一、相对剥夺感的概念

根据《辞海》的解释，“剥夺”有两种含义：①用强制手段夺取。如：剥夺犯罪分子的公民权。②剥削；掠夺。唐 · 元稹《钱货议状》：“又以为黎庶之重困，不在于赋税之暗加，患在于剥夺之不已”（辞海编辑委员会，1979）。剥夺与掠夺、抢夺等概念相近，不过“剥夺”常搭配抽象事物，如“剥夺选举权”；“掠夺”的对象多是具体的货物、财物，强调数量巨大；“抢夺”侧重以暴力抢取，突出其胆大妄为、目无法律，性质恶劣（现代汉语辞海编辑委员会，2003）。

剥夺（deprivation）一词是社会学的重要概念，广义的剥夺既包括具体的肉体剥夺、经济剥夺，也包括抽象的政治剥夺、社会剥夺和精神剥夺（王宁，2007）。其中社会剥夺（social deprivation）一词最早由英国的汤森德（Townsend，1979）提出，用于研究贫困问题。后来一些学者将社会剥夺区分为绝对剥夺和相对剥夺（付允，2011）。

相对剥夺感是美国社会学家斯托弗（Stouffer）于 1949 年在《美国士兵》（*The American Soldier*）一书中首先提出来，后来由社会学家默顿（Merton，1957）在《社会理论与社会结构》（*Social Theory and Social Structure*）一书中加以系统阐释。社会学、心理学、政治学等社会学科的学者分别从不同的视角界定相对剥夺概念。Runciman（1966）根据相对剥夺感的形成过程最先对它进行操作性定义，他认为只有满足以下四个条件，个体才会产生 X 被相对剥夺的感觉：①个体自身没有 X；②发现周围其他人拥有 X；③期望拥有 X；④这种期望是合理可行的。因此，如果其他人拥有我们想要但是自身却没有的事物时，我们就会产生相对剥夺感。上述 X 可以是任何的事物，包括体能、吸引力、智力、个人物品或收入等（郭俊东，2009）。

社会心理学更多的是从微观社会个体和群体的角度来理解相对剥夺感，关注个体和群体在面对客观剥夺时的主观感受或行为表现（张书维等，2012）。Walker 和 Smith（2002）将相对剥夺感定义为：与参照群体（reference group）相比，个体对自身不利地位的主观感知。这种不利的感知并不是来源于绝对条件劣势，而是来源于与参照群体对比的结果。参照群体可以是个体，也可以是群体。因此，相对剥夺感是社会比较的结果，且常常是与类似群体进行比较。

国内学者郭星华（2001）也对相对剥夺感进行了系统阐述，认为相对剥夺感指人们通过与参照群体比较而产生的一种自身利益被其他群体剥夺的内心感受。相对剥夺感的产生主要源于参照群体的选择，而与自身利益的实际增减并无直接联系。当自身利益实际减少时，固然容易产生相对剥夺感；但当自身利益实际上增加时也会产生相对剥夺感。因此，相对剥夺感的产生不仅取决于参照群体的选择，亦取决于自身利益的增加速率与参照群体利益的增加速率之比。

以上学者对相对剥夺感的界定主要集中于参照群体上，即认为相对剥夺感是人们通过与参照群体的横向比较而产生的。而 Gurr（1970）在《人民为什么反叛》（*Why Men Rebel*）一书中认为相对剥夺感是行动者对价值期待与价值能力不一致的认知，他从纵向维度对相对剥夺感进行了界定。他认为，价值（value）是人们期待的事件、对象和条件；价值期待（value expectation）是人们认为应当获得的一般价值地位；价值能力（value capability）是人们认为能够获得或保有的一般价值地位。当人们在社会生活中实际获得的生活条件和机会低于或远远低于他们所期望得到的生活条件和机会时，相对剥夺感就产生了（李俊，2004）。

通过以上梳理可以明确的一点是，相对剥夺感的核心心理过程是社会比较（Zhang et al.，2011；Appelgryn & Bornman，1996；Stiles et al.，2000），既包括个体或所属群体与参照群体进行的横向比较，也包括价值期待和价值能力之间的纵向比较。此外，大量学者认为相对剥夺感不仅包含社会比较这一认知成分，还包含由此导致的不公平感、愤怒和不满等情感成分（Crosby，1976；Walker & Pettigrew，1984；Smith et al.，2012），并且认为情感成分也是相对剥夺感必不可少的组成部分（Smith et al.，2012；Walker & Pettigrew，1984；Crosby，1976）。据此，我们对相对剥夺感进行操作性定义，即相对剥夺感指的是个体或群体通过与参照群体比较而感知到自身处于不利地位，进而体验到愤怒和不满等负性情绪的一种主观认知和情绪体验。

二、相对剥夺感与相关概念的辨析

鉴于目前学界存在较多与相对剥夺感相近或相反的概念，容易产生混淆或误用，因此有必要将其与相关概念做一番辨析。

第一，区分相对剥夺与绝对剥夺。绝对剥夺（absolute deprivation）也称客观剥夺，是指由于缺少食品、水、住所等，一些个体或群体的最基本生活需求得不到满足的客观状态（李强，2004）；相对剥夺（relative deprivation）也称主观剥夺，是指个体或群体通过与参照群体比较而感知到自身处于不利地位，进而体验到愤怒和不满等负性情绪的一种主观心理状态。相对剥夺不同于绝对剥夺，它的产生主要源于参照群体的选择，而与自身基本需求是否得到满足并无直接联系。处于绝对剥夺的个体大多属于社会贫困阶层或弱势群体；而处于相对剥夺的个体不仅包括那些社会弱势群体，也包括部分社会优势群体，他们通过与社会地位更高的群体进行比较，或者自身对利益的期望值过高，当利益期望没有得到满足时，相对剥夺感就产生了。研究还表明，个体在面对内群体或外群体成员的绝对剥夺或相对剥夺时，其行为反应会有所不同，如 Tiraboschi 和 Maass（1998）通过情境实验研究发现，不管是内群体成员还是外群体成员遭受较高的绝对剥夺时，个体都会采取维护社会公正的社会行为，而只有内群体成员遭受较高的相对剥夺时，个体才会采取相应的社会行为。

第二，区分相对剥夺与相对满意。相对剥夺指与参照群体相比，个体或群体对自身所处的不利地位的一种主观感知；相对满意（relative gratification）是其反面，即与参照群体相比，个体或群体对自身所处的有利地位的一种主观感知（张书维等，2010）。Walker 和 Pettigrew（1984）以参照群体和经济收入作为两维指标，将相对剥夺和相对满意分成四种类型（表 3-1）。当个体的经济收入既高于（或等同于）内群体，又高于（或等同于）外群体时，就会产生（a）双重相对满意；当个体的经济收入高于（或等同于）内群体，而低于外群体时，就会产生（b）群体相对剥夺；当个体的经济收入低于内群体，而高于（或等同于）外群体时，就会产生（c）个体相对剥夺；当个体的经济收入既低于内群体，又低于外群体时，就会产生（d）双重相对剥夺。

表 3-1　相对剥夺和相对满意的四种类型

分类指标		相比外群体，个体的经济收入	
		相同或高于他们	低于他们
相比内群体，个体的经济收入	相同或高于他们	（a）双重相对满意	（b）群体相对剥夺
	低于他们	（c）个体相对剥夺	（d）双重相对剥夺

资料来源：Walker & Pettigrew，1984：303

研究表明，相对剥夺和相对满意对后果变量的影响效应既有相似之处，也有不同之处。国外研究发现，相对剥夺和相对满意都与对移民的偏见呈显著正相关，说明相对剥夺—相对满意连续体与偏见之间是一种双线性关系，即“V”型曲线关系，而非单一的线性关系（Dambrun et al.，2006）。而国内研究显示，相对剥夺的个体比相对满意的个体更有可能参与集群行为（张书维等，2010）。

第三，区分个体相对剥夺与群体相对剥夺。Runciman（1966）首次区分了个体相对剥夺（individual/egoistic/personal relative deprivation，IRD）和群体相对剥夺（group/fraternal/collective relative deprivation，GRD）。前者所做的是人际比较（interpersonal comparisons），指的是通过与周围其他人（如内群体其他成员或相关外群体成员）比较而感知到自身处于不利地位（Guimond & Dubé-Simard，1983）；后者所做的是群际比较（intergroup comparisons），指的是将内群体与其他外群体比较而感知到内群体处于不利地位（Smith & Ortiz，2002）。大量研究表明，个体相对剥夺和群体相对剥夺具有不同的影响效应。一般来说，个体相对剥夺对个体水平的结果变量预测作用更强，如压力水平和心理健康（Smith et al.，2012；Abrams & Grant，2012；Osborne et al.，2012；Walker，1999；Walker & Mann，1987）；而群体相对剥夺对群体水平的结果变量预测作用更强，如支持社会变革和集群行为（Smith et al.，2012；Abrams & Grant，2012；Olson et al.，1995；Smith & Walker，2008；Walker & Mann，1987）。

第四，区分横向相对剥夺与纵向相对剥夺。横向相对剥夺（horizontal relative deprivation）与纵向相对剥夺（longitudinal relative deprivation）的区别在于所选取的参照群体不同。引起横向相对剥夺感的主要来源是个人或群体与横向参照群体的比较；而引起纵向相对剥夺感的主要来源是个人或群体与纵向参照群体的比较，即与个人或群体在过去或未来的某种状况的比较（王宁，2007）。社会心理学领域主要关注通过人际或群际社会比较而产生的横向相对剥夺感，而政治学领域则较多关注将当前的状况与过去、未来或渴望的状况进行比较而产生的纵向相对剥夺感（de la Sablonnière et al.，2009a；de la Sablonnière et al.，2009b；Gurr，1970）。研究表明，不同经济发展水平地区民众的横向剥夺感和纵向剥夺感有所不同。如我国研究者付允基于横向剥夺感和纵向剥夺感的概念构建了社会群体多维相对剥夺感模型，并将该模型用于由我国 31 个地缘社会群体组成的三大群体（东部、中部和西部省份）的实证研究。结果表明，东部省份群体的横向剥夺感相对较小，中西部省份群体的横向剥夺感相对较大；中西部省份群体的纵向剥夺感相对较小，而东部省份群体的纵向剥夺感相对较大；并且总体剥夺感在空间上呈现出自东向西梯度递增的趋势（付允，2010）。

第二节　相对剥夺感的起源与发展

Stouffer 等人（1949）首次提出相对剥夺感这一概念。Stouffer 和他的同事对二战时期美国士兵的研究发现，在升迁较缓慢的军警部队里，士气比较高，反倒是升迁较快的空军部队里，士气比较低落。Stouffer 采用相对剥夺感来解释这一“反常”现象。他发现，空军有很多下士和士官的军阶，而绝大多数军警没有官阶。空军里大多数人获得升迁，相比之下，没有获得升迁的人会感觉到被相对剥夺；而军警里只有少数人获得升迁，相比之下，没有获得升迁的人并没有感觉到被相对剥夺。但是，Stouffer 等人（1949）在《美国士兵》中并没有直接测量相对剥夺感，而只是将其作为一种事后解释的工具。

社会学家 Merton（1957）在《社会理论与社会结构》一书中用两章的篇幅对相对剥夺感进行了详细的阐述，他认为相对剥夺感是个体或群体对于自身相对状况所持的态度，是一种主观心理感受。这种感受来自对自身利益得失的判断和评价，是一种社会比较的结果。即个体或群体将自己的利益得失与参照群体进行比较，若认为自己比参照群体得到的少，就会有不公平感或相对剥夺感产生。

随后，Davis（1959）首次提出了一个关于相对剥夺感的正式理论。根据他的构想，当个体缺少某种渴望的物品或机会（X），而其他相似的个体拥有这些物品或机会时，个体会经历一种不公平感。根据 Davis 的观点，缺少 X 的个体必须具备以下条件：①知觉到其他相似的个体拥有 X；②自己想要获得 X；③认为自己有资格拥有 X。只有这三个条件同时具备，个体才会产生相对剥夺感。

英国社会学家 Runciman（1966）在《相对剥夺与社会公正》（*Relative Deprivation and Social Justice*）一书中进一步对相对剥夺感理论进行了系统阐述，并且首次区分了个体相对剥夺和群体相对剥夺。在 Davis 的三个决定因素的基础上，Runciman（1966）加入了第四个因素：个体必须认为获得 X 是可行的（或可能的）。根据 Runciman 的观点，第四个因素的加入将不现实的希望或白日梦与基于现实的期望区分开来，前者不会使人产生剥夺感，而后者会使人产生剥夺感。

与 Runciman 的观点相反，Gurr（1970）认为只有当个体认为获得 X 是不可行的（或不可能的）时候，他才会体验到剥夺感或不满意感（a sense of grievance）。Gurr 据此提出一个相对剥夺感的计算公式：相对剥夺感=（价值期待–价值能力）/价值期待（Gurr，1970）。其中，“价值期待”是指当个体与其他相似个体（包括自己的过去）进行比较时，认为自己有资格获得的物品和机会；“价值能力”是指个体目前拥有或者认为自己能够拥有的物品和机会。以价值期待和价值能力为基础，Gurr 进一步定义了相对剥夺感的三种模式：①“渴望的剥夺”（aspirations of deprivation），当价值期待提高而价值能力保持不变时产生的剥夺；②“耗竭的剥夺”（decremental deprivation），当价值期待保持不变，而价值能力下降时产生的剥夺；③“渐近的剥夺”（progressive deprivation），当价值期待提高，而价值能力下降时产生的剥夺。通过定义相对剥夺感的三种模式，与Davis、Runciman 相比，Gurr 构建了一个更加动态化的模型。

Crosby（1976）在总结 Davis、Runciman 和 Gurr 等人关于相对剥夺感形成机制的理论模型的基础上，提出了一个新的理论模型（即在 Runciman（1966）的四个决定因素的基础上，进一步加入了第五个因素），认为只有满足以下五个前提条件，个体才会产生不满意感或相对剥夺感：①知觉到其他人（类似的个体）拥有 X；②自己想要获得 X；③认为自己有资格拥有 X；④认为获得 X 是可行的；⑤当个体没有获得 X 时不会有自责感。根据 Crosby（1976）的观点，只有这五个条件同时具备，个体才会产生相对剥夺感。

Walker 和 Pettigrew（1984）基于 Tajfel 等人（1986）的社会认同理论，系统阐述了有关相对剥夺感的六个焦点问题，认为后续相对剥夺感的研究必须具备以下条件：①区分个体相对剥夺与群体相对剥夺；②区分个体测量水平与群体测量水平；③区分认知成分与情感成分；④区分绝对剥夺与相对剥夺；⑤参照群体具体化；⑥比较的维度（方面）具体化。

Smith 等人（2012）进一步对 1949～2010 年有关相对剥夺感的研究进行元分析，对相对剥夺感的形成机制及其与前因和后果变量之间的关系进行了一个全面的梳理和归纳（图 3-1），他们认为相对剥夺感的形成必须经过认知比较、认知评估和产生相应的情感反应等三个阶段，并且形成相对剥夺感还必须满足以下条件：①被剥夺的领域是重要的，即个体必须对他所缺少的东西非常在意（Crosby，1976）；②如果不进行干预，个体或群体的处境不会得到改善（Cook et al.，1977；Folger，1987；Mummendey et al.，1999）；③导致个体或群体处于弱势地位的程序是不公正的（Crosby，1976；Folger，1987；Grant & Brown，1995；Mummendey et al.，1999）；④个体或内群体对当前的剥夺不负有责任（Crosby，1976；Bolino & Turnley，2009；Grant，2008；Walker et al.，2002）。

Smith 等人（2012）的元分析研究还检验了以下四个假设：①出版偏倚。四种不同类型的出版物（书籍、期刊论文、学位论文及未出版的论文）中，相对剥夺感与后果变量相关的效果量大小之间不存在显著性差异，说明在相对剥夺感的实证研究中不存在显著的出版偏差；②与公正情感相关的假设检验。当 RD 测量包含与公正相关的情感测量时，相比仅仅使用认知 RD 测量，RD 与关键结果变量之间的相关更为显著；③吻合性假设检验。当 RD 与结果变量测量的参照水平一致（即匹配）时，RD 与各种结果变量之间的相关更为显著；④测验质量假设检验。比较 358 个单一项目 RD 测量、233 个信度未知或信度较差的多项目 RD 测量以及 122 个信度较好的多项目 RD 测量与后果变量之间相关的效果量大小。结果表明，使用单一的 RD 测量对结果变量预测的效果量（r=0.12），与使用信度较低的多项目 RD 测量对结果变量预测的效果量（r=0.12）基本一致。但是它们都比使用较高信度的多项目 RD 测量对结果变量预测的效果量（r=0.18）要低，且差异显著（$p<0.05$）。直接比较单一项目与多项目测量的效果量，结果发现差异也是显著的（$p<0.05$）。

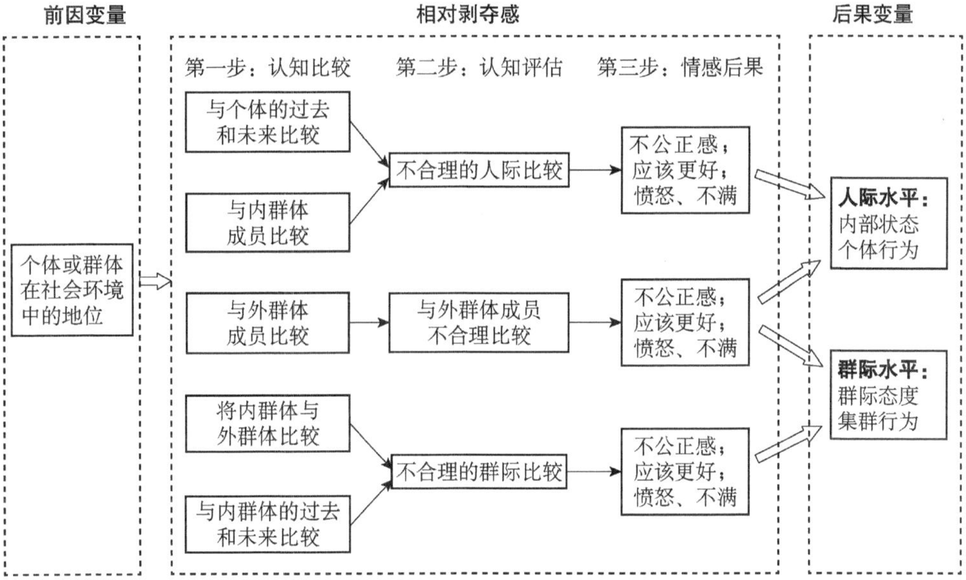

图 3-1　相对剥夺感的形成机制及其与前因和后果变量之间的关系

资料来源：Smith et al.，2012：205

第三节　相对剥夺感的理论基础

文献回顾发现，相对剥夺感研究者已经将相对剥夺理论与社会认同理论、自我归类理论、社会比较理论和公平理论等整合在一起，这些理论共同构成了相对剥夺感的主要理论基础。

一、社会认同理论

所谓社会认同（social identity），是个体对其属于某一特定社会群体的认识，同时认识到作为该群体成员所能获得的情感和价值意义，它属于自我概念的一部分（Tajfel，1978，1982）。社会认同理论（social identity theory，SIT）是社会心理学中研究群体行为的最有影响力的理论之一，由英国社会心理学家 Tajfel 和 Turner 等人提出并加以完善（Tajfel，1978；Tajfel & Turner，1986）。该理论认为，社会认同由三个基本历程组成：类化（categorization）、认同（identity）和比较（comparison）。类化指人们将自己编入某一社群；认同是认为自己拥有该社群成员的普遍特征；比较是评价自己认同的社群相对于其他社群的优劣、地位和声誉。透过这三个历程，人们往往倾向于抬高自己的身价和自尊（赵志裕等，2005）。社会认同理论把个体对群体的认同摆在核心位置，认为个体通过社会分类，对自己所在的群体产生认同，并产生内群体偏好和外群体偏见；个体通过实现或维持积极的社会认同来增强他们的自尊，而这种积极的自尊主要来源于内群体与相关的外群体之间进行的有利比较（郭星华等，2011）。社会认同理论首次把人际和群际行为进行了区分，并把认同在个体和群体层次上区分为个人认同和社会认同两种自我知觉水平，其中个人认同是个体在与其他个体的比较中所获得的自我概念，而社会认同则是在社会范畴或群体成员关系中获得的自我概念（Tajfel & Turner，1986；乐国安，2009）。另外，社会认同理论还对人际比较与群际比较、个体自尊与集体自尊进行了区分（张莹瑞，佐斌，2006）。

研究者们在社会认同的基础上进一步延伸出群体认同这一概念，群体认同指个体与群体基于群体成员身份意义的心理联系，即群体成员身份整合进个体自我概念的程度（Tropp & Wright，2001）。也就是说，明确自己所属的群体（内群体），并将其他人都看作是外群体，从而对内群体产生不同程度的认同感（Turner et al.，1987）。对于群体认同和相对剥夺的关系，研究表明，一旦群体认同凸显，弱势群体成员将更倾向于做群际比较，使得成员的个体相对剥夺感下降，群体相对剥夺感上升（Ellemers，2002；Kawakami & Dion，1993；Smith et al.，1994）。群体认同因此强化了弱势群体成员的群体相对剥夺感（Abrams，1990；Ellemers，2002；Mummendey et al.，1999；Petta & Walker，1992；de La Sablonnière & Tougas，2008；Tropp & Wright，1999），使得群体相对剥夺水平较低而群体认同高的个体也参与到集群行为之中（张书维等，2012）。

二、自我归类理论

20 世纪 80 年代，Turner 等人（1987）在社会认同理论的基础上逐渐发展并形成了自我归类理论（self-categorization theory）。与传统的社会心理学关注“在群体中的个体”（individual in the group）不同，自我归类理论关注的是“在个体中的群体”（group in individual），是心理化的群体，是个体主动将群体心理化后，得到积极的情感和价值意义并以此与他人相区分的动力过程。因此又被称作“对个体主动将群体心理化后，集体现象与个体的社会认知和行为的联结过程”（杨宜音，2005）。这里的社会群体不仅指客观存在的群体，还包括心理意义上的主观群体（李春，宫秀丽，2006）。

Turner 等人认为，自我归类是一种等级系统，每一等级的抽象程度不同，该类别的包含程度也不同。在自我概念中，自我归类至少可以发生在三个层次：①高层次（superordinate）——人类，即建立在一个人对人类群体的认同基础之上的自我分类，将自我定为人性的一部分；②中层次（intermediate）——内群体与外群体分类的中间水平，建立在内群体成员之间相似、内群体成员和外群体成员之间差异的基础之上，如性别、国籍和种族；③低层次（subordinate）——处于次级的个人归类，即建立在自己作为唯一的个体与内群体其他成员进行区分的基础之上，如根据一个人的人格或者其他个体差异进行的分类（Turner et al.，1987；李春，宫秀丽，2006）。需要指出的是，将这些层次命名为高、中、低并不意味着其价值的高低，而仅表示它们相互包含的关系而已。其中涵盖了自我与他人在种群之间、群体之间和人际之间比较而定义的人类的、社会的、个人的认同（Turner et al.，1987；乐国安，2009）。

三、社会比较理论

社会比较指的是个体把自己与具有类似生活情境的人相比较，对自己的能力、行为水平及行为结果作出评价的过程（林崇德等，2003）。第一个系统地提出社会比较理论的是美国社会心理学家 Festinger，因此其理论又称为“经典社会比较理论”（social comparison theory）。其理论的主要观点包括：①人具有想清楚地评价自己能力和观点的动机；②如果不能获得比较“客观”的手段来评价自己的能力和观点时，人们倾向于在与他人的比较中判明自己的观点和能力；③只有当那些比较对象与自己相似时，人们才可能对自己作出有效的评估（Festinger，1954；纪丽君，1995）。由于 Festinger 的社会比较理论只涉及观点和能力的自我评价，随后的 Schachter（1959）对经典社会比较理论进行了拓展，把社会比较的维度扩展到了情绪领域。他认为当个体处于一种新的或模糊的情绪状态时，又无法用生理、经验的线索判断自己的情绪状态，这时他们就有可能通过社会比较来对自己的情绪状态进行评价（Suls & Miller，1977；邢淑芬，俞国良，2005）。

社会比较作为一种普遍存在又灵活多样的社会现象，从不同的角度可以划分为多种不同的类型，其中最主要的是按照比较方式的划分（邢淑芬，俞国良，2005），分为平行比较、上行比较和下行比较。具体内容包括：①平行比较，是指与自己相似的他人进行比较。1954 年，Festinger 提出了"相似性假说"（similarity hypothesis），认为个体想了解自己的观点和能力，但现实生活中往往没有直接、客观的标准，这时个体就会倾向于与他人，而且与自己能力和观点相似的他人进行比较，因为相似的他人可以提供更多真实、有效的信息。②上行比较，又称向上比较，是指与比自己优秀的他人进行比较。Festinger（1954）曾提到能力比较是单向向上的驱力在起作用，即当人们对自己的能力进行评价时，是一种自我进步的动机促使他们选择向上的比较方式。有研究者首次提出了向上比较的观点，利用等级评定范式发现个体为了与他人寻找差距，达到自我进步的目的，往往喜欢和比自己等级高的他人进行比较（Suls & Wheeler，2000）。③下行比较，又称向下比较，是指与比自己差的他人进行比较。Suls 和 Miller（1977）利用等级评定范式进行研究提出了下行比较的观点，他认为当个体的自尊受到威胁时，会倾向于和比自己差的人进行比较。Wills（1981）在前人研究的基础上，提出了全面、系统的下行比较理论。该理论认为当个体遭遇失败等任何消极生活事件时，个体的自尊、心理健康水平就会下降，这时个体倾向于和比自己处境差的人进行比较，以此来维持其自尊和主观幸福感。

关于社会比较与相对剥夺感的关系，如前所述，相对剥夺感的核心心理过程是社会比较（Zhang et al.，2011；Appelgryn & Bornman，1996；Stiles et al.，2000），向下比较容易产生相对满意或满足感，而向上比较则可能会产生两种不同的感受，一种是向上奋斗的进取心，另一种是相对剥夺感或失落感（郭星华，2001）。此外，Smith（2000）在进行相对剥夺感研究时还提出了另外三种具体的社会比较类型：①将自己与内群体某个成员进行比较；②将自己与外群体某个成员进行比较；③将自己所在的群体（内群体）与其他相关社会群体（外群体）进行比较。个体或群体通过与参照群体比较而感知到自身处于不利地位，就会产生相对剥夺感。若某一个体或群体本身的处境虽已有所改善，但改善的程度低于参照群体的改善程度，则相对剥夺感亦会产生。通过与其他个体或群体比较而产生的相对剥夺感，会导致个人或群体产生两种截然不同的态度和行为，即消极的后果，如压抑、自卑；积极的后果，如合理竞争、奋发图强。

四、公平理论

美国心理学家亚当斯（Adams）于 1965 年提出了公平理论（equity theory），试图解释不公平感产生的原因及其影响因素。公平理论认为，一个人对自己所得的报酬是否满意不取决于他实际所得报酬的绝对值，而是取决于他与他人进行的社会比较和与自己进行的历史比较所得的相对值。可见，公平理论是从社会比较的视角提出的，包括两种比较：①横向比较，即个人对自己所获得的报酬（包括物质上的金钱、福利和精神上的受重视程度、表彰奖励等）与自己工作的投入（包括自己的受教育水平、经验、用于工作的时间、精力和其他消耗等）之比值同他人的报酬与投入之比值进行比较；②纵向比较，即人们对自己所获得的报酬与工作投入的比值同自己过去的这一比值进行比较。通过横向比较和纵向比较，当人们感到自己的“报酬-投入比”与他人的“报酬–投入比”（或现在的“报酬-投入比”与自己过去的“报酬-投入比”）相等时，便会获得一种公平感；如果收支比值不相等时，便会感到自己受到了不公平的待遇（赵建梅，2011）。

公平理论较好地阐释了相对剥夺感产生的心理机制。Adams 将贡献与报酬看作是一种投入与产出的交换关系。他认为，当人们觉得自己在工作上的投入量和报酬与他人相比较，二者不相称时；或者说，当人们认为自己比别人干得多，却和别人得到同样的报酬或比别人少时，不公平感或相对剥夺感就产生了（郭星华，2001；郑杭生，李路路，2004）。

五、理论的整合

以上四个理论并不是完全割裂的，他们可以通过有机地整合构成相对剥夺感的理论基础。根据个体或群体特征的决定因素（如性别、年龄、种族、社会经济地位等），人们把自己归为某类个体或群体成员（自我归类）；个体通过社会分类，对自己或自己所在的群体产生认同，并产生内群体偏好和外群体偏见（社会认同）；为了获取对自身或内群体更准确的认识，人们通常与他人或外群体进行比较（社会比较/认知成分）；比较的结果若是自身或内群体处于不利地位，就会产生不公平感、愤怒、不满等负性情绪（公平感知/情感成分）。这时，相对剥夺感就产生了。

对于以上理论整合的初步构想，国外已有学者提出了一个综合的理论模型来具体予以阐释。如 Kawakami 和 Dion（1995）基于自我归类理论、社会认同理论、社会比较理论，尝试构建了一个关于相对剥夺感的形成和作用机制的整合模型。该模型假定，根据个体或群体特征的显著性，人们把自身归为某类个体或群体成员；当个体或群体认同显著时，人们则会分别进行内群体或群际比较；由这些比较而产生的负性结果又进一步导致负性的社会认同；当这些个体或群体自我认同与感知到的自身（弱势）地位的不合理性联系在一起时，就会分别导致被试的个体或群体相对剥夺感。根据相对剥夺感的类型，人们会相应地采取个体或群体行为来改善他们的不利地位。当体验到个体相对剥夺感时，人们会首先尝试采取规范的个体行为（如努力工作或学习）来改善他们的地位；如果这一尝试失败，人们则会转而采取失范的个体行为（如罢工、抗议等）来改善他们的地位。当体验到群体相对剥夺感时，人们会首先尝试采取失范的群体行为来改善他们的地位；如果这一尝试失败，人们会转而采取规范的群体行为来改善他们的地位。当然，理论模型的整合只是我们的一个有益尝试和初步探索，还有待实证研究的进一步检验。

第四节 相对剥夺感的结构与测量

有关相对剥夺感的内容结构，目前国内外学者的观点并不一致，从现有的文献来看，概括起来主要有以下五种 RD 的结构模型，即个体—群体 RD 与认知—情感 RD 的二维垂直结构模型、认知—情感 RD 的双维结构模型、个体—群体 RD 的双维结构模型、RD 的单维结构模型以及 RD 的三维结构模型。研究者们根据以上结构模型编制了相应的测量工具，并进行了一系列的相关应用研究。

一、个体—群体 RD 与认知—情感 RD 的二维垂直结构模型

在相对剥夺感的结构与测量领域，大部分研究者都认同相对剥夺感存在个体与群体以及认知与情感之分，据此建立了个体—群体 RD 与认知—情感 RD 的二维垂直结构模型（图 3-2）（Walker & Pettigrew，1984；Olson & Hafer，1996；Zagefka et al.，2013；Smith et al.，2012）。首先，相对剥夺感可以分为个体 RD（基于人际比较）与群体 RD（基于群际比较）两个二阶维度（Runciman，1966；Schmitt et al.，2010；Vanneman & Pettigrew，1972）。其次，个体 RD 和群体 RD 又分别包含认知成分（如感知到弱势地位或处境不利）和情感成分（如愤怒、不满）两个一阶维度（Guimond & Dube-Simard，1983；Petta & Walker，1992；Tropp & Wright，1999；Zagefka & Brown，2005；Zagefka et al.，2013）。

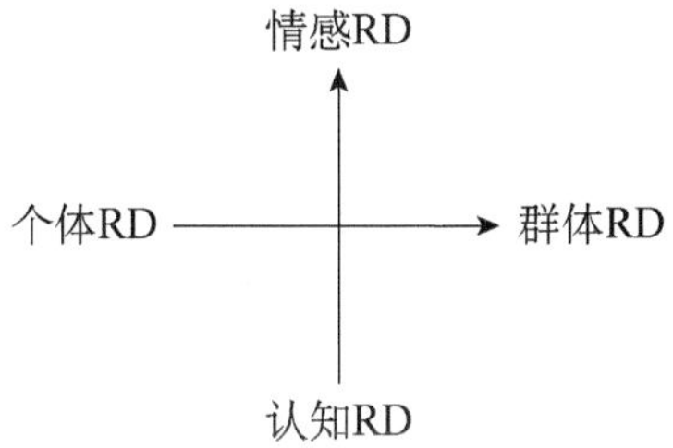

图 3-2　个体—群体 RD 与认知—情感 RD 的二维垂直结构模型

Koomen 和 Fränkel（1992）在研究荷兰少数民族群体苏里南人的相对剥夺感时采用了个体—群体 RD 与认知—情感 RD 的二维垂直结构模型，所不同的是他们把认知—情感 RD 作为二阶因子，而把个体—群体 RD 作为一阶因子，最终形成了认知—个体 RD、认知—群体 RD、情感—个体 RD 和情感—群体 RD 四个分量表，每个分量表主要测量被试在生活、住房、教育、歧视知觉和收入五个方面的剥夺体验，共形成 20 个最终题项。认知—个体 RD 的题项如“与荷兰的其他苏里南人相比，您的住房状况如何？”，认知—群体 RD 的题项如“与荷兰的白人相比，您认为苏里南人的住房状况如何？”，采用利克特 5 点计分法，从“非常好”到“非常差”分别记为 1～5 分。情感—个体 RD、情感—群体 RD 的题项分别紧接着认知—个体 RD、认知—群体 RD 的题项追问，如“对于这种差异，您的感受如何？您感到满意还是不满意？”，仍然采用利克特 5 点计分法，从“非常满意”到“非常不满意”分别记为 1～5 分。将被试在生活、住房、教育、歧视知觉和收入五个方面的得分相加得到每个分量表的得分，得分越高表明被试的相对剥夺感越强烈。对 81 名成年苏里南人的研究表明，四个分量表的内部一致性系数分别为 0.80、0.84、0.83 和 0.79，个体 RD 与个体满意度呈显著负相关，群体 RD 与群体攻击性呈显著正相关，说明量表的信效度较好。

Birt 和 Dion（1987）在研究加拿大多伦多的同性恋群体的相对剥夺感时也采用了个体—群体 RD 与认知—情感 RD 的二维垂直结构模型，测验同样包括四个分量表，每个分量表从 5 个方面（职业与经济歧视、住房与居住环境歧视、人际歧视、警察与政府职权滥用、政治歧视）评定被试的歧视知觉，共 20 题。要求被试与其他的同性恋群体或者非同性恋群体比较，报告自己或自己所在群体（男同性恋或女同性恋群体）所遭受的歧视程度，采用利克特 7 点计分，从 1 代表“非常少”到 7 代表“非常多”。针对 74 名男同性恋和女同性恋被试的探索性因素分析表明可以抽取四个不同的因子，分别为认知—个体 RD、认知—群体 RD、情感—个体 RD 和情感—群体 RD，四个分量表的内部一致性系数分别为 0.91、0.78、0.86 和 0.71。

此外，Osborne 和 Sibley（2013）在考察新西兰成年人的相对剥夺感时也区分了个体—群体 RD 和认知—情感 RD。他们采用两个项目评定个体 RD，如“与其他新西兰人相比，我对自己的收入感到不满”（情感 RD）、“我的收入要低于其他新西兰人”（认知 RD），两个项目之间的相关值为 0.43（$p<0.001$）。同样采用两个项目评定群体 RD，如“与新西兰的其他相关群体相比，我对自己所在的种族群体的收入感到不满”（情感 RD）、“我自己所在的种族群体的收入要低于新西兰其他的相关群体”（认知 RD），两个项目之间的相关值为 0.46（$p<0.001$）。遗憾的是，该研究并没有报告各个因子的信效度，也没有报告总量表的信效度，有待后续研究的进一步检验。

二、认知—情感 RD 的双维结构模型

大部分研究者认为相对剥夺感的充分测量必须满足两个条件：①在问卷调查中必须明确指出让被试进行比较的参照群体；②必须测量愤怒、不满等情绪体验（Smith et al.，2012）。据此认为相对剥夺感的内容结构包含认知成分（比较的过程：通过比较感知到自己的期望无法满足）和情感成分（比较的结果：由此导致的不公平感、愤怒和不满意感）（Tiraboschi & Maass，1998；Crosby，1976；Pettigrew，2002；Raju，1991；Walker & Pettigrew，1984；Bougie et al.，2011；Grant，2008），并且认为情感成分是相对剥夺感的核心（Smith et al.，2012；Crosby，1976；Folger，1987；Martin，1986；Runciman，1966；Walker & Pettigrew，1984）。

Zoogah（2010）在研究企业员工感知到的相对剥夺感时采用了认知—情感 RD 的双维结构模型。量表由 6 个项目组成，要求被试与周围处于优势地位的员工相比，重点关注自己的弱势或劣势之处，题项如“有国外教育背景的员工工资更高”（认知 RD）、“在我所在的部门中，我对自己的薪酬比拥有国外教育背景的员工低感到不满”（情感 RD）。对加纳的 27 个公司的 144 名员工进行问卷调查，验证性因素分析（结构方程模型）支持了两因素模型（认知 RD 和情感 RD）的有效性，模型的各项拟合指数分别为 χ^2=20.3，RMSEA=0.04，CFI=0.89，TLI=0.90，拟合度较好。两个分量表的 Cronbach's α 系数分别为 0.91 和 0.89，总量表的 α 系数为 0.94。量表采用利克特 5 点计分法，从“非常不同意”到“非常同意”分别记为 1～5 分。

Zagefka 等人（2013）在研究英国大学生（相比德国大学生）的经济相对剥夺感时也采用了认知—情感 RD 的双维结构模型。采用两个项目分别测量相对剥夺感的认知成分和情感成分，要求被试评估英国大学生的总体经济状况，如“与德国大学生相比，你认为英国大学生的经济状况如何？”（认知成分，从 1=非常

不好到 7=非常好）；“与德国大学生相比，你对英国大学生经济状况的满意度如何？”（情感成分，从 1=非常不满意到 7=非常满意）。将两个项目反向计分，然后相加得到总的相对剥夺感得分，得分越高，则相对剥夺水平越高。两个项目之间的相关值为 r=0.71（p<0.001）。

此外，一些研究者认为情感成分是相对剥夺感的核心和必不可少的组成部分，因此他们在研究相对剥夺感时仅仅测量了其情感成分。如 Appelgryn 和 Bornman（1996）采用 Raju（1991）编制的量表来测量南非人的情感相对剥夺。量表共包含 4 个项目，分别用来测量被试通过与内群体其他成员在社会、经济、政治以及工作环境等方面的比较而产生的愤怒、沮丧、抑郁以及不公正感等情绪体验。探索性因素分析表明，四个项目可以抽取一个单一因素。采用利克特 5 点计分法，将四个项目的得分加起来得到量表总分，得分越高表明个体的情感相对剥夺水平越高。另一些研究者则认为社会比较是相对剥夺感的核心，因此在研究相对剥夺感时仅仅测量了其认知比较成分。如 Stiles 等人（2000）采用 3 个项目测量美国青少年的相对剥夺感，主要测量被试通过与朋友、邻居以及一般美国家庭进行比较而感知到的经济相对剥夺，题项如“与您的大部分朋友相比，您的家庭收入水平如何？”（选项为 A. 高于他们；B. 低于他们；C. 与他们大致相同）。

三、个体—群体 RD 的双维结构模型

有研究者在研究相对剥夺感时只区分了个体 RD 和群体 RD，即认为相对剥夺感包含个体水平和群体水平两个维度。Runciman（1966）首次区分了个体相对剥夺和群体相对剥夺。个体相对剥夺是通过与周围其他人比较而感到自己被剥夺的体验（人际比较）；群体相对剥夺是将内群体与其他外群体比较而感到内群体被剥夺的体验（群际比较）（Runciman，1966；Smith et al.，2012；Smith & Ortiz，2002；Pettigrew，2002；Kawakami & Dion，1993；Koomen & Fränkel，1992）。

Cantril（1965）的自我锚定量表是目前学界用来测量相对剥夺感最常用的工具之一（Appelgryn & Bornman，1996；Van Dyk & Nieuwoudt，1990；Appelgryn & Nieuwoudt，1988；Caskell & Smith，1984）。量表要求被试通过在一个 1～10 的等级上打分来评估自己的生活状况，等级越高说明个体的生活状况越好，反之越差。具体来说需要从社会地位、经济地位、政治地位以及工作环境等方面来评估。参照的对象依次为内群体成员和相关的外群体，因此该量表包括两个分量表：①个体相对剥夺。将自己当前的生活状况与内群体其他成员或相关的外群体成员进行比较，评估两者之间的差异大小；②群体相对剥夺。将自己所在内群体

的当前状况与相关的外群体进行比较，评估两者之间的差异大小。为了防止被试的结果出现负分，将被试在每个项目上的得分加上一个常数10。对于个体和群体相对剥夺，当被试的得分低于10分时，表明存在相对剥夺感；当被试的得分高于或等于10分时，表明不存在相对剥夺感。尽管Cantril（1965）的自我锚定量表使用较为广泛，但其缺陷也较为明显，即只测量了通过比较而感知到的差异（认知成分），而没有进一步测量由此产生的情绪或情感反应（情感成分）（Walker & Pettigrew，1984）。

Schmitt等人（2010）在研究德国东部地区民众的相对剥夺感时也采用了个体—群体RD的双维结构模型。具体测量程序包括：①采用自我报告的生活质量作为个体相对剥夺感的测量指标，生活质量从工作和劳动、发展前景、住房和城市、自然环境四个方面来考察。所有的49个项目与总分均呈正相关，前后三次测量的内部一致性系数分别为0.65、0.67和0.72。先将项目得分进行Z分数转换，然后计算总平均分。总平均分的绝对值越大，说明个体相对剥夺感水平越高。②通过工作和劳动、发展前景、人际关系、住房和城市、自然环境五个生活领域来测量群体相对剥夺感。每一个生活领域进一步分成几个方面，对于每一个方面，要求被试估计德国东部地区和西部地区的差异大小，并且指出他们认为相对公平的东部地区和西部地区之间的差异。采用7点计分法来对每一个方面打分，“+3”代表“东部地区好于西部地区或西部地区差于东部地区”，“−3”代表“西部地区好于东部地区或东部地区差于西部地区”。例如，首先要求被试报告与西部地区居民相比，东部地区居民的收入状况如何，然后指出他们认为东部地区居民相对公平的收入水平。前后两次评价得分的差异即为群体相对剥夺感的指标。59个项目前后三次测量的内部一致性系数分别为0.89、0.82和0.81。将59个项目的平均分作为最终评估指标，介于−6到+6之间，得分越高表明东部地区居民的群体相对剥夺水平越高。

Kawakami和Dion（1993）在研究加拿大大学生的相对剥夺感时也区分了个体RD和群体RD，每个维度包含4个项目，分别测量大学生对自己学业等级的满意度、失望感、公平感以及不公正感。个体RD项目如“请将自己的学业等级与所在群体（A群体）的平均学业等级进行比较”，群体RD项目如“请将A群体的平均学业等级与B群体的平均学业等级进行比较”，要求被试在一个7点的量尺上评分，从“一点也不”到“非常强烈”分别记为1～7分来感受相对剥夺。

四、RD的单维结构模型

部分研究者在测量相对剥夺感时并没有区分认知—情感或个体—群体维度，

而是把相对剥夺感作为一个单一维度的整体构念，从多个具体生活领域对其进行评定。Smith 等人（2012）进行的元分析发现，研究者们大多从以下具体方面来评估弱势群体的相对剥夺感：社会地位或阶层、住房状况、收入或购买力、工资水平或赋税状况、学业成就或任务绩效、工作环境、地理位置、健康状况或总体幸福感、一般生活状况、政治权利或制度待遇、身体外表或人格特征、家庭人员构成（单亲或双亲）等。

Schmitt 和 Maes（2002）在研究德国东部和西部地区民众的相对剥夺感时采用了 RD 的单维结构模型，从工作、发展前景、人际关系、住房、环境五个方面评估个体的相对剥夺水平。量表包含 59 个项目，总量表的内部一致性系数为 0.90，各个方面的内部一致性系数分别为工作（0.82）、发展前景（0.77）、人际关系（0.82）、住房（0.83）、环境（0.85）。

马皑（2012）在研究中国普通民众的相对剥夺感时也采用了 RD 的单维结构模型。他采用自编的相对剥夺感问卷，测量个体在与相应的参照群体进行比较时产生的一种对两者之差异的主观感受。该问卷有 4 个项目，探索性因素分析显示 4 个项目收敛于一个因子，解释方差总变异的 47.8%，4 个项目的负荷值分别为 0.50、0.78、0.79 和 0.66。问卷的内部一致性系数为 0.63。采用 6 点计分方式，总分越高，说明个体的相对剥夺感程度越强烈。

五、RD 的三维结构模型

还有研究者认为相对剥夺感是个体或群体对于自身相对状况所持的态度。而态度是由认知、情感和行为趋向所共同组成的一种心理或生理组织（朱永新，袁振国，1990），据此认为相对剥夺感也包含三个维度：①认知成分（cognitive component）：知觉到不公平对待；②情感成分（affective component）：感到愤怒和不满；③行为成分（behavioral component）：由此导致的各种行为反应，包括人际冲突、（消极）工作表现、盗窃行为等（Cropanzano & Randall，1995）。

我国学者在探讨相对剥夺感的内容结构时，大多从认知、情感和行为三个层次对其进行解析。罗桂芬（1990）认为，作为一种社会态度，相对剥夺感具有多层次的内在结构。从认知层面分析，人们对不同社会群体角色地位的原有认知，影响了他们对现实状况进行准确判断；从行为层面来讲，人们的相对剥夺感目前主要以发牢骚和工作消极这两种方式表现出来。肖雪莲（2006）从认知、情感和行为三个层面探讨“相对剥夺感”这一复杂的社会心理现象，并分别从这三个层面对转型期弱势群体的心理进行深入探析。RD 的认知—情感—行为三维结构模型虽然获得了国内大多数学者以及国外部分学者的支持，但是目前这一结构模型只是限于理论探讨和思辨阶段，尚未见到以此为基础所编制的具体测量工具。

此外，Wickham 等人（2013）为了研究童年期的社会剥夺感与成年期的身心健康之间的关系，开发了一个对童年期（16 周岁以下）感知相对剥夺（perceived relative deprivation，PRD）进行回溯性测量的工具，即童年期感知不平等量表（Perceived Inequality in Childhood Scale，PICS），实证研究表明该量表包含三个维度。采用网络在线的方式对 683 名英国大学生进行调查，采用奇—偶分类的方法将数据分成两半。其中一半数据进行探索性因素分析，得到一个两因素的测量模型：感知相对剥夺（12 题）和家庭社会资本（4 题）。另一半数据进行验证性因素分析，结果支持了三因素结构模型的有效性：邻里相对剥夺（与周围人在财富、住房、汽车、假期、礼物以及衣服等方面进行比较而感知到的相对剥夺，6 题）、社会相对剥夺（与更广泛的社会比较而感知到的相对剥夺，6 题）和家庭社会资本（与学校同伴或邻居伙伴在家庭环境的稳定性、发展特长的机会、与父母在一起的时间以及父母参与教育的程度等方面进行比较，4 题），三因素模型的拟合指数要优于两因素模型和单因素模型，χ^2（95）=183.77，p<0.01，SRMR=0.06，RMSEA=0.05，CFI=0.96，TLI=0.96。采用利克特 5 点计分法，从“非常不好”到“非常好”分别记为 1～5 分。三个分量表的内部一致性系数分别为 0.77、0.83 和 0.75。PICS 总分与家长评定的 PICS 得分之间的相关值为 0.47（n=27），感知邻里相对剥夺、感知社会相对剥夺均与儿童多重剥夺指数（Index of Multiple Deprivation，IMD）呈显著负相关（rs=−0.28、−0.38，ps<0.05），说明 PICS 具有较好的同时效度；而感知家庭社会资本与 IMD 相关不显著（r=−0.12，p>0.05），说明 PICS 的各维度也具有较好的区分效度。PICS 是一个既适合小型研究也适合大型研究的简短而有效的测量工具。

第五节　相对剥夺感的影响因素

相对剥夺感的产生是由主观、客观、心理、社会、文化等多种因素共同造成的（王思斌，1988）。纵观该领域的研究，目前影响相对剥夺感的因素即相对剥夺感的前因主要体现在三个变量层面，即人口统计学变量、个体特征变量和社会环境变量。

一、人口统计学变量对相对剥夺感的影响

在人口统计学变量方面，性别、年龄和受教育程度是研究者极为重视的变量。Zhang 和 Tao（2013）对中国 5925 名大学生的调查表明，性别、年龄、父母婚姻状况、独生与否、家庭来源以及学生的贫困状况与相对剥夺感显著相关（$p<0.001$）。男生的相对剥夺感高于女生；学生的年龄越大，相对剥夺体验越强；双亲家庭学生的相对剥夺感低于非双亲家庭的学生；独生子女的相对剥夺感低于非独生子女；来自农村大学生的相对剥夺感高于来自城镇的大学生；贫困大学生的相对剥夺感高于非贫困大学生。Pettigrew 等人（2008）对欧洲人的调查显示，受教育程度会对群体相对剥夺产生影响，进而对群际偏见产生影响。研究还显示，受教育程度也会影响个体的相对剥夺感水平，受教育程度在增加个体有效应对挫折的能力的同时，也增加了个体的相对剥夺感（Crosby，1976）。这可用 Gurr（1970）的价值期待-价值能力理论来解释，当受教育程度提高时，个体的价值能力可能会相应地提高，同时价值期待也会提高，若价值期待的提高幅度高于价值能力的提高幅度，个体的相对剥夺感则随之产生。

二、个体特征变量对相对剥夺感的影响

个体特征变量对相对剥夺感的影响主要体现在人格特质、归因方式、歧视体验、知觉控制感、不平等感和社会认同等方面。Crosby（1976）通过系统归纳认为两种人格特质会影响个体的相对剥夺感水平。一是内—外控型人格特质（Rotter，1966），内控型（self-blame）的人往往将事情的成败归因于自身的责任，因而相对剥夺感较低；与之相反，外控型（fate-blame）的人往往将事情的成败归因于他人或外部环境，因而相对剥夺感较高。二是个体的成就需要（McClelland，1967），个体的成就需要越低，相对剥夺感水平越低；成就需要越高，相对剥夺感水平就越高。Smith 等人（2012）通过元分析也发现，归因方式会对相对剥夺感产生重要影响，相比内归因的个体，进行外归因的个体往往更容易体验到相对剥夺感。Koomen 和 Fränkel（1992）以 81 名荷兰少数民族群体苏里南人为被试，采用问卷调查的形式考察歧视体验对个体及群体相对剥夺感的影响，结果显示歧视体验对个体 RD 及群体 RD 均具有显著的正向预测作用。Moore（2003）针对 6430 名来自以色列的犹太学生（优势群体）和巴勒斯坦学生（弱势群体）的调查表明，弱势群体成员的知觉控制感（$\beta=-0.71$）对其个体相对剥夺感具有显著的负向影响作用。Kawakami 和 Dion（1993）以 113 名心理学专业学生为被试，通过实验研究发现被试的社会不平等感对其相对剥夺感具有显

著的正性影响，其中群体间不平等感对群体相对剥夺感具有正向预测作用，而群体内不平等感对个体相对剥夺感具有正向预测作用。Guimond 和 Dubé-Simard（1983）对 80 名以法语为母语的加拿大魁北克人的研究表明，群际不平等感与群体相对剥夺感呈显著正相关（r=0.33，p<0.01），被试知觉到以法语为母语者与以英语为母语者之间的收入差距越大，越是对两类群体的薪酬分配差异感到不满。

Abrams（1990）通过一项纵向研究来考察苏格兰青年人的内群体认同与相对剥夺感的因果关系，结果表明内群体认同对群体相对剥夺感具有显著的预测作用，而这两个变量进一步对民族主义态度具有显著的预测作用。Petta 和 Walker（1992）研究了澳大利亚的意大利移民的相对剥夺感与种族群体认同的关系，结果发现种族群体认同与群体相对剥夺显著相关，而与个体相对剥夺只有微弱相关。Zagefka 等人（2013）对 189 名英国大学生的研究表明，内群体归因在内群体认同与相对剥夺感的关系之间起着调节作用，在高内群体归因条件下，内群体认同对相对剥夺感具有显著的负向预测作用；而在低内群体归因条件下，内群体认同对相对剥夺感的预测作用不显著。Sen 和 Pal（2013）从社会经济学的角度，考察如何降低个体的相对剥夺感，进而提升其社会幸福感。研究设计了五条降低个体相对剥夺感的路径，结果发现影响相对剥夺感最显著的路径是社会认同，说明增加社会认同可以降低个体的相对剥夺感，进而提升其社会幸福感。

三、社会环境变量对相对剥夺感的影响

社会环境变量对相对剥夺感的影响主要体现在社会经济地位、收入水平、社会支持、程序公正和参照群体等方面。Pettigrew 等人（2008）对欧洲人的调查显示，那些处于低社会地位并且政治影响力较弱的工薪阶层感受到较为强烈的群体相对剥夺和个体相对剥夺；家庭收入等远端变量会对群体相对剥夺产生影响，进而对群际偏见产生影响。Mclaughlin 等人（2012）以 6483 名美国青少年为被试的研究表明，父母的受教育程度、家庭收入以及主观社会地位与青少年的相对剥夺感显著相关。Moore（2003）针对 6430 名来自以色列的犹太学生（优势群体）和巴勒斯坦学生（弱势群体）的调查表明，弱势群体成员的家庭收入（β=−0.78）对其个体相对剥夺感具有显著的负向影响作用。Panning（1983）探讨了 Gini 系数与相对剥夺之间的关系，结果发现缩小贫富差距能够降低个体的相对剥夺水平，进而促进政治前景的稳定性。Sweeney 等人（1990）进一步采用四个相关研究证实了相对剥夺理论解释收入和薪酬满意度的有效性。

Zhang 和 Tao（2013）对 5925 名中国大学生的调查表明，大学生的相对剥夺

感与社会支持呈显著负相关，社会支持水平越高的学生，其相对剥夺体验越弱，说明社会支持是相对剥夺感的保护性因素。

社会不公是相对剥夺感产生的重要原因。Folger 等人（1983）以 60 名女大学生为被试，采用情境行为实验法，考察程序公正与相对剥夺感之间的关系。结果表明，当程序改变不合理或没有充分的理由（即不充分的程序公正）时，被试会体验到相对剥夺感（如生气、不满意、心烦、愤怒等）。Singer（1992）以新西兰大学生为被试，采用问卷调查的形式来评估对各种选择结果的公正感知，包括优先选择的结果、对少数民族群体具有歧视性的选择结果以及不含任何类型歧视的选择结果。结果表明优先选择会导致不公正感，不公正感的程度与优先选择权相关主要是源于对少数民族群体的歧视。Cropanzano 和 Randall（1995）采用两个实验来考察提前通知与相对剥夺感之间的因果关系，结果发现提前通知（一个负性结果）能够增加（弱势群体的）程序公正感，进而降低其相对剥夺感。具体体现在，即使被试获得了负性的或不利的结果，当向被试提前通知了这一信息之后，被试会报告出较高水平的程序公正和总体公正，较低水平的负性情感。

被试所比较的目标（即参照群体）的特征（如相对优势或相对劣势）也会影响个体的剥夺感水平（Walker & Pettigrew，1984）。参照群体的优势地位越高，个体的相对剥夺水平越高（Crosby，1984）。Tropp 和 Wright（1999）以 176 名拉丁美洲裔和 126 名非洲裔美国大学生为被试，通过与内群体成员、美国其他少数民族群体以及白人群体进行比较，考察参照群体对弱势群体相对剥夺感的影响。结果表明：①在群体比较水平，高内群体认同的被试比低内群体认同的被试报告出更高水平的相对剥夺感；②在个体比较水平，当将自己的当前状况与外群体成员进行比较时，高内群体认同的被试报告出更低的满意度；而当将自己的当前状况与内群体成员进行比较时，高内群体认同的被试报告出更高的满意度。说明参照群体（比较目标）对相对剥夺感具有重要影响。

Smith 等人（2012）通过元分析发现，群体地位的正当性、稳定性及可渗透性是影响群体相对剥夺感的重要因素。这可用社会认同理论来解释，社会认同理论（social identity theory）认为，如果弱势群体的成员面临：①群体间地位的差别被认为是不正当的（illegitimate）；②群体间地位的区别被视为是不稳定的（unstable）；③群体边界是不可渗透的（impermeable，即低地位群体成员无法加入高地位群体）的情境时，成员会加强对本群体的认同，从而引发谋求改变本群体不利地位的集群行为（Brown，2000；Ellemers，2002；Tajfel，1982；Turner & Brown，1978；van Zomeren et al.，2008）。国内张书维等人（2009）对汶川地震灾区 309 名灾民进行的问卷调查也显示，对于城镇灾民，正当性（justification）和可行性（feasibility）作用于灾民对群体相对剥夺的感知；对于农村灾民，正当性、可行性、责任性（accountability）和群体支持（group support）皆是群体相对剥夺认知成分的前因变量。

第六节　相对剥夺感的影响效应及机制

国内学者主要从宏观的理论层面探讨相对剥夺感对个体、群体以及社会稳定、社会和谐影响的积极方面和消极方面。研究表明，当相对剥夺感远小于个体的承受能力时，相对剥夺感往往引发合理竞争（王思斌，1988），合理差距有利于调动人们的积极性，提高效率；而在相对剥夺感较大，接近甚至超过人们的承受能力时，相对剥夺感会引发敌视情绪，甚至否定自己和社会。从个体层面来说，相对剥夺感本质上是一种认知失调、心理失调，它导致具有这种心理的主体产生紧张、焦虑的感觉；从群体层面来说，社会大多数成员产生相对剥夺感的可能性是社会不稳定的先决条件，相对剥夺的程度越高，社会紧张程度越高，社会不稳定的可能性越大（王礼鑫，2000）。

相对于国内研究者的理论探讨，国外研究者则大多从实证的角度研究相对剥夺感对个体心理和行为的影响作用及其内在机制。通过对已有文献的全面回顾，同时参考 Smith 等人（2012）进行元分析时的分类标准，我们将相对剥夺感的影响效应变量归纳为心理适应和社会适应两大类，其中心理适应主要包括心理健康、幸福感和自尊，社会适应主要包括群际态度、个体行为和集群行为。

一、相对剥夺感对心理适应的影响

心理适应指生存环境发生变化时，个体在适应过程中保持良好的精神健康状况，主要侧重于情感层面（袁晓娇等，2010）；在操作层面，心理适应常以心理健康（孤独感、抑郁、焦虑等）、幸福感（生活满意度、情感体验）、自尊等指标进行评估（范兴华，2012）。相对剥夺感对个体心理适应的影响也体现在心理健康、幸福感和自尊等方面。

（一）相对剥夺感与心理健康

通过与周围人主观比较而产生的相对剥夺感被认为是影响个体心理健康的重要因素。Eibner 等人（2004）以 15 084 名美国成年人为被试，探讨经济相对剥夺（以 Yitzhaki 指数为指标）对心理健康（以抑郁、焦虑障碍为指标）的影响，结果表明：经济相对剥夺（低的相对收入）与个体的心理健康障碍呈显著正相关；回归分析表明，在控制了绝对收入水平之后，相对剥夺感对个体的心理健康障碍具有显著的正向预测作用，当相对剥夺感下降25%时，心理健康障碍的发生率随之降低了9.5%。Buunk和Janssen（1992）对荷兰248名26～55岁的职业男性进行的调查表明，在三个不同的年龄段（26～35岁、36～45岁、46～55岁），相对剥夺感均对职业男性的心理健康（愤怒、抑郁、工作不满意感）具有显著的预测作用，但是对中年男性的预测作用更强。Mclaughlin等人（2012）对6483名美国青少年的调查表明，相对剥夺与青少年的情绪障碍呈显著正相关，相对剥夺水平越高，青少年遭遇情绪障碍的风险越高。Abrams和Grant（2012）对英格兰911名青少年的研究表明，个体相对剥夺对个体的抑郁体验具有极其显著的预测作用。Zhang和Tao（2013）以5925名中国大学生为被试，研究了相对剥夺感与精神病理症状之间的关系，结果发现大学生的相对剥夺感与抑郁、自杀意念呈显著正相关，大学生的相对剥夺感越强，则其抑郁水平越高，经历自杀意念的可能性越高。Walker和Mann（1987）以失业人员为被试，考察了个体相对剥夺对心身症状的影响，结果表明个体相对剥夺对压力症状具有预测作用。Schmitt和Maes（2002）以585名德国东部地区居民和387名德国西部地区居民为被试，在1996年和1998年分别对他们的相对剥夺感、内群体认同和心理健康进行两次追踪测试，结果表明内群体认同调节相对剥夺感对东部地区居民心理健康的跨时间负性影响，东部地区居民的内群体认同感越强，则相对剥夺感对其心理健康的负性影响就越弱。Osborne等人（2012）以953名美国公立大学的教职员工为被试，考察由强制性休假而导致的个体相对剥夺（如非自愿的收入减少）对其身心健康的影响，结果表明个体相对剥夺与大学教员自我报告的心理健康和身体健康呈显著负相关（$p<0.001$），愤怒、恐惧和悲伤情绪在个体相对剥夺对心理健康的影响中起着中介作用，而悲伤情绪在个体相对剥夺对身体健康的影响中起着中介作用。Kuo和Chiang（2013）对中国台湾地区不同社会阶层的调查，考察相对剥夺感与个体身心健康之间的关系，结果发现在控制了个体绝对收入水平及其他人口学变量（如年龄段、婚姻状况、种族以及受教育程度）之后，高的相对剥夺感（以Yitzhaki指数为指标）与较差的自评健康状况、高的抑郁症状显著相关。

相对剥夺感不仅对个体的心理健康具有显著的负性影响，也会对个体的身体健康（生理健康）产生不良影响。Eibner和Evans（2005）对美国成年男性的研究表明，个体水平的相对剥夺与较差的自评健康、较低的体重指数、较高的死亡风险以及出现有害自身健康行为的风险显著相关。Subramanyam等人（2009）进行的研究表明，在控制了绝对收入水平之后，个体的收入相对剥夺水平越高，自评的健康状况越差，收入相对剥夺对个体健康状况的负性影响已经超越了绝对收入的影响作用。Kondo 等人（2008，2009）针对日本工薪阶层以及具有身体功能障碍的老年人的研究表明，收入相对剥夺是较差的自评健康的显著预测变量。Cole（2012）对非洲国家成年人的研究表明，在控制了绝对收入以及其他人口学变量之后，主观社会经济地位（socioeconomic status，SES）与成年人的体重指数（BMI）显著相关，较低的主观 SES 会导致成年人的体重指数显著下降（$\beta=-0.44$，$p<0.01$）。Lhila 和 Simon（2010）还探讨了母亲的相对剥夺体验与婴儿的健康状况及母亲的健康行为之间的关系，结果发现母亲的相对剥夺体验与婴儿的健康状况及母亲的健康行为显著相关，与同一地区的其他孕妇相比，那些处于较低的 SES 的孕妇所生出的婴儿的体重要稍轻一些，并且这些孕妇更易出现吸烟行为。公共健康领域的研究还发现，相对剥夺感对心脏病、高血压、进食障碍、乙醇滥用、自杀以及病死率具有负性影响（Eibner，2000；Deaton，2001；Salti，2010）；在控制了个人收入、受教育程度、种族、年龄以及居住地等变量之后，通过与本地其他居民比较而产生的相对剥夺感会增加死亡的可能性（Eibner，2000）。

（二）相对剥夺感与幸福感

社会心理学领域的大量研究表明，相对剥夺体验会降低个体和群体的幸福感水平。Ambrosio 和 Frick（2007）考察德国人的相对剥夺感（以被试的收入与高于其收入的所有个体的平均收入之间的差距为指标）与主观幸福感（以自我报告的收入满意度为指标）之间的关系，结果表明，相对剥夺感与主观幸福感呈显著负相关（$r=-0.44$，$p<0.01$）；在控制了其他可能的影响因素之后，研究发现个体的主观幸福感主要取决于收入相对剥夺水平，而非绝对的收入水平。Schmitt 等人（2010）进一步采用纵横交叉滞后设计，对 1276 名德国东部地区居民在 1996 年、1998 年、2000 年的三次追踪调查，探讨了个体和群体相对剥夺对幸福感的纵向影响效应。结果发现，个体相对剥夺对幸福感具有负性的纵向影响效应，且对生活满意度指标的影响效应要大于对心理健康指标的影响效应；群体相对剥夺对幸福感的纵向影响效应显著。研究还表明，相对剥夺感与心理幸福感呈显著负相关（Abrams & Grant，2012；Osborne et al.，2012；Walker，1999）。

大量研究证实，个体相对剥夺与个体幸福感的关系更加密切（Crosby，1976；Smith & Ortiz，2002；Walker & Mann，1987；Koomen & Fränkel，1992），而群体相对剥夺与群体幸福感的关系更加密切（Bougie，2005；de la Sablonnière et al.，2009b；Tougas & Beaton，2002；Walker，1999）。例如，de la Sablonnière 等人（2010）对 588 名吉尔吉斯斯坦人的调查表明，个体相对剥夺与个体幸福感

（以自尊和积极生活态度为指标）显著相关，个体相对剥夺的整个历史发展轨迹能够显著预测个体幸福感，并且不同历史节点的纵向相对剥夺感对个体幸福感的预测效应有所不同。de la Sablonnière 等人（2009a）进一步以 565 名吉尔吉斯斯坦大学生为被试，选取多个时间点进行比较，探索纵向群体相对剥夺与群体幸福感的关系。分层回归分析和群体轨迹发展模型表明：①与单个比较点不同，考察多个比较点而产生的纵向相对剥夺感能够更好地预测群体的幸福感；②对群体幸福感具有最佳预测作用的是与过去较远或将来较远的时间点比较而产生的纵向群体相对剥夺；③随着时间的推移而感知到的纵向群体相对剥夺感的总体发展轨迹会影响群体幸福感的总体发展水平。

此外，相对剥夺感也会对幸福感的指标维度（如生活满意度、情感体验）产生显著的影响作用。Koomen 和 Fränkel（1992）对 81 名荷兰少数民族群体苏里南人的研究表明，个体相对剥夺对个体的生活满意度具有显著的负向预测作用。Osborne 和 Sibley（2013）对 6886 名新西兰成年人的研究发现，个体相对剥夺与生活满意度呈显著负相关，与自我报告的心理压力呈显著正相关；个体相对剥夺对生活满意度的影响受到系统公正信念的调节（β=0.08，p<0.001），在高的系统公正信念条件下，个体相对剥夺对生活满意度的负性影响有所减弱。Zhang 等人（2011）以中国城乡居民社会态度调查（2005/2007/2008/2009）数据为样本，考察了不同职业群体的相对剥夺感与生活满意度的关系，结果发现，从 2005～2009 年的时间段内，个体的经济相对剥夺和社会地位相对剥夺均对其生活满意度具有负向预测作用。Walker（1999）进一步考察了相对剥夺感的情感反应后果，结果发现受到不公正奖赏的被试与受到公正奖赏的被试相比，前者拥有更少的积极情感、更多的消极情感。Halevy 等人（2010）通过实验研究表明，相比优势群体成员，弱势群体成员的相对剥夺感会导致其产生更加强烈的负性情感（如羡慕、嫉妒、愤怒等）。Grant（2008）对移民的研究也表明，群体相对剥夺体验会导致移民产生强烈的愤怒、沮丧和不满等负性情绪。

（三）相对剥夺感与自尊

自尊（self-esteem）指的是个体对自我的积极肯定（蔡华俭，2006），即自我的价值感、尊重感和良好感（张力为，梁展鹏，2002）。相关研究（Lagacé，2003；Tougas et al.，2004）和实验研究（Walker，1999）都证实，个体相对剥夺与自尊负相关，高的相对剥夺会导致个体的低自尊。例如，Tougas 等人（2005）以加拿大女警察为被试，采用路径分析探索了个体相对剥夺对自尊的影响以及心理抽离在其中所起的作用，结果表明个体相对剥夺对心理抽离具有显著的正向预测作用，心理抽离进一步对自尊具有显著的负向预测作用，说明个体相对剥夺通过心理抽离的中介对自尊产生负性影响。Walker（1999）通过实验设计来检验个体与群体相对剥夺和个体与群体自尊之间的因果关系。研究假设①个体相对剥夺体验会降低个体自尊，但不会影响群体自尊；假设②群体相对剥夺体验会降低群体自尊，但不会影响个体自尊。结果验证了假设①，但只是部分验证了假设②。即个体 RD 体验会降低个体自尊的某些侧面（如自信维度），但不会影响群体自尊；而并没有明确的证据支持“群体 RD 体验会降低群体自尊的某些侧面，但不会影响个体自尊”。研究还认为，个体认同可能在个体相对剥夺对个体自尊的影响中起着调节作用，而群体认同可能在群体相对剥夺对群体自尊的影响中起着调节作用。Turley（2002）以 3563 名非裔美国儿童为被试，通过与低收入邻居及高收入邻居比较，考察儿童的相对优越感和相对剥夺感对其自尊的影响。结果发现，与低收入邻居比较而产生的相对优越感对儿童的自尊没有显著影响；与之相反，与高收入邻居比较而产生的相对剥夺感对儿童的自尊具有显著的正性影响（β=0.596，$p<0.001$）。说明弱势群体儿童通过与优势群体比较而产生的（经济）相对剥夺水平越高，其自尊反而得到了改善，这与传统的相对剥夺理论的观点刚好相反。相对剥夺理论认为，与富裕的邻居比较而产生的缺失感会导致消极的心理和行为后果；而地区资源理论指出，富裕的邻居对儿童来说是一笔宝贵且有价值的财富（即使这样的邻居会让孩子知觉到剥夺感）。该研究结果支持了地区资源理论，说明相对剥夺感的效应并不总是消极的，也存在积极的效应。

传统意义上的自尊，实际上指的是个体自尊，它意味着对个人自我价值的感受与评价。而群体自尊指的是个体知觉到自己所在群体是有价值、受尊重和重要的（Tajfel，1978；Tajfel & Turner，1979；Taylor，1997，2002），它意味着对社会群体价值的感受与评价（Crocker & Major，1989）。一些研究表明，群体相对剥夺与群体自尊呈显著负相关（de la Sablonnière et al.，2009b；Zagefka & Brown，2005）。然而，另外一些研究则发现群体相对剥夺与群体自尊呈显著正相关（如 de la Sablonnière & Tougas，2008；Petta & Walker，1992）。例如，Bougie 等人（2011）以法裔和英裔加拿大魁北克人为被试，探索纵向群体相对剥夺与群体自尊之间的关系，结果发现纵向群体相对剥夺与群体自尊呈显著正相关，并且内群体真实性在其中起着中介作用。除此之外，还有一些研究发现群体相对剥夺与群体自尊之间相关不显著（如 Tougas & Veilleux，1988；Walker，1999）。这些研究结果的不一致有待后续研究的进一步证实。

此外，Moore（2003）对以色列的犹太学生（优势群体）和巴勒斯坦学生（弱势群体）的研究表明，对于弱势群体成员来说，个体知觉到的相对剥夺水平越高，对未来的期望便越低（如婚姻前景、拥有房子、汽车以及稳定工作的可能性）；个体相对剥夺在弱势群体成员的知觉控制感对未来期望的影响中起着显著的部分中介作用，知觉控制感在优势群体成员的个体相对剥夺对未来期望的影响中起着显著的完全中介作用。

二、相对剥夺感对社会适应的影响

文献回顾发现，相对剥夺感不仅会影响个体的心理适应，也会对个体的社会适应产生重要影响，主要体现在群际态度、个体行为和集群行为等方面。

（一）相对剥夺感与群际态度

群际态度（intergroup attitudes）一般指对内群体及其成员以及外群体及其成员的评价系统性。以往研究表明，相对剥夺感会对个体的群际态度产生重要影响，主要包括对内群体的态度（如内群体偏好/偏见、内群体认同、内群体民族主义等）、对外群体的态度（如外群体偏见、外群体刻板印象、对移民的态度等）以及对社会系统的态度（如公正世界信念、政治体制的可信度和合法性、对当局的支持等）三个方面（Smith et al.，2012）。Tripathi 和 Srivastava（1981）以 112 名有宗教信仰的印度大学生为被试，采用积极/消极形容词评定法，考察弱势群体的内群体和外群体态度以及相对剥夺感对其群际态度的影响。结果表明，有宗教信仰的大学生具有积极的内群体态度（M=134.5）和消极的外群体态度（M=78.5）；其群体相对剥夺水平越高，对内群体（宗教信仰者）的态度越积极，对外群体的态度越消极。群体相对剥夺也可能导致种族认同（内群体认同）（Walker，1999）。Appelgryn 和 Nieuwoudt（1988）以 361 名南非黑人和 120 名以荷兰语为母语的南非白人为被试，考察相对剥夺感与种族态度之间的关系。结果表明，南非白人对内群体的态度更为积极，对外群体特别是南非黑人的态度更为消极；南非黑人对南非白人也具有非常负性的态度；回归分析表明，经济相对剥夺对南非黑人的种族态度具有显著的预测作用。Van Dyk 和 Nieuwoudt（1990）进一步对 92 名南非以荷兰语为母语的白人农村妇女进行的研究表明，通过与黑人比较而产生的相对剥夺体验与对黑人的态度之间呈显著负相关，白人被试的相对剥夺水平越高，对黑人的态度越消极。Guimond 和 Dubé-Simard（1983）对 80 名以法语为母语的加拿大魁北克人（相比该地区以英语为母语者，他们在各方面均处于相对弱势地位）的研究显示，群体相对剥夺、群际不公平感与民族主义态度呈显著正相关，被试的群体相对剥夺水平越高，群际不平等感越强烈，其社会政治态度越激进（即民族主义倾向越强烈）。Aleksynska（2011）以 1000 名乌克兰本土居民为被试，考察他们的相对剥夺感以及对移民（亚洲和非洲移民）的态度，结果表明本土居民的群体相对剥夺感负向影响他们对移民的态度，即通过与移民比较而产生的群体相对剥夺体验使得本土居民更不愿意接纳移民融入他们的生活、更不支持有利移民的政府政策、更不愿意表达对移民的积极态度；研究还发现，只有那些客观上处于弱势地位的本土居民（即体验到强烈的经济相对剥夺的个体）才会对移民持有非常消极的态度。Dambrun 等人（2006）以 1600 名南非人为被试，检验相对剥夺—满意与（对移民的）偏见之间的“V”型曲线关系以及种族认同和 SES 在其中的作用。结果表明：①相对剥夺和相对满意都与对移民（非洲移民和西方移民）的偏见呈显著正相关，“V”型曲线假设得到验证；②种族认同在相对满意对偏见的影响中起着部分中介作用；③SES 在相对满意对偏见的影响中起着调节作用，处于高 SES 的南非人，其相对满意对西方移民的偏见的预测作用更强，而处于低 SES 的南非人，其相对满意与对西方移民及非洲移民的偏见的预测作用并没有显著性差异。

研究者们在探讨个体相对剥夺和群体相对剥夺对偏见的联合预测作用时（Pettigrew，2002；Pettigrew et al.，2008），还发现了“溢出效应”，即个体相对剥夺通过群体相对剥夺的中介作用对偏见产生影响（Tougas & Beaton，2002；Tougas et al.，2005）。Pettigrew 等人（2008）对欧洲人的调查显示，群体相对剥夺（而非个体相对剥夺）与群际偏见（对移民的偏见）之间相关更显著，个体相对剥夺对群际偏见的影响大部分通过群体相对剥夺的中介作用实现；对外群体（移民）的歧视在群体相对剥夺与群际偏见之间起着显著的部分中介作用。研究发现，相对剥夺感也会增加群际接触，如 Koschate 等人（2012）对德国东部和西部地区民众进行了三次纵向追踪调查，多水平交叉滞后分析表明，在三次测量中，群体相对剥夺与群际接触均呈显著正相关（r=0.27～0.34），第一次测量的群体相对剥夺对第二次测量的群际接触具有显著的正向预测作用，第一次对第三次以及第二次对第三次测量的预测作用也是显著的；研究还发现，第二次测量（T2）的敬佩感在第一次测量（T1）的相对剥夺感与第三次测量（T3）的群际接触之间起着显著的部分中介作用。此外，相对剥夺感还会影响个体对社会系统的态度。Caskell 和 Smith（1984）对英国已就业和失业的黑人和白人青年的研究显示，黑人和白人青年的相对剥夺感与其对社会体制以及社会群体的负性态度显著相关，但是这种相关程度并不高。

（二）相对剥夺感与个体行为

相对剥夺感也会对个体行为（individual behavior）产生重要影响，主要包括越轨（偏差）行为（如攻击性行为、暴力行为、偷窃行为、反生产工作行为等）、逃避（退缩）行为（如吸烟、酗酒、药物使用、赌博、社会隔离等）以及成就行为

（如参加自我提升活动、兼职活动、学业努力等）（Smith et al.，2012）。

第一，相对剥夺感会导致个体的越轨或偏差行为。挫折—攻击理论（frustration-aggression theory，FAT；Caskell & Smith，1984）认为，挫折可以引起一系列不同类型的行为反应，其中之一是引起某种形式的攻击行为；挫折感是相对剥夺的产物，如果一个人失去他应该有的，可能导致攻击性行为（孙时进，2011）。调查和实验研究均表明，感知到的相对剥夺往往会引发个体的愤怒和不满情绪（挫折感），进而导致个体的攻击性行为（Crosby，1976；Donnenwerth & Cox，1978；Wright et al.，1999）。Kawakami 和 Dion（1993）以 113 名大学生为被试的实验研究表明，总体相对剥夺感以及个体相对剥夺感与消极的个体行为倾向显著相关，即个体的相对剥夺体验越强烈（满意度与社会公正感越低），越有可能出现一些消极的个体行为。Stiles 等人（2000）对 6074 名美国青少年的研究表明，在控制了性别、种族、婚姻状况以及受教育程度等变量之后，通过与朋友、邻居以及一般美国家庭进行比较而感知到的经济相对剥夺会导致个体的消极自我体验，进而引发个体的社会越轨行为（如暴力活动、财产犯罪、药物滥用等），说明相对剥夺感通过消极自我体验的中介作用对青少年的社会越轨行为产生影响。Bernburg 等人（2009）对 5491 名冰岛青少年的研究表明，对于居住在富裕社区的贫困青少年，经济相对剥夺对他们的暴力行为和犯罪行为的影响效应显著；而对于居住在贫穷社区的贫困青少年，经济相对剥夺对这些后果变量的影响效应较微弱。说明由不合理的社会比较而产生的相对剥夺感会增加个体的暴力和犯罪行为发生的可能性，这是由于相对剥夺感常常会导致个体的愤怒、挫折感以及对社会规范的低承诺。不过也有研究者发现，通过社会比较而产生的相对剥夺感只会增加青少年的犯罪行为倾向，而不会导致直接的犯罪行为（Webber，2007），有待后续实证研究的进一步检验。研究还发现，相对剥夺感会对企业管理人员的工作态度和工作行为产生不良影响。如 Feldman 等人（2002）以 517 名美国再就业管理人员为被试，考察不充分就业对工作态度和工作行为的影响以及相对剥夺感在其中所起的作用，结果表明不充分就业会显著增强管理人员的相对剥夺感，进而影响他们的工作态度（如工作满意度、组织承诺、组织信任）和工作行为（如工作搜索行为、玩世不恭行为）。

第二，相对剥夺感会导致个体的逃避（退缩）行为。研究表明，处于相对弱势地位的群体由于各种原因可能过得并不好，他们可能会体验到较强的压力和抑郁，增加患病以及参与危险行为（如吸烟、酗酒、暴食或药物滥用）的风险（Eibner，2000）。Kuo 和 Chiang（2013）对中国台湾地区不同社会阶层的研究表明，在控制了个体绝对收入水平及其他人口学变量（如年龄段、婚姻状况、种族以及受教育程度）之后，高的相对剥夺感（以 Yitzhaki 指数为指标）与个体的吸烟行为显著相关，提示缩小富人和穷人之间的收入差距能够增强国民的身心健康和幸福感，减少吸烟行为。Callan 等人（2011）对英国、美国以及加拿大 83 名社区居民进行调查，探讨个体相对剥夺对赌博动机的影响及其心理机制，结果发现个体相对剥夺既对个体的赌博动机和行为具有直接的预测作用，又可通过对即时回报的渴望间接影响赌博动机，即个体对即时回报的渴望在个体相对剥夺与赌博动机之间起着部分中介作用；并且这一中介作用受到个体相对剥夺感本身的调节，当个体的相对剥夺水平较高时，这一部分中介作用显著；而当个体的相对剥夺水平较低时，这一部分中介作用不显著。

第三，相对剥夺感不仅会导致个体的消极行为，也可能促使个体产生积极的成就行为。Zoogah（2010）以非洲加纳的 144 名企业员工为被试，采用结构方程模型考察了个体相对剥夺对员工参与自我提升活动的影响及其内部机制。结果表明，个体相对剥夺感对员工自我提升活动的参与度的直接影响不显著，而是通过自我提升活动的参与意向来间接影响其参与度；反事实信念在个体相对剥夺感与自我提升活动的参与意向之间起着部分中介作用；程序公正在个体相对剥夺感与自我提升活动的参与度之间起着中介作用。Olson 等人（1995）对单亲母亲和职业女性的研究表明，两类女性报告的群体相对剥夺感（不满意感）显著高于个体相对剥夺感，且职业女性对自身状况的不满意感（个体相对剥夺感）会显著正向预测其参加自我提升活动的意愿。Turley（2002）对 3563 名非裔美国儿童的研究表明，与高收入邻居比较而产生的相对剥夺感对儿童的学业成绩（β=0.483，$p<$ 0.001）以及积极行为（β=0.437，$p<0.001$）存在显著的正性影响，这可能是由于与优势群体进行比较而产生的相对剥夺感激发了个体的竞争意识和进取动机，进而引发了个体的积极行为。

此外，国内研究者马皑（2012）以 6175 名 17 岁以上的中国个体为被试，采用自编问卷考察了相对剥夺感对创新和反叛这两种社会适应方式的影响。结果发现，相对剥夺感对社会适应方式具有显著的正向预测作用，相对剥夺感越高，创新和反叛的程度越强烈；归因方式在相对剥夺感与社会适应方式之间起部分中介作用；归因方式在相对剥夺感与反叛的关系之间起调节作用，能增强相对剥夺感对反叛的直接影响；在弱势群体阶层中，反叛在相对剥夺感与创新的关系之间起调节作用，能减弱相对剥夺感对创新的直接影响。

（三）相对剥夺感与集群行为

集群行为（collective action）是群体成员参与为改善群体现状的行动（Wright et al.，1990；Wright，2009），是一种共同情绪影响下的个体行为（Park & Burgess，1921），如投票、罢工、抗议、游行等（Walker & Smith，2002；张书维等，2012）。Wright 等人（1990）进一步指出，集群行为主要包括两个特征：①以群体行为的姿态出现；②行为的目标旨在提升所属群体的利益（转引自弯美娜等，2011）。以往大量研究表明，相对剥夺感会对集群行为产生重要影响，并且与个体相对剥夺相比，群体相对剥夺更易导致集群行为，如群体抗议行为、政治暴力活动、群体攻击性等（Smith et al.，2012）。Walker 和 Mann（1987）以失业人员为被试的研究表明，群体相对剥夺对群体抗议行为具有显著的预测作用。Olson 等人（1995）对 50 名单亲母亲和 62 名职业女性的研究表明，单亲母亲或职业女性对自身所在群体地位的不满意感（群体相对剥夺感）会显著正向预测其自我报告的群体抗议行为。Tiraboschi 和 Maass（1998）进一步从旁观者的视角（而非亲历者的视角）考察感知他人相对剥夺/绝对剥夺对自身抗议行为的影响。结果表明，不管是内群体成员还是外群体成员，当他们遭受绝对剥夺时，个体都会参与到群体抗议行为中；而只有内群体成员遭受相对剥夺时，个体才会参与这样的群体抗议行为。

相对剥夺感也会增加弱势群体的政治暴力行为（倾向）。如 Canache（1996）研究发现居住在富裕地区的低收入洪都拉斯人体验到更强的挫折感和不满意感，更支持政治暴力活动。Osborne 和 Sibley（2013）对 6886 名新西兰成年人的研究表明，群体相对剥夺与政治诉求活动的支持倾向呈显著正相关，并且这一关系受到系统公正信念的调节，高的系统公正信念降低了群体相对剥夺对弱势群体支持政治诉求活动的影响。Leach 等人（2007）进一步研究了澳大利亚的非土著居民参与反对政府救济土著居民的政治行为意向。结果发现：①非土著居民之所以反对政府救济土著居民，是由于其存在较高的象征性种族主义以及通过与土著居民相比感知到自己所在的群体利益被相对剥夺了；②与相对剥夺理论和情绪理论相一致，群体愤怒在群体相对剥夺感与反对政府救济土著居民的政治行为意向之间起着完全中介作用。因此，群体愤怒情绪解释了为何群体相对剥夺感会导致优势群体参与反对政府救济弱势群体的政治行为（意向）。相对剥夺感还会增加弱势群体的群体攻击性和破坏性群际竞争行为。Koomen 和 Fränkel（1992）对 81 名荷兰少数民族群体苏里南人的研究显示，群体相对剥夺对群体攻击性具有显著的正向预测作用，歧视体验通过群体相对剥夺的完全中介作用对群体攻击性产生影响。Halevy 等人（2010）采用群际囚徒困境—差异最大化游戏（intergroup prisoner's dilemma-maximizing difference game，IPD-MD）实验来考察群体水平的相对剥夺感如何影响群际竞争，结果发现弱势群体成员产生破坏性群际竞争行为的概率要显著高于优势群体成员，说明相对剥夺感会导致弱势群体成员的破坏性群际竞争行为。

大量研究表明，群体相对剥夺还可能通过其他中介或调节变量对集群行为

（意向）产生间接影响。国外研究发现，群体相对剥夺与集群行为的关系受到负性群体情绪的中介，如群体愤怒（Smith et al.，2008）和群体不满（Mummendey et al.，1999）；社会变革信仰在群体相对剥夺与集群行为意向之间起着完全中介作用（Abrams & Grant，2012）。国内学者的实验研究也表明，群体愤怒和群体效能在群体相对剥夺与集群行为（意向）之间起着中介作用（张书维等，2012）。研究还发现，群体认同在群体相对剥夺与集群行为的关系之间起着调节作用。在群体认同凸显的条件下，群体相对剥夺与集群行为的关系会被弱化，无论群体相对剥夺的程度高低，成员们都更可能参与集群行为；在群体认同被其他凸显的社会认同抑制时，群体相对剥夺对集群行为的预测作用才会显现（张书维，王二平，2011）。我国研究者进行的系列实证研究进一步证实了这一结果（张书维等，2012；张书维等，2010；张书维等，2009）。此外，系统公正信念调节相对剥夺感对群体（抗议）行为的影响，高的系统公正信念能够增加人们对不平等结果的接受度，从而解释了为何群体相对剥夺感（不平等感）并不总是导致实际的群体（抗议）行为（Osborne & Sibley，2013），有时只会产生行为意向（Tropp & Wright，1999；Walker et al.，2002；Wright & Tropp，2002）。

研究还发现，较之相对剥夺感的认知成分，相对剥夺感的情感成分对后继行为的动机作用更强（van Zomeren et al.，2008）。据此推断，群体相对剥夺的情感成分对集群行为的预测力更高（张书维等，2009）。Caskell 和 Smith（1984）基于 Gurr（1970）和 Runciman（1966）的理论进一步提出了相对剥夺感与集群行为之间关系的理论模型（图 3-3），旨在说明相对剥夺感的情感成分是对结果变量（包括集群行为）更为直接且显著的预测变量。大量实证研究证实了这一构想。如 Grant（2008）对 180 名亚裔和非裔加拿大技术移民的研究显示，歧视知觉（相对剥夺感）会导致移民产生抗议行为或增加其抗议行为倾向，情感成分在群体相对剥夺感的认知成分与（过去的）抗议行为及（未来的）抗议行为倾向之间起着显著的完全中介作用。de la Rey 和 Raju（1996）以 120 名来自南非的印第安人为被试，探讨认知群体相对剥夺和情感群体相对剥夺对抗议行为倾向的预测效应差异。结果发现，群体相对剥夺感的情感成分对抗议行为倾向的解释变异量（33%）要大于认知成分的解释变异量（2.28%），说明情感成分对抗议行为倾向的预测作用要远大于认知成分的预测作用，同时也说明在考察群体相对剥夺对集群行为（意向）的影响时，需要区分认知成分与情感成分及其效应差异。

此外，Crosby（1976）还从理论上系统探讨了相对剥夺感如何通过归因方式（attributional style）（Rosenzweig，1945）、个人控制感（personal control）（Gurin et al.，1969）以及改变的机会（opportunities）（Merton，1957；Rose，1966）等中介变量对四种可能的后果变量（自我促进（self-improvement）行为、压力症状

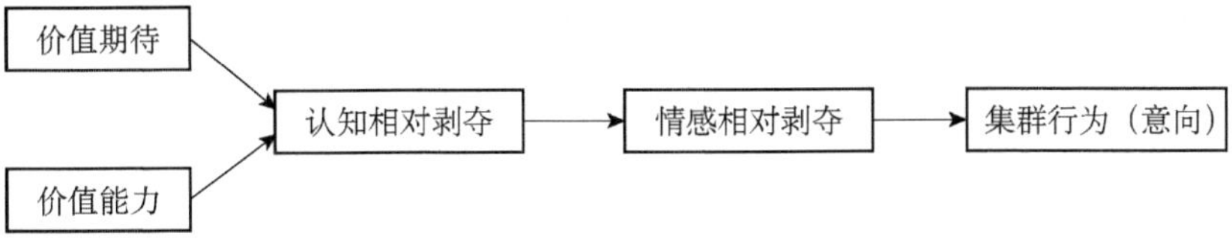

图 3-3　相对剥夺感预测集群行为的理论模型

资料来源：Caskell & Smith，1984：122

（stress symptoms）、社会建设性变革（constructive change of society）行为、社会暴力（violence against society）行为）产生影响的，并提出了相对剥夺感的影响效应路径模型（图 3-4）。首先，内控型的人会将愤怒（不满）转向自身，而外控型的人会将愤怒转向外部社会。其次，拥有低控制感的人会认为自己无法改变自身的处境，也无法影响社会（变革），而拥有高控制感的人则更加乐观。最后，如果个体拥有低的控制感，那么不管是否存在改变自身处境的机会，对他都是无关紧要的，因为即使改变自身处境的机会是敞开的，这种类型的人也不会去尝试改变。与之相反，对于拥有高控制感的人，敞开的机会会使其产生建设性行为，而机会关闭会导致其情绪爆发。当个体属于内控型的人，这种情绪爆发会以压力症状的形式体现出来；而当个体属于外控型的人，这种情绪爆发会以社会暴力的形式体现出来。同理，当个体属于内控型的人，建设性行为会以自我促进行为的

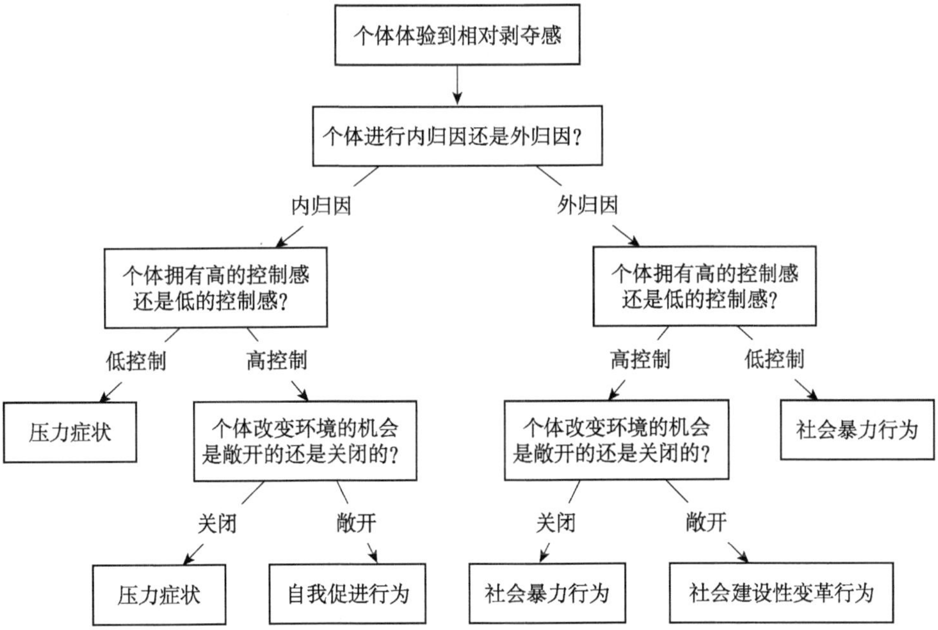

图 3-4　相对剥夺感的影响效应路径模型

资料来源：Crosby，1976：100

形式体现出来；当个体属于外控型的人，建设性行为会以社会建设性变革行为的形式体现出来。图 3-4 清晰地显示了相对剥夺感如何通过各种路径（中介变量）转化成四种后果行为。

第七节　相对剥夺感的实验与干预研究及未来展望

一、相对剥夺感的实验与干预研究

虽然西方有关相对剥夺感的研究大多是基于问卷调查的相关研究（Crosby，1976），但仍然有部分学者采用情景模拟的现场实验对相对剥夺感进行操作，进而考察其对相关后果变量的影响（Smith et al.，2012）。例如，Grant 和 Brown（1995）通过两个步骤来操作群体相对剥夺感：第一步，实验者告知所有的被试，参加本实验的大部分被试将获得 10 美元（虽然他们最终获得的实际报酬取决于外团体的评估和建议）；第二步，外团体不公平地建议只能获得 4 美元。结果与预期相一致，那些被相对剥夺的被试不愿意接受外团体的评估，并且相对于那些没有被剥夺的被试，他们更倾向于支持写一封抗议信（来表达自己的诉求）。Tripathi 和 Srivastava（1981）采用积极/消极形容词评定法，考察了弱势群体的内群体和外群体态度以及相对剥夺感对其群际态度的影响。结果发现，不管是处于高的相对剥夺水平还是低的相对剥夺水平，弱势群体具有强烈的内群体认同；群体相对剥夺感会导致内群体偏好/偏爱（ingroup preference/favoritism）和外群体偏见/敌意（outgroup prejudice/hostility）。Halevy 等人（2010）还开发了一种群际囚徒困境—差异最大化游戏（IPD-MD），在这一游戏中，参与者可以将自己的钱（代币）捐赠给以有利于内群体成员为目的的群体内基金项目，也可以捐赠给以损害外群体成员为目的的群体间基金项目。结果发现，若与外群体相比，被试在金钱上处于弱势地位，则被试报告出更多的愤怒和不满，并且他们会倾向于捐赠更多的钱给那些群体间基金项目。

关于相对剥夺感的干预策略和消减机制，国外学者较少探讨，而国内学者虽然探讨得较多，但以宏观的理论阐述和思辨为主。例如，付允（2011）在调查、实证和仿真研究的基础上，提出了消减相对剥夺感的四大机制，即社会公平机制、社会保障机制、心理疏导机制和社会流动机制。具体措施包括：①完善税收制度，实现收入分配的结果公平；完善法律、法规和监督机制，保障教育和就业的机会公平；②扩大社会保障的覆盖面，将更多的社会成员尤其是弱势群体纳入社会保障体系；提高社会保障的水平，不断改善低收入群体的生活状况；③引导相对弱势的个体或群体合理选择社会比较的参照群体和树立正确的公平理念，建立递进式人文关怀体系；④逐步打破户籍制度的束缚，实现城乡居民的身份平等，充分发挥教育在社会流动中的作用。孔令雷等人（2014）针对流动中职生相对剥夺感的实践研究表明，提升学生的家庭幸福感和公平感、帮助学生正确认识社会公平有助于消减其相对剥夺感。马恒芳（2017）开展了流动妇女相对剥夺感的干预实践研究，发现在社会工作的专业服务理念的指导下，运用个案社会工作和小组社会工作方法，社会工作者立足于心理调适、社会支持和能力建设，能够有效地帮助流动妇女消除相对剥夺感，促进其融入城市生活。总体而言，关于相对剥夺感的有效干预，还需要借助于心理教育实验的范式，在前期访谈及影响因素研究结果的基础上，设计出一套专门针对目标群体相对剥夺感的整合性教育干预方案，通过随机对照组实验设计及相关的统计分析方法，检验该干预方案的可行性与有效性。这当是后续相对剥夺感干预研究的重点和突破口。

二、未来展望

自从美国社会学家 Stouffer 等人（1949）在半个世纪前提出相对剥夺感这一概念以来，相对剥夺感受到了社会学、心理学、政治学以及经济学等领域研究者的广泛关注，也取得了很多有价值的研究成果。然而，相对剥夺感在国内的研究还处于起步阶段，特别是针对弱势群体（如城市流动儿童）相对剥夺感的实证研究还比较匮乏，笔者认为，至少可以从以下五个方面开展对相对剥夺感的进一步研究。

（一）需加强对弱势群体相对剥夺感的研究，提高研究的生态效度

国外关于相对剥夺感的研究主要关注于弱势群体与优势群体的比较，如德国统一后的东部地区民众与西部地区民众的对比（Schmitt & Maes，2002），加拿大以法语为母语者与以英语为母语者的对比（Bougie et al.，2011），南非黑人群体、有色人种与白人群体的对比（Appelgryn & Nieuwoudt，1988），以及移民群体与当地民众的对比（Grant，2008），等等。相比国外研究者的生态化视角，国内研究者大多并不是直接研究相对剥夺感主体（如弱势群体），而是以普通人群（如大学生）为研究对象，通过情景模拟来诱发其相对剥夺感，进而考察相对剥夺感的影响效应及作用机制（张书维等，2012；丁倩等，2018；宋明华等，2018；柳思芳等，2021），其研究结果在推广到目标群体时可能受到限制（马皑，2012）。因此研究我国城市化进程中所形成的一个特殊的弱势群体——流动

儿童的相对剥夺感，则可以在一定程度上弥补国内该领域研究的不足。此外，即使是以往国外的研究，也主要针对的是群体成员身份无法改变的弱势群体，而流动儿童的群体成员身份具有可变性和相对隐蔽性，通过自身的努力（如考学）或返回老家，流动儿童可以改变自己的群体成员身份（如变为城市儿童或留守儿童）（刘霞，申继亮，2010b）。因此，以往国外针对弱势群体相对剥夺感的研究结论并不能完全推论到我国流动儿童群体身上，开展基于本土文化背景下流动儿童相对剥夺感的实证研究就显得十分必要了。

（二）需进一步丰富相对剥夺感的概念和结构，开发更为完善的测评工具

学界对于完整内涵的相对剥夺感概念和结构方面的研究还十分缺乏。一方面，相对剥夺感的概念还需要进一步厘清和具体化。以往研究大多从社会比较的角度界定相对剥夺感（如相对剥夺感指的是与参照群体相比，个体对自身不利地位的主观感知；Walker & Smith，2002；Kim et al.，2018；Ohno et al.，2022），但这只是相对剥夺感的认知成分，大量研究表明，情感成分也是相对剥夺感的重要组成部分（Smith et al.，2012；Walker & Pettigrew，1984）。因此，从认知和情感两个方面对相对剥夺感进行操纵性定义，应是后续相对剥夺感概念研究的趋势所在。另一方面，相对剥夺感的内容结构还需要进一步完善和丰富。如前所述，目前国内外对相对剥夺感的结构维度所包含的内容所持的观点并不一致，有的从认知—情感 RD 的角度展开研究，有的从个体—群体 RD 的角度展开研究，还有的仅仅考察了 RD 的认知成分，但是这些都不够完善。相对剥夺感的内容结构应该既包含认知—情感 RD，也包含个体—群体 RD，因此个体—群体 RD 与认知—情感 RD 的二维垂直结构模型应是相对剥夺感内容结构的完整呈现。但是目前关于这一完整结构模型的实证研究还太少，亟待加强。此外，以往研究者用于测评相对剥夺感的工具虽然众多，但大多存在题项较少、信效度不高的缺陷（马皑，2012）。因此，从个体—群体和认知—情感相结合的视角，研制出一套契合中国本土文化背景、信效度较高的（流动儿童）相对剥夺感测评工具就显得尤为重要而紧迫。

（三）需加强对相对剥夺感影响因素的研究，并比较不同因素的作用差异

明确相对剥夺感的影响因素是相对剥夺感干预研究和实践中消解相对剥夺感

的重要依据。然而当前对相对剥夺感影响因素的研究还较为缺乏，主要限于人口统计学变量以及一些个体和环境因素的零星探索，研究缺乏系统性和整合性。哪些关键的个体和环境因素会对（流动儿童的）相对剥夺感产生显著的影响，这些因素的作用差异如何（如个体因素与环境因素相比较，个体因素内部以及环境因素内部各要素之间的比较）？哪些因素对流动儿童相对剥夺感的影响效应更大？若要完整回答这些问题，一方面应进一步丰富相对剥夺感的影响因素研究；另一方面应在控制人口统计学变量的影响下，考察关键的个体和环境因素对流动儿童相对剥夺感的预测作用，并综合比较各因素的影响效应大小。

（四）需开展相对剥夺感对弱势群体心理社会适应的影响机制研究

以往专门针对流动儿童相对剥夺感的实证研究较为缺乏，而有关相对剥夺感对流动儿童在城市中心理社会适应的影响研究也并不丰富。流动儿童从农村老家来到城市生活，普遍面临着适应城市学习生活的发展任务，如何促进流动儿童更好地适应和融入城市生活是理论和实践工作者关注的重要课题。那么，流动儿童通过与城市儿童相比较而产生的相对剥夺体验是否会对其城市心理社会适应产生显著的影响作用？如果存在影响，其内在的作用机制是什么？目前这方面的实证研究方兴未艾，系统探明相对剥夺感对流动儿童心理社会适应的影响效应及其作用机制，有助于从危险性因素和保护性因素相互作用的角度切实提高流动儿童的城市适应水平。此外，尽管大部分研究结果表明相对剥夺感的影响是消极的，但也有研究者认为相对剥夺感存在积极效应。如 Jencks 和 Mayer（1990）指出，有些人可能通过更加努力地工作或学习来应对相对剥夺感的负性影响（如低收入的员工可能会通过努力工作来争取晋升到高收入的行列；学习成绩差的学生可能通过努力学习以赶上那些学习成绩好的学生）。因此，加强对相对剥夺感积极效应的实证研究，有助于从辩证的角度看待相对剥夺感，也有助于为相对剥夺感的有效干预找到动力和突破口。

（五）需开展相对剥夺感对弱势群体内隐社会认知的影响研究

随着内隐社会认知实验方法的兴起，国内已有研究者尝试对流动儿童的内隐社会认知进行探索性研究，发现流动儿童的内隐群际态度与外显群际态度显著分离，表现为内隐外群体偏好和外显内群体偏好（陈陈，张心玮，2013；丁芳等，2014），其内隐自尊与外显自尊也发生了显著分离（唐春芳，2012）。那么，作为一种认知和情绪体验，相对剥夺感是否会对流动儿童的内隐社会认知产生影响？

相对剥夺感的内隐作用机制与外显作用机制是否存在差异？由于外显的量表法往往存在社会称许性和共同方法偏差等缺陷，考察相对剥夺感对流动儿童内隐社会认知的影响有助于我们更加全面地理解流动儿童相对剥夺感的作用机制，完善相对剥夺感的理论体系，并丰富流动儿童内隐社会认知领域的研究。

第四章　结构与测量：流动儿童相对剥夺感量表的研制与信效度检验

第一节　研 究 目 的

我国的城市流动儿童类似于国外的移民儿童。文献回顾发现，以往国外关于相对剥夺感的研究主要针对一些特殊的弱势群体，如德国东部民众相对于西部民众（Schmitt & Maes，2002）、南非白人相对于南非黑人（Appelgryn & Nieuwoudt，1988）、加拿大以法语为母语者相对于以英语为母语者（Bougie et al.，2011），而较少有针对移民或移民儿童的研究。国内这方面的研究则主要限于宏观的理论探讨和思辨（李宁，2008），仅有的实证研究也主要是针对灾民（张书维等，2009）、普通民众（马皑，2012）和大学生群体（张书维等，2012；丁倩等，2018；宋明华等，2018；柳思芳等，2021），针对流动儿童相对剥夺感的实证研究并不多见（叶一舵，熊猛，2017；张樱樱等，2021）。流动儿童作为我国城市社会一个特殊的弱势群体，他们通过与城市当地儿童的不合理比较，容易在心理上产生主观的“相对剥夺感”（熊猛，叶一舵，2011），这不利于他们的心理和谐与心理健康。因此，对流动儿童相对剥夺感的现状和水平进行系统的梳理和研究，无论对于提高城市弱势群体的心理健康水平还是增进社会和谐，都具有重要的价值和意义。若要系统把握流动儿童相对剥夺感的发展水平和一般特点，首先需要一套科学规范的测评工具。本章在文献分析和实地访谈的基础上，采用科学规范的量表研制程序，拟初步编制一份针对我国城市流动儿童相对剥夺感的测评量表，从而为后续的实证研究奠定基础。

第二节 研究过程

一、量表维度的确定

为了使流动儿童相对剥夺感理论维度的确定具有较强的科学性和针对性，我们以相对剥夺感的操作性定义、有关相对剥夺感结构的文献分析以及专家访谈为基础，探索既符合相对剥夺感的内涵本质又能体现我国城市流动儿童实际情况的相对剥夺感结构维度。

第一，根据前期我们对相对剥夺感的操作性定义，相对剥夺感是个体或群体通过与参照对象比较而感知到自身处于不利地位，进而体验到愤怒和不满等负性情绪的一种主观认知和情绪体验。根据这一定义，我们可以得出相对剥夺感应该包含认知成分（主观认知）和情感成分（情绪体验）两个核心维度。

第二，对前述有关相对剥夺感的结构与测量研究文献进行梳理后发现，相对剥夺感不仅有认知与情感之分，还有个体与群体之分。大部分研究者都认同相对剥夺感的个体—群体 RD 与认知—情感 RD 的二维垂直关系结构模型（Walker & Pettigrew，1984；Olson & Hafer，1996；Zagefka et al.，2013；Smith et al.，2012），即认为相对剥夺感包含个体 RD 与群体 RD 两个二阶维度，而个体 RD 和群体 RD 又分别包含认知成分与情感成分两个一阶维度。以往研究者对个体—群体 RD 和认知—情感 RD 的测量方法为我们后续的进一步具体化操作测量提供了重要参考。如 Koomen 和 Fränkel（1992）在研究荷兰少数民族群体苏里南人的相对剥夺感时采用了个体—群体 RD 与认知—情感 RD 的二维垂直结构模型，主要测量被试在生活、住房、教育、歧视知觉和收入等五个方面的剥夺体验，其中测量个体—认知 RD 的题项如“与荷兰的其他苏里南人相比，您的住房状况如何？”，测量群体—认知 RD 的题项如“与荷兰的白人相比，您认为苏里南人的住房状况如何？”，个体—情感 RD 和群体—情感 RD 的题项分别紧接着个体—认知 RD、群体—认知 RD 的题项追问，如“对于这种差异，您的感受如何？您感到满意还是不满意？”Osborne 和 Sibley（2013）近期在考察新西兰成年人的相对剥夺感时也采用了类似的测量方法，对个体 RD 的测量题项如“我的收入要低于其他新西兰人”（认知 RD）、“与其他新西兰人相比，我对自己的收入感到不满”（情感 RD）；对群体 RD 的测量题项如“我自己所在的种族群体的收入要低于新西兰其他的相关群体”（认知 RD）、“与新西兰的其他相关群体相比，我对自己所在的种族群体的收入感到不满”（情感 RD）。据此，我们可以初步确定：流动儿童相对剥夺感的结构也可以概念化为个体—认知 RD、个体—情感 RD、群体—认知 RD 和群体—情感 RD。

第三，我们邀请 4 位心理学博士对初步确定的流动儿童相对剥夺感的内涵和结构维度进行开放式讨论。经过反复讨论，他们都认为以上操作性定义能够反映相对剥夺感的实质（社会比较）和核心要素（认知成分与情感成分），个体—认知 RD、个体—情感 RD、群体—认知 RD 和群体—情感 RD 基本涵盖了相对剥夺感的主要维度和内容结构。

综合以上分析，我们将流动儿童相对剥夺感的结构维度初步确定为以下四个方面：

1）个体—认知 RD：流动儿童通过与其他外地来的孩子相比较，感知到自身处于不利地位；

2）个体—情感 RD：流动儿童通过与其他外地来的孩子相比较，对自身处于不利地位感到不公平、愤怒和不满；

3）群体—认知 RD：流动儿童通过与城市当地孩子相比较，感知到外地来的孩子处于不利地位；

4）群体—情感 RD：流动儿童通过与城市当地孩子相比较，对外地来的孩子处于不利地位感到不公平、愤怒和不满。

二、初测量表的形成

主要通过三种途径收集相对剥夺感初始项目。

1. 文献分析

检索国内外相关文献，选取已有相关研究中与相对剥夺感内容相关较大的典型项目，如 Wickham 等（2013）、Koomen 和 Fränkel（1992）、Schmitt 和 Maes（2002）、Cantril（1965）等，对一些项目做适当的修改，使之适合于城市流动儿童。

2. 深度访谈

在文献分析的基础上编制半结构化访谈提纲，以个别访谈的方式对 24 名城市流动儿童进行半开放式访谈，访谈题目包括：你对自己目前的生活是否满意（如若不满意，体现在哪些方面）；与其他外地来的孩子相比，你觉得自己生活得怎样（如若有差异，体现在哪些方面）；与城市当地孩子相比，你觉得自己生活得怎样（如若有差异，体现在哪些方面）；你是否受到过城市当地人（包括大人、孩子、老师、同学）的区别对待，并举例说明等。将录音资料、笔录资料等汇总，受访流动儿童为小学四年级至初中三年级学生，每个年级 4 人，男生和女生各半，年龄在 10～15 岁之间。

3. 开放式调查

在深度访谈的最后，要求以上受访者结合其在城市生活与学习实际，尽可能详尽地列出 10 条其在城市生活中最看重的方面，并按重要性先后排序。为了收集到更为真实的信息，在施测中若被试有疑问或不理解的地方，主试会做适当的解释。

根据文献分析、深度访谈及开放式调查结果，初步筛选出流动儿童在城市生活中最看重的或与城市儿童相比感受到差异的有 6 个主要方面：家庭经济状况、住房条件与居住环境、家庭环境的稳定性、发展特长的机会、人际关系状况、父母参与辅导自己功课的程度。据此，初步形成包含 4 个维度、24 个具体项目的初始问卷。

接下来请 12 名流动儿童（小学、初中各 6 名，男女各半）和 6 名中小学教师（小学、初中各 3 名）对问卷的适宜性及题项的可读性进行评价，以检查项目表述是否清晰流畅，是否容易被流动儿童理解等。对于可读性低的项目，征求被试的意见后进行仔细推敲和修改。此外，还邀请了 4 位心理学专家（含 2 位教授和 2 位博士）对基本形成的初始问卷进行最后的审定和修改，主要审核问卷结构设计的合理性，题项的代表性和可读性等。最终形成了含 24 个项目的初测问卷。参照类似研究的做法（Wickham et al.，2013），全部采用反向题，按利克特 7 点计分法，分别记为 1～7 分，认知成分的题项从“非常不好”到“非常好”，情感成分的题项从“非常不满意”到“非常满意”。

第三节 研究方法

一、研究对象

初测对象：由于城市农民工子女是城市流动儿童的主体，因此本研究关注的流动儿童主要是我国大中城市中的农民工子女。在前期调研的基础上，选取福州市公立混合普通小学和初中各 1 所，从小学四年级至初中三年级共抽取流动儿童 700 名。参考以往的相关研究，流动儿童的筛选标准为：父母没有任何一方去世；父母没有离异；儿童自身没有残疾；父母为农民工，户口在农村老家；非福州出生；随父母来福州暂时居住半年以上（刘霞等，2013）。回收有效问卷625份，有效回收率为89.3%。其中男生321人（51.4%），女生304人（48.6%）；小学四年级75人（12.0%），小学五年级75人（12.0%），小学六年级76人（12.2%），初一126人（20.1%），初二135人（21.6%），初三138人（22.1%）；独生子女155人（24.8%），非独生子女470人（75.2%）。年龄介于9～17岁之间，平均年龄为（12.76±1.80）岁。

为了检验问卷的构思效度，把数据随机分成两半，数据A（N=313）用于探索性因素分析，数据B（N=312）用于验证性因素分析。独立样本t检验表明，两部分数据在性别、年龄、独生与否、流动时间等变量上均不存在显著性差异（$ps>0.05$）。数据A（N=313）中男生161人（51.4%），女生152人（48.6%）；小学104人（33.2%），初中209人（66.8%）；平均年龄12.92岁。数据B（N=312）中男生160人（51.3%），女生152人（48.7%）；小学122人（39.1%），初中190人（60.9%）；平均年龄12.86岁。

重测对象：间隔4周后对以上流动儿童中的152名进行再测，以检验量表的重测信度。其中男生79人（52.0%），女生73人（48.0%）；小学68人（44.7%），初中84人（55.3%）；平均年龄12.88岁。

二、研究工具

流动儿童相对剥夺感初始问卷。采用以上自编的流动儿童相对剥夺感初始问卷，共24个项目，要求流动儿童分别与其他外地来的孩子以及城市当地孩子进行比较，对自身在家庭经济状况、住房条件与居住环境、家庭环境的稳定性、发展特长的机会、人际关系状况、父母参与辅导自己功课的程度等六个方面的真实状况进行评定。采用利克特7点计分法，全部为反向题。

根据流动儿童相对剥夺感的内涵和结构特点，本研究采用的校标变量包括生活满意度、积极/消极情感、个体歧视知觉、群体歧视知觉、感知不平等和自我锚定水平，相应的测量工具如下。

1. 生活满意度量表

采用Huebner（1991）编制的学生生活满意度量表（Students' Life Satisfaction Scale，SLSS），用来测量3～12年级学生的总体生活满意程度。该量表已在国内流动儿童群体中多次使用，具有较好的信效度（侯娟等，2009；刘霞等，2013）。量表共有7个项目，采用利克特6点计分法，从“非常不同意”到“非常同意”分别记为1～6分，得分越高表示总体生活满意度越高。本研究中，该量表的内部一致性系数为0.69。

2. 积极/消极情感量表

采用陈文锋和张建新（2004）修订的积极/消极情感量表（中文版），已在国内流动儿童群体中使用过，具有较好的信效度（熊猛，叶一舵，2013；刘霞等，2013）。量表共包括14个项目，8个积极情感条目，6个消极情感条目。要求被试根据1周内的实际情况对每个条目进行评定，选择一个最符合自己情况的选项，从“没有”到“经常有”，共4级评分，得分越高说明被试在情感体验上越积极或消极。本研究中，积极情感和消极情感分量表的内部一致性系数分别为0.82和0.70。

3. 个体歧视知觉问卷

采用刘霞和申继亮（2010a）编制的个体歧视知觉问卷（Perceived Personal Discrimination Scale），用以考察流动儿童在与城里人交往过程中知觉到的被歧视程度。该问卷由流动儿童在学校和社会生活中经历的典型歧视事件组成，共计20个项目，采用5点计分，从“完全不符合”到“完全符合”分别记为1～5分，由被试判断这些事情发生在自己身上的频率，得分越高表明儿童知觉到的歧视现象越多。该问卷已在国内多个研究中使用，具有较好的信效度（范兴华等，2012；刘霞等，2013）。本研究中该问卷的内部一致性系数为0.94。

4. 群体歧视知觉问卷

采用刘霞和申继亮（2010a）编制的群体歧视知觉问卷（Perceived Group Discrimination Scale），用于考察流动儿童知觉到的其群体在与城里人交往过程中被歧视的严重程度。共计12个项目，5点计分，由被试判断这些事情发生在流动儿童群体中的频率。该问卷已在国内多个研究中使用，具有较好的信效度（刘霞，申继亮，2010b；刘霞，2013）。本研究中该问卷的内部一致性系数为0.80。

5. 自我锚定量表

Cantril（1965）编制的自我锚定量表（Self-Anchoring Striving Scale）是目前学界用来测量相对剥夺感最常用的工具之一（Appelgryn & Bornman，1996；Van Dyk & Nieuwoudt，1990）。量表要求被试通过在一个1～10的等级上打分来评估自己的生活状况，等级越高说明个体的生活状况越好，反之越差。原量表要求被试依次与内群体成员和相关的外群体进行比较，评定自己当前的总体生活状况。本研究根据流动儿童的特点，将比较对象具体化为“其他外地来的孩子”“城市当地的孩子”和“城市当地孩子这个群体”，共3个题项，要求流动儿童对自己或自己所在群体的总体生活状况的满意程度进行评定。等级从 1 “非常不满意”到 10 “非常满意”，得分越高表明流动儿童对自己总体生活状况的满意程度越高。本研究中，该量表的内部一致性系数为 0.91。

三、数据处理

以班级为单位采用统一的指导语施测，由研究者和心理学研究生担任主试。删除无效问卷之后，将有效问卷进行编号，按照编号逐份输入 SPSS 19.0 软件，先对反向计分题的得分进行转换，然后对缺失值进行处理，问卷项目的缺失值用全部被试在该项目上的平均得分进行替换。用 SPSS 19.0 软件进行描述性统计、项目分析、探索性因素分析和信度分析，采用 LISREL 8.70 软件进行验证性因素分析。

第四节　研 究 结 果

一、问卷的项目分析

在探索性因素分析（exploratory factor analysis，EFA）之前，先运用总数据（N=625）对初始量表各项目做描述性统计分析（表 4-1），主要采用以下三种方法进行项目分析。

1. 临界比率法

项目分析的主要考察指标是“临界比率值”（critical ratio，即 CR 值）。具体操作方法为按被试问卷总分高低排序，各取其前 27%、后 27%作为高分组和低分组，然后进行高分组和低分组在各项目上分数差异的独立样本 t 检验，将未达显著性的题项删除。结果显示，所有项目的 CR 值均达到显著性水平（$p<0.05$）。

2. 相关法

计算项目与总分的积差相关系数。一般认为项目与总分的相关越高，那么项目的鉴别力也就越高。常用的标准是项目与总分的相关必须在 0.4 以上。根据统计分析结果，第 11 题校正后与总分的相关系数低于 0.4（r=0.304），因此删除项目 11。

3. 项目的信度分析

初始问卷总的 Cronbach's α 系数为 0.931，发现删除任何一道题都不会引起信度的明显提高（除了已删除的项目 11），说明剩下的 23 个项目都是合理有效的。

表 4-1　项目描述性统计分析

项目	平均数	标准差	区分度（t）	校正后项目与总分的相关系数	删除该项目后量表的 α 系数
V1	3.398	1.286	13.792***	0.556	0.928
V2	2.853	1.342	19.430***	0.626	0.927
V3	3.291	1.263	13.470***	0.536	0.929
V4	2.869	1.330	19.288***	0.602	0.928
V5	2.686	1.577	10.346***	0.488	0.929
V6	2.616	1.411	17.023***	0.554	0.928
V7	3.754	1.455	12.793***	0.500	0.929
V8	3.303	1.437	15.217***	0.546	0.929
V9	3.750	1.663	14.252***	0.503	0.929
V10	3.408	1.645	17.590***	0.560	0.929
V11	2.327	1.304	10.116***	0.304	0.933
V12	2.353	1.310	12.599***	0.428	0.930
V13	3.502	1.276	18.498***	0.660	0.927
V14	3.318	1.289	21.392***	0.669	0.927
V15	3.436	1.281	19.417***	0.677	0.927
V16	3.349	1.267	22.772***	0.717	0.926
V17	3.368	1.382	18.934***	0.603	0.928
V18	3.168	1.341	22.364***	0.666	0.927
V19	3.503	1.375	19.042***	0.653	0.927
V20	3.330	1.344	19.435***	0.679	0.927
V21	3.457	1.444	17.760***	0.642	0.927
V22	3.353	1.412	18.623***	0.670	0.927
V23	2.873	1.372	17.668***	0.574	0.929
V24	2.887	1.351	18.268***	0.584	0.929

注：***p<0.001，**p<0.01，*p<0.05，下同

二、探索性因素分析

运用数据 A（N=313）对剩下的 23 个项目进行 EFA。首先做取样适当性（KMO）和 Bartlett 球形检验，结果显示 KMO 值为 0.904，高于经验标准 0.70，表明变量间的共同因素较多。Bartlett 球形检验的 χ^2 值为 4723.950，达到显著性水平（$p<0.001$），代表母群体的相关矩阵间有共同因素存在，适合做因素分析。

接着采用主成分分析法（principal component analysis），按照特征根大于 1 的原则和斜交旋转法（oblique rotation）抽取因素，具体的删题标准为：①共同度小于 0.30；②负荷值小于 0.40；③交叉负荷大于 0.30；④因子包含的项目小于 3

个；⑤因子归属不当或不易解释的项目。经过多次 EFA，删除 3 个项目（第 12、23、24 题）后得到收敛效度与区分效度良好的因素结构，最终获得包含 20 个项目共 4 个显著的因素，4 个因素共解释了 65.186%的总方差变异量。具体结果见表 4-2。

表 4-2　探索性因素分析题项载荷及归属结果

项目	因素 1	因素 2	因素 3	因素 4	共同度
V1	0.713				0.603
V3	0.748				0.629
V5	0.894				0.826
V7	0.519				0.456
V9	0.778				0.664
V2		0.740			0.703
V4		0.744			0.681
V6		0.697			0.744
V8		0.578			0.550
V10		0.799			0.724
V11			0.708		0.648
V13			0.766		0.698
V15			0.740		0.609
V17			0.685		0.566
V19			0.598		0.598
V12				0.763	0.670
V14				0.797	0.723
V16				0.771	0.681
V18				0.706	0.611
V20				0.598	0.653
特征值（旋转后）	5.526	3.217	2.789	1.505	
贡献率（%）	27.631	16.087	13.945	7.523	
累积贡献率（%）	27.631	43.718	57.662	65.186	

根据探索性因素分析和碎石图分析结果将流动儿童相对剥夺感划分为四维结构，根据项目内容和前期的理论建构，分别将其命名为：

1）因素一包含 5 个项目，主要涉及流动儿童通过与周围其他外地来的孩子相比，在家庭经济状况、住房条件与居住环境、家庭环境的稳定性、发展特长的机会以及父母参与辅导自己功课的程度等方面，是否感知到自身处于不利地位，命名为“个体—认知相对剥夺”（cognitive components of individual relative deprivation，C-IRD）；

2）因素二包含 5 个项目，主要涉及流动儿童通过与周围其他外地来的孩子相比，对自己在家庭经济状况、住房条件与居住环境、家庭环境的稳定性、发展特长的机会以及父母参与辅导自己功课的程度等方面的差异，是否感到不满或愤怒，命名为“个体—情感相对剥夺”（emotional components of individual relative deprivation，E-IRD）；

3）因素三包含5个项目，主要涉及流动儿童通过与城市当地孩子相比，是否感知到外地来的孩子在家庭经济状况、住房条件与居住环境、家庭环境的稳定性、发展特长的机会以及父母参与辅导自己功课的程度等方面，处于不利地位，命名为“群体—认知相对剥夺”（cognitive components of grouprelative deprivation，C-GRD）；

4）因素四包含5个项目，主要涉及流动儿童通过与城市当地孩子相比，对外地来的孩子在家庭经济状况、住房条件与居住环境、家庭环境的稳定性、发展特长的机会以及父母参与辅导自己功课的程度等方面的差异，是否感到不满或愤怒，命名为“群体—情感相对剥夺”（emotional components of grouprelative deprivation，E-GRD）。

三、验证性因素分析

（一）模型设定

参照以往研究的做法（柯江林等，2009；吴伟炯等，2012），设定7个备择竞争模型：①一阶单因素模型-M_1。假定20个项目拥有共同潜变量——相对剥夺感。②一阶双因素模型-M_2。根据EFA结果，将个体—认知相对剥夺和个体—情感相对剥夺两个维度的所有项目归于一个因素，将群体—认知相对剥夺和群体—情感相对剥夺两个维度的所有项目归于另一个因素。③一阶双因素模型-M_3。与M_2不同的是，将个体—认知相对剥夺和群体—认知相对剥夺两个维度的所有项目归于一个因素，将个体—情感相对剥夺和群体—情感相对剥夺两个维度的所有项目归于另一个因素。④一阶四因素模型-M_4。根据EFA结果，将相对剥夺感的四个维度作为一阶的四因素。⑤二阶双因素模型-M_5。即在一阶四因素的基础上形成两个二阶因素，将个体—认知相对剥夺和个体—情感相对剥夺归为个体相对剥夺，而将群体—认知相对剥夺和群体—情感相对剥夺归为群体相对剥夺。⑥二阶双因素模型-M_6。即在一阶四因素的基础上形成两个二阶因素，与M_5不同的是，将个体—认知相对剥夺和群体—认知相对剥夺归为认知相对剥夺，而将个体—情感相对剥夺和群体—情感相对剥夺归为情感相对剥夺。⑦二阶单因素模型-M_7。在一阶四因素模型的基础上形成一个二阶因素——相对剥夺感。

（二）模型检验与比较

采用 LISREL 8.70 软件，运用数据 B（N=312）验证以上备择模型，结果见表 4-3。Null 模型（M_0）的卡方与自由度比超过 50，拟合效果很差。一阶单因素模型（M_1）、一阶双因素模型（M_2）与一阶双因素模型（M_3）的拟合效果较接近，但卡方与自由度比均大于门槛 5，GFI、AGFI 均低于 0.80 的门槛，RMSEA、SRMR 均超过了 0.08，表明模型拟合不理想。一阶四因素模型（M_4）、二阶双因素模型（M_5）、二阶双因素模型（M_6）与二阶单因素模型（M_7）的拟合效果尚可接受，需要进行卡方检验以比较模型的优劣。首先，比较一阶四因素模型（M_4）与二阶双因素模型（M_5），$\Delta\chi^2$ 为 1.27，Δdf=1，未达到 0.05 显著水平，按照模型简约原则，接受自由度更大的二阶双因素模型（M_5）。然后将二阶双因素模型（M_5）与二阶双因素模型（M_6）进行比较，$\Delta\chi^2$ 为 67.65，Δdf=0，达到 0.001 显著水平，接受拟合效果更好的二阶双因素模型（M_5）。最后，将二阶双因素模型（M_5）与二阶单因素模型（M_7）进行比较，$\Delta\chi^2$ 为 77.59，Δdf=1，达到 0.001 显著水平，仍然接受拟合效果更好的二阶双因素模型（M_5）（图 4-1）。CFA 结果表明，个体—认知相对剥夺、个体—情感相对剥夺、群体—认知相对剥夺、群体—情感相对剥夺等与 EFA 结果相同，它们虽然有一定的相关性但具有相对独立的结构，因而不能直接聚合为一个构念。二阶双因素模型（M_5）的结构也表明，在归类时将流动儿童相对剥夺感划分为个体相对剥夺与群体相对剥夺两大

表 4-3 流动儿童相对剥夺感 CFA 模型的拟合指数

模型	χ^2	df	χ^2/df	GFI	AGFI	CFI	NNFI	IFI	RMSEA	SRMR
Null 模型（M_0）	10 584.39	190	55.71							
一阶单因素模型（M_1）	1 791.48	170	10.54	0.63	0.54	0.86	0.84	0.86	0.177	0.100
一阶双因素模型（M_2）	1 672.74	169	9.90	0.71	0.63	0.89	0.88	0.89	0.150	0.090
一阶双因素模型（M_3）	1 805.80	169	10.69	0.63	0.54	0.87	0.85	0.87	0.180	0.100
一阶四因素模型（M_4）	749.48	164	4.57	0.81	0.83	0.90	0.89	0.90	0.080	0.069
二阶双因素模型（M_5）	750.75	165	4.55	0.81	0.83	0.91	0.90	0.91	0.074	0.060
二阶双因素模型（M_6）	818.40	165	4.96	0.80	0.82	0.90	0.88	0.90	0.079	0.078
二阶单因素模型（M_7）	828.34	166	4.99	0.80	0.82	0.90	0.88	0.90	0.080	0.079

类别是比较合理的。

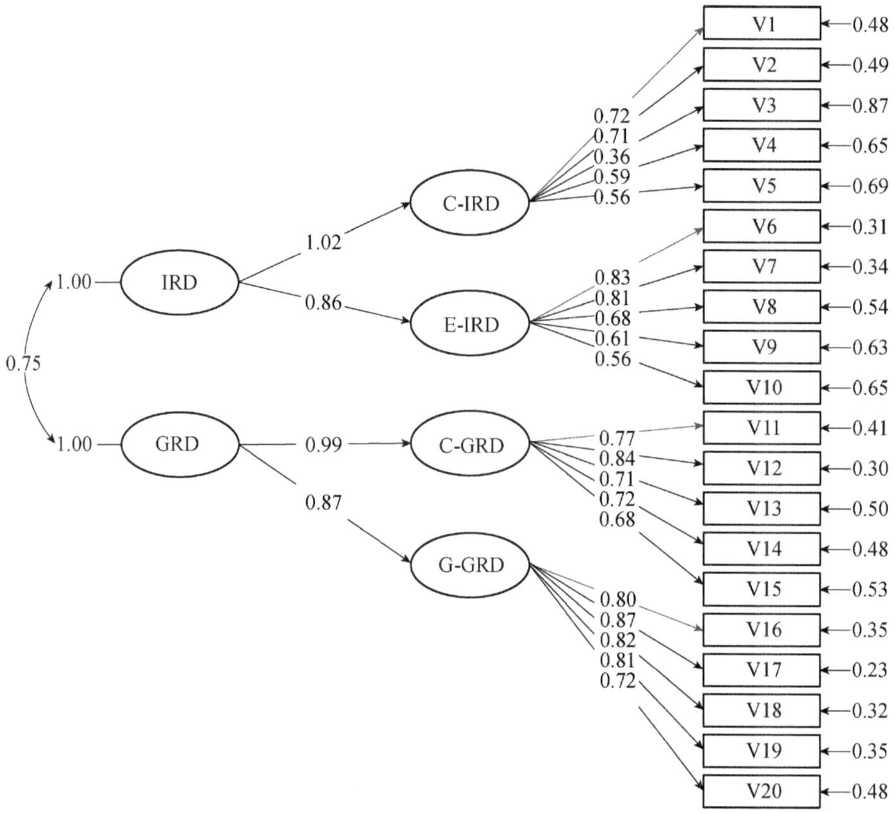

图 4-1 流动儿童相对剥夺感二阶双因素模型（M_5）完全标准化解

四、信度分析

运用总数据（N=625）对流动儿童相对剥夺感量表的内部一致性信度进行分析，运用重测数据（N=152）对量表的重测信度进行分析。结果见表 4-4，流动儿童相对剥夺感总量表的内部一致性信度和重测信度分别为 0.93 和 0.80，各分量表（包括 4 个一阶因子和 2 个二阶因子）的信度系数也都在 0.70 以上，表明流动儿童相对剥夺感量表具有良好的内部一致性和跨时间的稳定性。

表 4-4 流动儿童相对剥夺感量表的信度分析

信度	个体—认知 RD	个体—情感 RD	群体—认知 RD	群体—情感 RD	个体 RD	群体 RD	总体 RD
Cronbach's α 系数	0.71	0.82	0.86	0.90	0.86	0.93	0.93
重测信度	0.74	0.78	0.76	0.79	0.77	0.81	0.80

五、效度分析

前述验证性因素分析结果显示，流动儿童相对剥夺感量表具有较好的结构效度。校标关联效度分析结果见表 4-5，总体相对剥夺与生活满意度（r=−0.51，p<0.001）、积极情感（r=−0.38，p<0.001）及自我锚定水平（r=−0.54，p<0.001）呈显著负相关，与消极情感（r=0.18，p<0.01）、个体歧视知觉（r=0.19，p<0.01）及群体歧视知觉（r=0.27，p<0.001）呈显著正相关。其中个体相对剥夺与个体歧视知觉的相关性更高（r=0.23，p<0.001），群体相对剥夺与群体歧视知觉的相关性更高（r=0.26，p<0.001），说明个体相对剥夺与群体相对剥夺具有较好的区分效度。这些结果表明流动儿童相对剥夺感量表具有良好的校标关联效度。

表 4-5　流动儿童相对剥夺感量表的校标关联效度

变量	生活满意度	积极情感	消极情感	个体歧视知觉	群体歧视知觉	自我锚定水平
个体—认知相对剥夺	−0.48***	−0.37***	0.20***	0.19**	0.20***	−0.48***
个体—情感相对剥夺	−0.45***	−0.38***	0.21***	0.20***	0.26***	−0.53***
群体—认知相对剥夺	−0.41***	−0.26***	0.13*	0.16**	0.23***	−0.40***
群体—情感相对剥夺	−0.38***	−0.29***	0.10*	0.11*	0.21***	−0.43***
个体相对剥夺	−0.50***	−0.41***	0.22***	0.23***	0.21***	−0.54***
群体相对剥夺	−0.42***	−0.29***	0.11*	0.14*	0.26***	−0.44***
总体相对剥夺	−0.51***	−0.38***	0.18**	0.19**	0.27***	−0.54***

第五节　讨论与结论

一、流动儿童相对剥夺感的内容结构

本章扎根于中国本土文化背景，以城市流动儿童这一特殊弱势群体为研究对象，探讨相对剥夺感的内容结构。在具体的理论建构时，笔者先是根据前期相对剥夺感的操作性定义，将相对剥夺感的结构概念化为认知成分与情感成分两大维度。然后对有关相对剥夺感结构方面的文献进行系统分析，进一步将相对剥夺感的结构完善为个体—群体 RD 与认知—情感 RD 二维垂直结构模型。最后将流动儿童相对剥夺感的内容结构建构为个体—认知 RD、个体—情感 RD、群体—认知 RD 和群体—情感 RD 这一四维模型。通过以上步骤建构的相对剥夺感理论维度，基本能够达到既符合相对剥夺感的内涵本质又体现我国城市流动儿童实情的要求。通过实证数据进行的探索性因素分析和验证性因素分析进一步证实了我们的构想，说明本研究得出的流动儿童相对剥夺感的结构维度是合理可行的。

在后续的项目选编阶段，笔者亦是遵循了心理学量表研制的一般程序，通过文献分析、深度访谈和开放式调查，筛选出流动儿童在城市生活中最看重的或与城市儿童相比感受到有差异的 6 个主要方面。结合上述得到的相对剥夺感四维结构，初步形成包含 24 个项目的初始问卷。最后经过目标群体（流动儿童）、一线中小学教师和心理学专家的审核与修订，形成了用于初始调查的测评量表。以上研制程序确保了我们所选编的项目既能够反映相对剥夺感的内涵，又能够很好地被流动儿童所理解。

根据个体相对剥夺的定义（通过与内群体成员或相关外群体成员比较而感知到自身处于不利地位）（Guimond & Dubé-Simard，1983），在设计个体相对剥夺的项目时，理论上是既可以让目标群体与内群体成员比较，也可以让其与相关外群体成员比较。但是有研究者认为，目标群体在和相关外群体成员比较时所产生的既可能是个体相对剥夺，也可能是群体相对剥夺（Walker，1999）。这是因为目标群体在和外群体成员进行比较的过程已经包含了范畴化的过程，即已经形成了内群体和外群体，所以此时产生的个体相对剥夺也包含了群体相对剥夺的成分。鉴于此，为了使得本章测量个体相对剥夺和群体相对剥夺的题项具有更好的区分效度，我们让流动儿童通过与其他外地来的孩子相比较以考察其个体相对剥夺，让其与城市当地的孩子相比较以考察其群体相对剥夺。以往实验研究和调查研究在考察个体与群体相对剥夺时均采用了这一比较范式。如 Walker（1999）采用的诱发个体与群体相对剥夺的实验范式被认为是最经典的：被试进入单间实验室，告知其被随机分配到一个 4 人小组中完成瑞文高级推理测验（其他 3 个成员要么全部为同性被试，要么全部为异性被试），每个人都将在独立的实验室完成实验任务，实验室之间的电脑通过网络相连接（实际上这 4 名被试并没有形成小组，而是各自完成实验）。任务完成后告知被试“根据小组成员的任务完成情况，每个被试将会得到其他组员分配的奖赏（总额为 20 美元）”（实际上不管被试任务完成情况如何，都只会得到 3 美元）。最后将那些被不公正奖赏，并且其他组员全部为同性的被试所体验到的剥夺感定义为个体相对剥夺；而将那些被不公正奖赏，并且其他组员全部为异性的被试所体验到的剥夺感定义为群体相对剥夺。由此可见，本章所设置的测量个体相对剥夺与群体相对剥夺的题项是合理有效的。

二、流动儿童相对剥夺感量表的有效性

信度分析结果表明，总量表的内部一致性信度为 0.93，其他各分量表的内部一致性信度也都在 0.70 以上，信度较好。这可能是由于流动儿童相对剥夺感量表是在我国城镇化进程持续推进的大背景下开发出来的，研究对象为城市流动儿童，他们跟随父母由农村老家来到城市生活，需要经过学习、生活环境的再适应过程，所面临的发展任务比较相似，对相关现象和行为的理解也比较一致，由此搜集到的数据较可靠，研制的量表的内部一致性较好。研究还表明，总量表的重测信度为 0.80，其他各分量表的重测信度也都在 0.70 以上，表明本研究研制的流动儿童相对剥夺感量表具有较好的跨时间稳定性。

流动儿童相对剥夺感的理论结构是在相对剥夺感的操作性定义、有关相对剥夺感结构的文献分析以及专家讨论的基础上得出的，而具体项目的形成则是经过了文献分析、深度访谈和开放式调查等步骤，初始问卷形成之后又经过流动儿童、一线教师和心理学专家的最终审读和评定。从量表研制的整个过程来看，流动儿童相对剥夺感量表具有较好的表面效度和内容效度。结构效度方面，我们在探索性因素分析的基础上，设定了 7 个可能的备择模型，然后经过严格的模型比较过程，发现二阶双因素模型（M_5）在所有竞争模型中最优，其中的个体—认知相对剥夺和个体—情感相对剥夺归为个体相对剥夺，而将群体—认知相对剥夺和群体—情感相对剥夺归为群体相对剥夺。最终接受的二阶双因素模型（M_5）既较为准确又相对简洁，从而表明流动儿童相对剥夺感量表具有较好的结构效度。相关分析结果显示，相对剥夺感及其各分量表与消极情感、个体歧视知觉、群体歧视知觉及感知不平等呈显著正相关，与生活满意度、积极情感及自我锚定水平呈显著负相关，表明流动儿童相对剥夺感量表具有良好的校标关联效度。其中的个体相对剥夺分量表与个体歧视知觉的相关性更高，而群体相对剥夺分量表与群体歧视知觉的相关性更高，这一方面说明个体相对剥夺与群体相对剥夺具有较好的区分效度，另一方面也说明本研究选用个体歧视知觉和群体歧视知觉作为校标是合理的。生活满意度属于主观幸福感的认知成分，积极与消极情感属于主观幸福感的情感成分（熊猛，叶一舵，2012），这与相对剥夺感的认知与情感成分类似；以往研究也表明相对剥夺感与生活满意度呈显著负相关（Osborne & Sibley，2013），与消极情感呈显著正相关（Halevy et al.，2010），因此本研究选用生活满意度和积极/消极情感作为校标是合理的。而感知不平等量表（Wickham et al.，2013）和自我锚定量表（Cantril，1965）也是该领域测量相对剥夺感比较常用的工具，因此选用这两个量表作为校标量表也是合理的。总之，基于我国城市流动儿童实情研制的流动儿童相对剥夺感量表较好地满足了心理测量学的要求，可以

作为进一步研究的工具。

三、结论

本章采用规范的量表研制程序编制了流动儿童相对剥夺感量表，得出以下结论：

1）流动儿童相对剥夺感具有二阶双因素结构。个体相对剥夺（个体—认知 RD 和个体—情感 RD）与群体相对剥夺（群体—认知 RD 和群体—情感 RD），表明流动儿童相对剥夺感是一个多维度多层次的系统构念。

2）流动儿童相对剥夺感量表具有良好的内部一致性信度、重测信度，以及结构效度和校标关联效度，可以作为进一步研究的工具。

第五章　现状与发展：流动儿童相对剥夺感的发展特点与追踪测查

第一节　研究目的与假设

在第四章的基础上，我们采用流动儿童相对剥夺感正式量表对流动儿童相对剥夺感的总体水平、发展趋势和人口统计学差异进行调查分析。流动儿童作为我国城市社会一个特殊的弱势群体，他们跟随父母不断地转移，成长在不稳定的环境中，在自我认同的过程中不能恰当地定位，把城市孩子作为参照物并与之比较，认为自己应该得到的利益失去得太多，容易在心理上产生主观的相对剥夺感（李宁，2008；熊猛，叶一舵，2011）。然而流动儿童相对剥夺感的总体水平和发展现状到底如何，目前国内鲜有研究者进行这方面的实证研究。不过大量有关流动儿童歧视知觉的实证研究却为我们的调查和分析提供了重要启发。方晓义等人（2008）最初的调查发现，75.5%的流动儿童自我报告在城市中受到过歧视，但所报告的被歧视的体验并不强烈。范兴华等人（2012）的研究进一步表明，流动儿童的歧视知觉得分位于项目答案“有些不符合”附近，说明其歧视知觉整体上并不明显。而刘霞和申继亮（2010a）以及邓小晴和师保国（2013）的研究则发现，流动儿童的歧视知觉整体上处于中等水平。通过这些研究结果我们可以得出，流动儿童在城市社会中虽然体验到一定的被歧视感，但其歧视知觉在整体上并不明显。歧视知觉作为弱势群体相对剥夺体验的重要来源之一，会对其个体和群体相对剥夺感产生显著的正向预测作用（Koomen & Fränkel，1992）。据此我们预测，与歧视知觉类似，流动儿童的相对剥夺感整体上也应该处于中等水平。由此提出假设：

H1：流动儿童的相对剥夺感整体上处于中等水平。

关于相对剥夺感的年龄发展趋势，Zhang 和 Tao（2013）对中国大学生的调查表明，年龄与相对剥夺感显著相关，学生的年龄越大，相对剥夺体验越强烈。有关流动儿童歧视知觉的研究也发现，高年级流动儿童的歧视体验显著多于低年级的流动儿童（刘霞，申继亮，2010a；邓小晴，师保国，2013；范兴华等，2012）。随着年龄的增长（尤其是到了青春期），流动儿童的自我意识开始高涨，“自我中心化”的再度出现使得流动儿童对外界的不公正信息更为敏感（邓小晴，师保国，2013），因而体验到的相对剥夺感更为强烈。据此，我们提出假设：

H2：流动儿童的相对剥夺感呈现出随着年龄的增长而逐渐升高的发展趋势。

目前国内外有关相对剥夺感的研究大多采用横断研究的方法，即采用某一个时间节点的调查数据来评估某一群体的相对剥夺感现状及其前因与后果（Smith et al.，2012；熊猛，叶一舵，2016；叶一舵，熊猛，2017）。但横断研究所反映的只是相对剥夺感在某一时间节点上的状况，无法反映出相对剥夺感随时间推移的动态变化趋势（周皓，2010）。而追踪研究则可以克服这种数据的局限性。通过文献回顾发现，以往有关流动儿童相对剥夺感的追踪研究尚未开展，但针对流动儿童歧视知觉（侯舒艨等，2011）、心理健康（周皓，2010）、心理适应（郭海英等，2017；叶枝等，2017）、社会适应（曾守锤，2009；马诗浩等，2019）方面的追踪测查则多有尝试。研究表明，随着进入城市时间的延长，流动儿童的歧视知觉显著减少（侯舒艨等，2011），孤独感呈线性下降趋势（叶枝等，2017），社会适应（人际友好、活动参与和社会活力）有提升趋势（马诗浩等，2019），社会支持显著增加（侯舒艨等，2011），而心理健康和学业成绩则较为稳定（曾守锤，2009）。综合来看，随着流动儿童进入城市时间的延长，其歧视知觉和心理问题呈现出逐渐下降的发展趋势，而社会适应呈现出逐渐上升的发展趋势。随着城市适应时间的增加，流动儿童逐渐融入城市生活，并发展出相应的应对技能（刘霞，申继亮，2010a），因而其抵御外在和内在风险因素的能力也在不断提升，感知到与城市儿童的差异也会随之减少。据此，我们提出假设：

H3：流动儿童的相对剥夺感呈现出随着进入城市时间的延长而逐渐降低的发展趋势。

关于流动儿童的相对剥夺感在人口统计学变量上的发展差异，以往研究主要集中于性别、学段、独生与否、流动时间和流动性高低上，且针对流动儿童相对剥夺感的直接研究较少，主要集中于普通学生的相对剥夺感和流动儿童的歧视知觉。研究表明，男生的相对剥夺感要高于女生（Zhang & Tao，2013），流动男孩的歧视知觉高于流动女孩（刘霞，申继亮，2010a；范兴华等，2012）；初中流动儿童的歧视知觉显著高于小学流动儿童（刘霞，申继亮，2010a；邓小晴，师保国，2013）；非独生子女的相对剥夺感要高于独生子女（Zhang & Tao，2013）；随着流动时间的增加，流动儿童的个体和群体歧视知觉呈现出逐渐减弱趋势（刘霞，申继亮，2010a）；流动性高（不管是城市流动性、住房流动性还是学校流动性）的儿童知觉到的歧视显著多于流动性低的儿童（蔺秀云等，2009）。基于以上研究基础，同时结合流动儿童的实际，我们提出假设：

H4：流动男孩的相对剥夺感显著高于流动女孩。

H5：初中流动儿童的相对剥夺感显著高于小学流动儿童。

H6：非独生流动儿童的相对剥夺感显著高于独生流动儿童。

H7：流动儿童的相对剥夺感呈现出随着流动时间的延长而逐渐降低的发展趋势。

H8：流动儿童的相对剥夺感呈现出随着流动性的升高而逐渐增强的发展趋势。

第二节 研究方法

一、研究对象

由于城市农民工子女是城市流动儿童的主体，因此本研究关注的流动儿童主要是我国大中城市中的农民工子女（刘霞等，2013）。在前期调研的基础上，采用分层整群抽样法在流动人口较多的城市（福州、厦门、泉州）共抽取了6所学校（3所小学和3所初中）的小学四年级至初中三年级中的流动儿童作为被试。参考以往的相关研究，流动儿童的筛选标准为：父母没有任何一方去世；父母没有离异；儿童自身没有残疾；父母为农民工，户口在农村老家；非城市出生；随父母来城市暂时居住半年以上（刘霞等，2013）。

以班级为单位采用统一的指导语施测，问卷调查说明本研究的目的、要求和保密承诺。采用实地调查和邮寄调查相结合的方法搜集数据，福州地区由研究者和心理学研究生担任主试，问卷当场回收；厦门和泉州地区由心理健康教师和班主任担任主试，以邮寄的方式回收。共发放流动儿童问卷2200份，回收问卷1993份，回收率90.6%；剔除无效问卷221份，得到有效问卷1772份，有效率88.9%。年龄介于9～17岁，平均年龄为（12.30±1.74）岁。被试基本情况如表5-1所示。

表 5-1　被试基本情况分布表

变量	选项	人数	百分比（%）
学校来源	福州远洋小学	250	14.1
	福州四中橘园洲中学	339	19.1
	厦门何厝小学	222	12.5
	厦门金尚中学	251	14.2
	泉州昇文小学	379	21.4
	晋江陈埭民族中学	331	18.7
性别	男	915	51.6
	女	850	48.0
	信息缺失	7	0.4
年级	小四	445	25.1
	小五	291	16.4
	小六	328	18.5
	初一	275	15.5
	初二	249	14.1
	初三	181	10.2
	信息缺失	3	0.2
独生与否	独生子女	404	22.8
	非独生子女	1356	76.5
	信息缺失	12	0.7
流动时间	3 年以内	246	13.9
	3～8 年	1019	57.5
	8 年以上	485	27.4
	信息缺失	22	1.2

为了考察流动儿童相对剥夺感的动态发展趋势，选取福州地区第一次调查的被试进行连续 3 次的追踪测查，从 2017 年 3 月（T1）的第一次施测开始，每隔半年进行一次追踪测查（分别记为 T2/T3）。由于搬家、转学、病/事假等原因，随后的两次追踪测查分别流失被试 179 人和 186 人，到第三次测量为止，共有 224 名流动儿童参与了三次测查。

二、研究工具

流动儿童相对剥夺感量表。采用第四章研制的流动儿童相对剥夺感正式量表，包括个体—认知 RD、个体—情感 RD、群体—认知 RD、群体—情感 RD 共 4 个一阶维度，20 个项目。要求流动儿童分别与其他外地来的孩子以及城市当地孩子相比较，对自己在家庭经济状况、住房条件与居住环境、家庭环境的稳定性、发展特长的机会以及父母参与辅导自己功课的程度等 5 个方面的真实状况进行评定。采用利克特 7 点计分法，分别记为 1～7 分，认知成分的题项从“非常不好”到“非常好”，情感成分的题项从“非常不满意”到“非常满意”。量表全部采用反向题，将所有项目反向计分后，得分越高说明流动儿童的相对剥夺水平越高。采用本研究的数据对量表的结构模型进行验证，结果发现二阶双因素模型拟合良好（χ^2/df=4.49，CFI=0.92，NFI=0.92，IFI=0.92，RMSEA=0.07，SRMR=0.06）。本研究中该量表的内部一致性系数为 0.92。

个人基本信息调查表。根据研究的需要和流动儿童的实际情况自编了个人基本信息调查表，附在相对剥夺感量表的前面，内容包括年龄、性别、年级、是否独生子女，户口类型（农村 vs.城市），群体类别（外地人 vs.当地人），来城市时间，是否出生在城市，老家在哪个省市县，老家是城市还是农村，来城市之后搬家次数，来城市之后转学次数等（蔺秀云等，2009）。

三、数据处理

删除无效问卷之后，将有效问卷进行编号，按照编号逐份输入 SPSS 19.0 软件，先对反向计分题的得分进行转换，然后对缺失值进行处理，问卷项目的缺失值用全部被试在该项目上的平均得分进行替换。用 SPSS 19.0 软件进行描述性统计、差异显著性检验和方差分析，采用 LISREL 8.70 软件进行结构模型的验证。

第三节　研 究 结 果

一、流动儿童相对剥夺感的总体水平与发展趋势

（一）流动儿童相对剥夺感的总体水平

为了更直观地反映流动儿童相对剥夺感的总体水平，本研究在统计分析时采用相对剥夺感及其各维度的均值分，其范围为 1～7 分，中值为 4 分。由表 5-2 可知，本次调查流动儿童的相对剥夺感总体处于中等水平（3.24±0.95），说明流动

儿童的相对剥夺感整体上并不明显，据此 H1 得到验证。其中群体 RD（3.46±1.14）的得分显著高于个体 RD 的得分（3.02±1.06），t（1771）=−16.84，$p<0.001$，说明流动儿童的群体相对剥夺水平显著高于个体相对剥夺水平。其他各维度的得分从高到低的排序依次为：群体—认知 RD、群体—情感 RD、个体—认知 RD、个体—情感 RD。

表 5-2　流动儿童相对剥夺感的总体水平（N=1772）

类别	个体—认知 RD	个体—情感 RD	群体—认知 RD	群体—情感 RD	个体 RD	群体 RD	总体 RD
平均分	3.21	2.83	3.53	3.40	3.02	3.46	3.24
标准差	1.08	1.17	1.18	1.22	1.06	1.14	0.95

（二）流动儿童相对剥夺感的横断发展趋势

进一步对流动儿童相对剥夺感随年龄增长的横断发展趋势进行分析。鉴于 9 岁、16 岁和 17 岁的样本量较少，我们将 9 岁合并到 10 岁中，将 16 岁、17 岁合并到 15 岁中，据此形成了 6 个年龄层（10～15 岁）。基于相对剥夺感与年龄的相关分析发现，相对剥夺感与年龄之间存在显著的正相关（r=0.246，$p<0.001$），即随着年龄的增长，流动儿童的相对剥夺水平会明显升高。单因素方差分析显示（表 5-3），不同年龄的流动儿童在相对剥夺感及其各维度上均存在显著的差异（$ps<0.001$）。无论对于总体 RD 还是对于 RD 的各维度而言，15 岁时的相对剥夺水平均最高，10 岁时的相对剥夺水平均最低，并且 15 岁时的相对剥夺水平均显著高于其他年龄段的相对剥夺水平（$ps<0.05$）。总的来说，流动儿童的相对剥夺水平呈现出随着年龄的增长而逐渐升高的发展趋势（图 5-1、图 5-2 和图 5-3），据此 H2 得到验证；其中 13～14 岁是一个缓冲期，而 14～15 岁是一个加速期。

表 5-3　流动儿童相对剥夺感在各年龄上的描述性统计结果（$M±SD$）

年龄/岁	n	个体—认知 RD	个体—情感 RD	群体—认知 RD	群体—情感 RD	个体 RD	群体 RD	总体 RD
10	341	2.94±1.11	2.61±1.18	3.20±1.14	3.02±1.13	2.78±1.08	3.11±1.06	2.94±0.92
11	308	3.07±1.01	2.59±1.04	3.31±1.10	3.13±1.17	2.83±0.94	3.22±1.07	3.03±0.86
12	290	3.17±0.96	2.76±1.06	3.45±1.15	3.34±1.15	2.97±0.96	3.40±1.10	3.18±0.89
13	282	3.26±1.04	2.91±1.23	3.73±1.21	3.60±1.31	3.08±1.07	3.67±1.21	3.38±0.95
14	324	3.32±1.11	3.00±1.18	3.70±1.10	3.65±1.20	3.16±1.08	3.67±1.08	3.42±0.94
15	227	3.67±1.13	3.26±1.26	3.98±1.22	3.84±1.23	3.46±1.13	3.91±1.16	3.69±1.01
F		13.45***	12.19***	17.19***	19.36***	14.16***	20.39***	22.95***
η^2		0.04	0.03	0.05	0.05	0.04	0.06	0.06

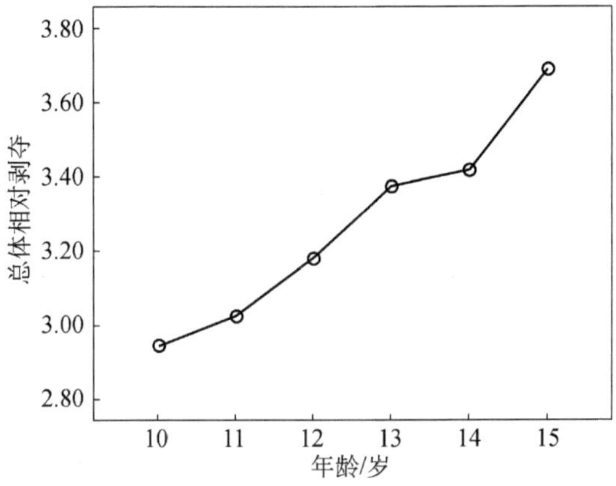

图 5-1　不同年龄流动儿童的总体相对剥夺发展趋势

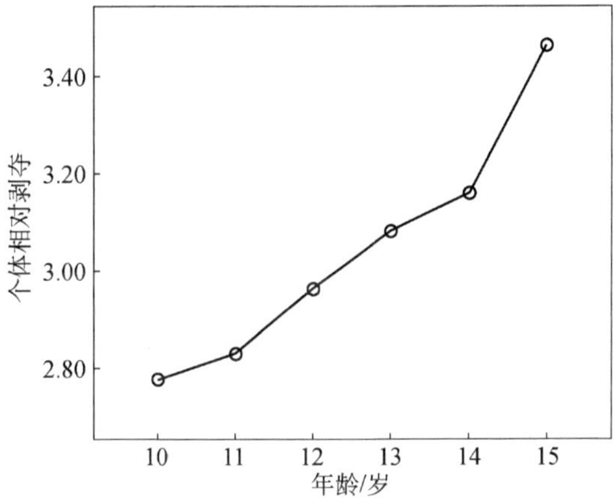

图 5-2　不同年龄流动儿童的个体相对剥夺发展趋势

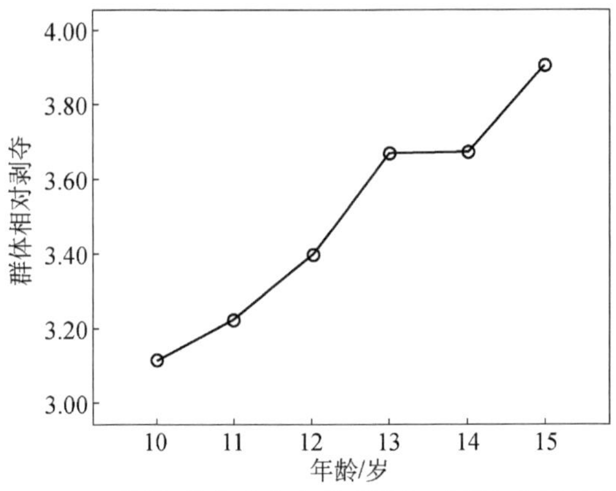

图 5-3　不同年龄流动儿童的群体相对剥夺发展趋势

（三）流动儿童相对剥夺感的纵向发展趋势

为了测查流动儿童相对剥夺感的发展变化趋势，本研究采用重复测量方差分析对相对剥夺感的变化轨迹进行分析（表 5-4）。结果表明，流动儿童的总体相对剥夺在 3 次追踪测查中不存在显著性差异（F=0.89，p>0.05，η^2=0.03），但呈现出随着时间的推移先增长后下降的发展趋势（T1<T3<T2），如图 5-4 所示。进一步分析个体相对剥夺和群体相对剥夺随着时间推移的变化趋势，结果发现群体相对剥夺表现出与总体相对剥夺类似的发展趋势（图 5-5），而个体相对剥夺呈现出随着时间的推移逐渐升高的发展趋势（图 5-6）。

表 5-4　流动儿童相对剥夺感在各测查时间点上的描述性统计结果（M±SD）

时间点	个体—认知RD	个体—情感RD	群体—认知RD	群体—情感RD	个体 RD	群体 RD	总体 RD
T1	3.14±0.99	2.88±0.95	4.42±1.18	4.23±0.99	3.01±0.94	4.29±1.02	3.62±0.80
T2	3.22±1.00	2.97±1.16	4.56±1.08	4.52±1.10	3.14±1.02	4.52±1.06	3.79±0.81
T3	3.32±0.99	3.09±1.04	4.36±1.36	4.11±1.23	3.24±0.95	4.21±1.24	3.69±0.89
F	0.92	0.81	0.63	3.04*	1.36	1.80	0.89
η^2	0.02	0.02	0.02	0.07	0.04	0.05	0.03
多重比较	T1<T2<T3	T1<T2<T3	T3<T1<T2	T3<T1<T2	T1<T2<T3	T3<T1<T2	T1<T3<T2

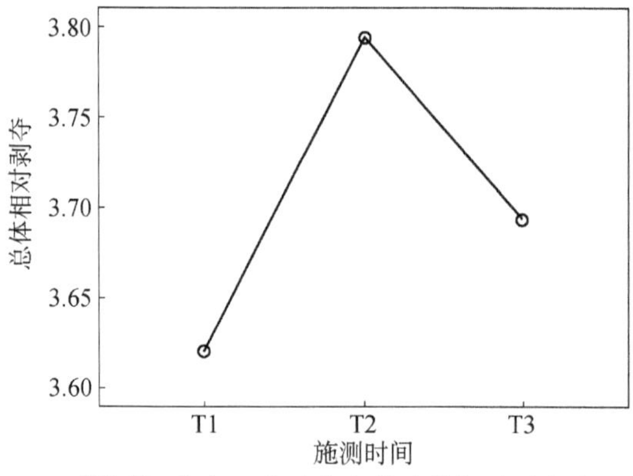

图 5-4　不同时间节点上流动儿童的总体相对剥夺发展趋势

二、流动儿童相对剥夺感在人口学变量上的差异

首先，以性别（男生 vs.女生）、学段（小学 vs.初中）、独生与否（独生子女 vs.非独生子女）、流动时间（短期流动 vs.中期流动 vs.长期流动）、流动性（高流动性 vs.中等流动性 vs.低流动性）为分组变量，分别对总体相对剥夺及其各维度进行多元方差分析。结果发现各人口学变量在总体相对剥夺及其各维度上的交

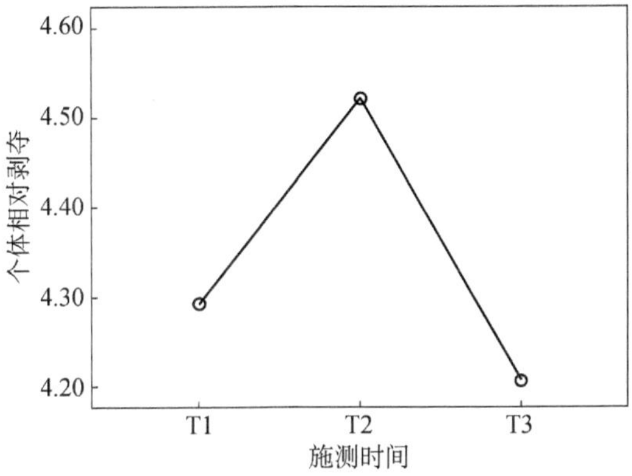

图 5-5　不同时间节点上流动儿童的群体相对剥夺发展趋势

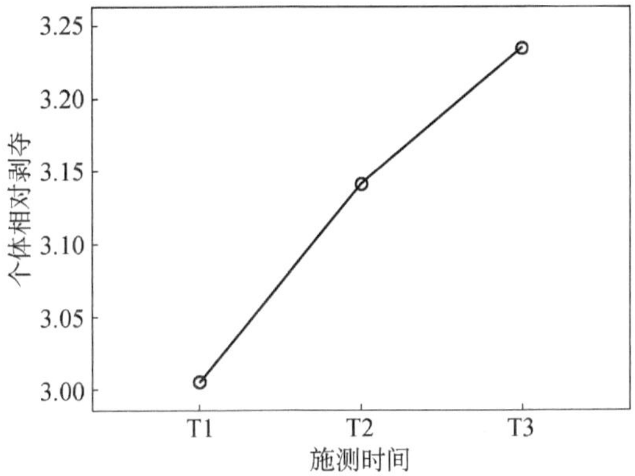

图 5-6　不同时间节点上流动儿童的个体相对剥夺发展趋势

互作用均不显著（$ps>0.05$），接下来我们主要对以上人口学变量在总体相对剥夺及其各维度上的主效应进行依次分析。

（一）流动儿童相对剥夺感的性别差异

采用独立样本 t 检验对流动儿童相对剥夺感的性别差异进行分析，结果见表 5-5。流动儿童的总体相对剥夺及其各维度均不存在显著的性别差异（$ps>0.05$），说明流动男孩和流动女孩的相对剥夺水平不存在显著性差异，据此 H3 没有得到验证。

表 5-5　流动儿童相对剥夺感的性别差异分析表（$M\pm SD$）

变量	n	个体—认知 RD	个体—情感 RD	群体—认知 RD	群体—情感 RD	个体 RD	群体 RD	总体 RD
男生	915	3.26±1.05	2.86±1.15	3.53±1.16	3.40±1.23	3.06±1.03	3.47±1.12	3.26±0.93
女生	850	3.17±1.11	2.80±1.20	3.54±1.19	3.40±1.21	2.98±1.10	3.47±1.15	3.23±0.98

续表

变量	n	个体—认知 RD	个体—情感 RD	群体—认知 RD	群体—情感 RD	个体 RD	群体 RD	总体 RD
t		1.80	1.06	−0.19	0.13	1.50	−0.03	0.82
d		—	—	—	—	—	—	—

（二）流动儿童相对剥夺感的学段差异

为了考察不同学段流动儿童相对剥夺感发展水平的差异，将小学四年级、五年级和六年级合并为小学学段，将初一、初二和初三合并为初中学段，然后采用独立样本 t 检验对流动儿童相对剥夺感的学段差异进行分析，结果见表 5-6。流动儿童的总体相对剥夺及其各维度均存在极其显著的学段差异（$ps<0.001$），初中流动儿童的相对剥夺水平均显著高于小学流动儿童，据此 H4 得到验证。这也印证了前述“流动儿童的相对剥夺水平呈现出随着年龄的增长而逐渐升高的发展趋势”的研究结果。

表 5-6 流动儿童相对剥夺感的学段差异分析表（$M\pm SD$）

变量	n	个体—认知 RD	个体—情感 RD	群体—认知 RD	群体—情感 RD	个体 RD	群体 RD	总体 RD
小学	1064	3.09±1.05	2.70±1.13	3.36±1.14	3.21±1.17	2.90±1.02	3.28±1.09	3.09±0.91
初中	705	3.39±1.10	3.03±1.22	3.79±1.18	3.68±1.25	3.21±1.10	3.74±1.16	3.47±0.98
t		−5.83***	−5.72***	−7.58***	−8.19***	−6.12***	−8.35***	−8.42***
d		0.28	0.28	0.37	0.39	0.29	0.41	0.40

（三）独生子女与非独生子女在相对剥夺感上的差异

采用 Multivariate 方差分析对独生流动儿童与非独生流动儿童在相对剥夺感上的差异进行分析，结果见表 5-7。两类流动儿童在总体相对剥夺和个体相对剥夺（包括个体—认知 RD 和个体—情感 RD）上存在显著差异（$ps<0.01$），非独生流动儿童的总体相对剥夺和个体相对剥夺均显著高于独生流动儿童，据此 H5 基本得到验证。

表 5-7 独生子女与非独生子女在相对剥夺感上的差异分析表（$M\pm SD$）

变量	n	个体—认知 RD	个体—情感 RD	群体—认知 RD	群体—情感 RD	个体 RD	群体 RD	总体 RD
独生子女	404	3.04±1.07	2.70±1.16	3.45±1.19	3.36±1.29	2.87±1.07	3.40±1.18	3.14±0.98
非独生子女	1356	3.27±1.08	2.88±1.18	3.56±1.17	3.41±1.20	3.07±1.06	3.48±1.12	3.28±0.95
t		−3.66***	−2.69**	−1.58	−0.82	−3.34***	−1.26	−2.61**
d		0.21	0.15	—	—	0.19	—	0.15

(四) 不同流动时间儿童在相对剥夺感上的差异

为了考察不同流动时间（即来城市时间）儿童相对剥夺感发展水平的差异，参照以往研究的做法（刘霞，申继亮，2010a），将儿童在城市的流动时间划分为短期流动组（3 年以内）、中期流动组（3～8 年）和长期流动组（8 年以上），然后采用 Multivariate 方差分析对不同流动时间组的相对剥夺感差异进行分析，结果见表 5-8。虽然流动儿童的总体相对剥夺及其各维度均呈现出随着流动时间的延长而逐渐降低的发展趋势（图 5-7），但是不同流动时间儿童的相对剥夺水平并不存在显著性差异（$ps>0.05$），据此 H6 部分得到验证。

表 5-8　不同流动时间儿童在相对剥夺感上的差异分析表（$M±SD$）

变量	n	个体—认知RD	个体—情感RD	群体—认知RD	群体—情感RD	个体 RD	群体 RD	总体 RD
短期流动组	246	3.26±1.09	2.86±1.23	3.60±1.20	3.44±1.27	3.06±1.10	3.52±1.18	3.29±0.98
中期流动组	1019	3.25±1.11	2.83±1.15	3.52±1.21	3.38±1.26	3.04±1.07	3.45±1.15	3.24±0.96
长期流动组	485	3.20±1.06	2.82±1.15	3.50±1.16	3.35±1.19	3.01±1.04	3.44±1.11	3.22±0.94
F		0.61	0.23	1.16	0.50	0.38	0.84	0.75
η^2		—	—	—	—	—	—	—

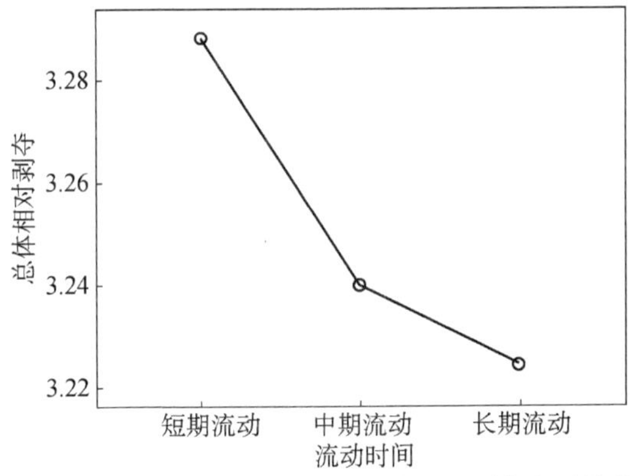

图 5-7　不同流动时间儿童的总体相对剥夺发展趋势

(五) 不同流动性儿童在相对剥夺感上的差异

本研究中的流动性变量涉及搬家次数、转学次数、流动时间（年）三项指标。借鉴以往研究的做法（方晓义等，2008；蔺秀云等，2009），使用“搬家次数/流动时间”得到“住房流动性”，“转学次数/流动时间”得到“转学流动性”，将“住房流动性”和“转学流动性”分别转换成 Z 分数，再将它们相加作为儿童在城市流动性高低的指标。然后以该指标平均数上下 1 个标准差为界将流动性划分为三组，分别为低流动性组（流动性得分在 1 个标准差以下）、中等流动性组（流动性得分在上下 1 个标准差以内）、高流动性组（流动性得分在 1 个标准差以上）。最后采用 Multivariate 方差分析对不同流动性组的相对剥夺感差异进行分析，结果见表 5-9。不同流动性儿童在总体相对剥夺及其各维度上（群体—情感 RD 除外）存在显著性差异（$ps<0.05$）。进一步的事后多重比较显示，在总体 RD 和个体 RD（包括个体—认知 RD 和个体—情感 RD）上，高流动性的儿童得分显著高于低流动性和中等流动性的儿童，中等流动性的儿童得分显著高于低流动性的儿童；在群体 RD（包括群体—认知 RD）上，高流动性的儿童得分显著高于低流动性和中等流动性的儿童。总体而言，流动儿童的相对剥夺感呈现出随着流动性的升高而逐渐增强的发展趋势（图 5-8），据此 H7 得到验证。

表 5-9　不同流动性儿童在相对剥夺感上的差异分析表（$M\pm SD$）

变量	n	个体—认知 RD	个体—情感 RD	群体—认知 RD	群体—情感 RD	个体 RD	群体 RD	总体 RD
①低流动性	75	2.92±1.11	2.61±1.20	3.48±1.18	3.38±1.20	2.77±1.10	3.42±1.13	3.10±0.96
②中等流动性	30	3.19±1.06	2.82±1.16	3.50±1.17	3.36±1.22	3.00±1.04	3.43±1.13	3.22±0.94
③高流动性	29	3.67±1.04	3.16±1.21	3.72±1.22	3.54±1.27	3.42±1.05	3.63±1.17	3.52±0.96
F		32.23***	14.59***	3.82*	2.02	24.85***	3.12*	13.97***
η^2		0.04	0.02	0.01	—	0.03	0.01	0.02
多重比较		③>①***，②***；②>①***	③>①***，②***；②>①**	③>①**，②*		③>①***，②***；②>①***	③>①***，②***	③>①***，②***；②>①*

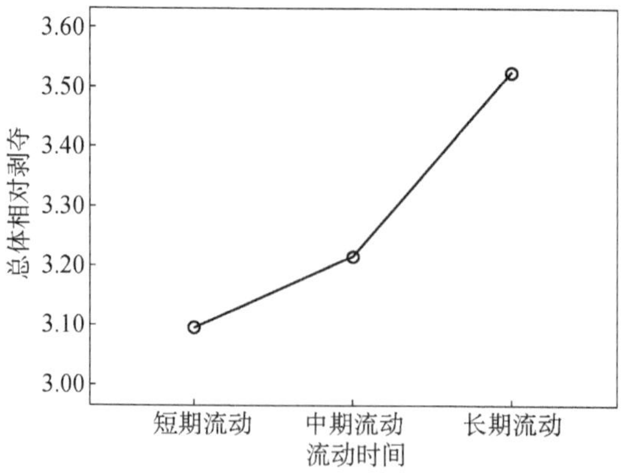

图 5-8　不同流动性儿童的总体相对剥夺发展趋势

第四节　讨论与结论

在第四章的基础上，本章采用流动儿童相对剥夺感量表对1772名流动儿童进行了广泛施测，得出以下研究结果。

一、流动儿童的相对剥夺感整体上并不明显

研究发现，流动儿童的相对剥夺感总体处于中等水平，说明其相对剥夺体验整体上并不明显。这证实了本研究的假设H1，也与以往对流动儿童歧视知觉的研究结果相类似（方晓义等，2008；刘霞，申继亮，2010a；邓小晴，师保国，2013）。流动儿童的相对剥夺体验之所以没有我们想象中的那么强烈，至少可以从两方面来解释：首先，可能与流动儿童在城市的流动时间有关，本研究抽取的流动儿童大部分处于"中期流动组"和"长期流动组"，即大多来到城市生活已有3年以上时间，他们已经基本融入了城市生活，"有的甚至比城市当地人还要熟悉这里的环境"（据对一线教师的实地访谈），因而对流入城市的认同感在逐渐增加（袁晓娇等，2010），体验到与城市居民（包括城市儿童）的差异也有所下降；其次，可能与抽样城市的差异有关，与北京、上海、广州等一线城市相比，本研究取样的福州、泉州等城市的城乡差异并没有那么大，再加上受户籍身份、划片就学等因素的影响，很多流动儿童只能进入城乡接合部或者偏远城郊的一些中小学就读，从而体验到的城乡反差并没有那么强烈。该研究结果也提示我们，不仅要看到流动儿童在城市生活中遇到的一些实际困难，也应该从积极发展的视角出发，看到流动儿童的心理弹性及其不断融入城市的努力。当然，该研究结果的普遍性如何还有待后续研究的进一步检验。

研究发现，流动儿童的群体相对剥夺水平显著高于个体相对剥夺水平，这与国外对种族与性别歧视的研究结果相类似。Major等人（2002）的研究显示，与自身所受到的歧视相比，个体一般知觉到自己所在的群体更容易受到歧视。也可能跟个体和群体相对剥夺的测量方式有关，本研究中个体相对剥夺指的是流动儿童通过与其他外地来的孩子相比而感知到自身处于不利地位，而群体相对剥夺指的是流动儿童通过与城市当地孩子相比而感知到自身处于不利地位，由于不同流动儿童在流入城市均要经过学习、生活环境的再适应过程，他们所面临的发展任务比较相似，因此流动儿童与其他外地来的儿童相比并没有感知到太大的差异，故而个体相对剥夺较弱；而与城市当地儿童相比则完全不同，流动儿童无论在升

学考试、师生关系、同伴交往还是社区生活方面，都相较城市儿童处于劣势（方晓义等，2008），这些都无形中增强了流动儿童的群体相对剥夺。

研究显示，流动儿童的相对剥夺水平呈现出随着年龄的增长而逐渐升高的发展趋势。这证实了本研究的假设 H2，也与以往对大学生的研究结果相一致（Zhang & Tao，2013）。这可能跟不同年龄段的流动儿童所处的心理发展阶段不同有关，高年级的流动儿童由于已经进入青春期，自我意识过于高涨，思维容易出现自我中心，这一心理发展特点可能使得年龄较大的流动儿童对环境不公平的信息比年龄较小的流动儿童更为敏感（林崇德，2018），因而体验到的相对剥夺感更为强烈。研究还表明，13～14 岁是流动儿童相对剥夺感发展的一个缓冲期，而 14～15 岁是一个加速期。这可能与不同年龄段儿童的发展任务不同有关，根据我国的学制，13～14 岁一般处于初一到初二学段，这一时期的流动儿童一方面已经熟悉了初中阶段的学习环境，另一方面也没有太大的考试和升学压力；而 14～15 岁一般处于初二到初三学段，这一时期的流动儿童不仅要面临严峻的考试和升学压力，如果没有达到异地参加中考的条件，可能还要面临回老家参加中考的不利处境，因此与城市当地儿童相比，其相对剥夺感呈加速上升的趋势。

追踪研究还发现，流动儿童的总体相对剥夺在 3 次追踪测查中不存在显著性差异，但呈现出随着时间的推移先增长后下降的发展趋势。这部分证实了本研究的假设 H3。究其原因，至少可以从以下两个方面来解释：其一，从流动儿童自身来看，刚进入城市生活不久的流动儿童，其可能面临着各种心理和环境适应方面的问题，由于城乡文化背景、生活方式、价值观念的差异以及户籍制度的限制，流动儿童与城市儿童相比容易在心理上体验到相对剥夺的感觉，但随着城市适应时间的增加，流动儿童逐渐融入城市生活，并发展出相应的应对技能（刘霞，申继亮，2010a），因而其抵御外在和内在风险因素的能力也在不断提升，感知到与城市儿童的差异也会随之减少；其二，从流动儿童的发展环境来看，刚进入城市生活不久的流动儿童，其家庭环境的稳定性和物质资源指数均比城市儿童要低（申继亮等，2009），其在农村社会建立的人际关系网络已经中断，而在城市社会的人际关系网络还未完全建立起来，故其相对剥夺感刚开始有上升的趋势，而随着城市生活时间的延长，其家庭物质资源指数逐渐提升，人际关系网络逐渐建立，故其相对剥夺感水平又呈现出回落的趋势。

二、流动儿童相对剥夺感存在显著的学段、独生与否及流动性高低差异

研究结果显示，流动男孩和流动女孩的相对剥夺水平不存在显著性差异，假

设 H4 没有得到验证，也与以往的类似研究结果有所出入（Zhang & Tao，2013）。可能的原因来自两方面：一方面，我国传统文化对男性存在着事业成功、坚强等角色期待和刻板印象，且男性担负着来自社会、家庭、异性同伴及自己的更大期待与责任（田澜等，2005），承受着较女性更大的心理压力，这些角色期待和心理压力也会反映到流动男孩身上；另一方面，流动儿童家庭大多来自偏远的农村，受农村“重男轻女”等封建残余思想的影响，流动女孩受到来自家庭的物质和精神支持都较流动男孩要低，使得流动女孩成为城市社会中的弱势群体。鉴于流动男孩和流动女孩都有各自不利的客观现实环境和主观心理环境，因此其相对剥夺体验并不存在显著性差异。不过这一研究结果还有待后续研究的进一步检验。

研究表明，初中流动儿童的相对剥夺水平均显著高于小学流动儿童，证实了假设 H5，也与前述“流动儿童的相对剥夺水平呈现出随着年龄的增长而逐渐升高的发展趋势”的研究结果相互印证。以往研究也表明，初中流动儿童的歧视知觉水平要高于小学流动儿童（刘霞，申继亮，2010a；邓小晴，师保国，2013），而幸福感水平则要低于小学流动儿童（刘霞等，2013）。与初中流动儿童即将面临升学与就业、是否返回老家等诸多现实问题相比，小学流动儿童正处于无忧无虑的童年阶段，对现实问题考虑得较少（王瑞敏，邹泓，2010；彭丽娟等，2011），对不公正信息的感知水平也较弱，因而相对剥夺水平较低。

研究还发现，非独生流动儿童的总体相对剥夺和个体相对剥夺均显著高于独生流动儿童。这基本证实了本研究的假设 H6，也与 Zhang 和 Tao（2013）对大学生的研究结果相吻合。这可能是因为，非独生流动儿童一方面要和独生流动儿童一样经历城市生活、学习环境的再适应过程，另一方面其获得的来自家庭的物质支持和精神关注都较独生流动儿童要少，因而体验到的相对剥夺水平要高于独生流动儿童。

研究进一步发现，流动儿童的总体相对剥夺及其各维度均呈现出随着流动时间的延长而逐渐降低的发展趋势。这部分证实了本研究的假设 H7，也与前人的类似研究结果基本一致。刘霞和申继亮（2010a）对流动儿童歧视知觉的研究发现，随着流动时间的增加，流动儿童的个体和群体歧视知觉呈现出一定的下降趋势。邓小晴和师保国（2013）的研究进一步显示，流动时间与歧视知觉呈显著负相关，与自尊呈显著正相关，说明流动儿童在城市生活的时间越长，其歧视知觉越低，自尊水平越高。这可能是由于随着城市适应时间的增加，流动儿童逐渐融入城市生活，并发展出相应的应对技能（刘霞，申继亮，2010a），因而体验到的与城市儿童的差异会随之减少。该研究结果也可以从社会认同理论（Tajfel & Turner，1986）和移民文化适应策略理论（Berry，1997）加以解释。流动儿童从农村来到城市，他们的社会认同可能具有双重性，即一方面保持对老家的认同，另一方面需要发展出对城市文化的认同。在这一过程中，流动儿童通常会形成四种适应模式：整合模式（高老家认同高城市认同）、同化模式（低老家认同高城市认同）、分离模式（高老家认同低城市认同）和边缘化模式（低老家认同低城市认同）（邓小晴，师保国，2013）。而不同流动时间的儿童，其适应模式也会有所不同。如袁晓娇等人（2010）的研究发现，流动时间与老家认同呈显著负相关，与城市认同呈显著正相关；对于短期流动的儿童，分离模式所占比例较大（42.6%）；对于中期流动的儿童，分离模式（33.8%）和同化模式（26.5%）所占比例较大；而对于长期流动的儿童，同化模式所占比例较大（41.1%）。由此可见，随着流动儿童在城市生活时间的延长，其对老家的认同在下降，而对城市的认同在逐渐增强，不少流动儿童已经更倾向于认可自己是城市人的身份，开始把自己看做城市新文化中的一员（袁晓娇等，2010），因而其体验到与城市居民（包括城市儿童）的差异也在逐渐下降。虽然本研究得出流动儿童的相对剥夺水平呈现出随着流动时间的延长而逐渐降低的发展趋势，但是不同流动时间儿童的相对剥夺水平并不存在显著性差异。这可能与本研究中不同流动时间组的样本分布不均有关（如大部分儿童处于中期流动组和长期流动组，短期流动组较少），因此后续还需要通过增加短期流动组的样本量来进一步检验这一研究结果。

研究最后还发现，流动儿童的相对剥夺感呈现出随着流动性的升高而逐渐增强的发展趋势，这证实了本研究的假设H8，也与以往的类似研究相一致。蔺秀云等人（2009）对流动儿童歧视知觉的研究表明，在流动性上，不管是城市流动性、住房流动性还是学校流动性，流动性高的儿童知觉到的歧视均显著多于流动性低的儿童。这可能是由于，流动性高的儿童由于要在城市频繁地搬家或转学，成长在不稳定的环境中，一方面需要不断适应新的生活环境和学习环境，耗费大量的心理能量，体验到更多的压力感和焦虑感；另一方面，在不稳定的生活环境与学校环境中，他们原有的社会支持网络被打破，而新的社会支持网络尚未完全建立，缺乏足够的社会资源，因此在面对不公正对待时，对社会支持有强烈的缺失感（范兴华等，2012）。因此，流动性高的儿童通过与流动性低的儿童或者城市当地儿童比较，认为自己应该享有的利益失去得太多（熊猛，叶一舵，2011），更容易体验到强烈的相对剥夺感。

三、结论

在第四章的基础上，本章对流动儿童相对剥夺感的总体水平和发展特点进行系统研究，得出以下结论：

1）总体而言，流动儿童的相对剥夺感处于中等水平，其中群体相对剥夺感要显著高于个体相对剥夺感。

2）流动儿童的相对剥夺感呈现出随着年龄的增长而逐渐升高的发展趋势，其中 13～14 岁是一个缓冲期，而 14～15 岁是一个加速期。

3）流动儿童的总体相对剥夺在 3 次追踪测查中不存在显著性差异，但呈现出随着时间的推移先增长后下降的发展趋势。

4）流动男孩和流动女孩的相对剥夺水平不存在显著性差异。

5）初中流动儿童的相对剥夺水平显著高于小学流动儿童。

6）非独生流动儿童的相对剥夺水平显著高于独生流动儿童。

7）流动儿童的相对剥夺感呈现出随着流动时间的延长而逐渐降低的发展趋势，但是不同流动时间儿童的相对剥夺水平并不存在显著性差异。

8）流动儿童的相对剥夺感呈现出随着流动性的升高而逐渐增强的发展趋势。

第六章　内忧与外患：个体和环境因素对流动儿童相对剥夺感的影响

第一节　研究目的与假设

近几十年来，受人类发展生态学理论的影响（Bronfenbrenner，1989），研究者们越来越重视环境因素和个体因素在儿童心理发展中的重要作用。国外的研究表明，社会经济地位、社会支持等环境因素以及歧视体验、自我效能等个体因素会对移民群体的心理健康产生重要影响（Jasinskaja-Lahti & Yijälä，2011；Hovey & Magaña，2002；Griffin & Soskolne，2003；Leavey et al.，2007）。我国研究者对城市流动儿童心理健康的影响因素进行综述，发现性别、年龄、人格、应对方式、生活满意度等个体因素以及家庭、学校、社会等环境因素是其心理健康水平的主要影响因素（熊猛，叶一舵，2011）。国内其他学者在探讨流动儿童歧视知觉的影响因素时，也主要从环境因素（家庭经济环境和学校班级环境）与个体因素（群体态度）两个方面来考察流动儿童个体和群体歧视知觉的影响因素及其机制（刘霞，申继亮，2010b）。综合以上研究可以得出，影响流动儿童心理发展的因素主要有环境因素和个体因素两大类。具体到相对剥夺感，其产生是由主观、客观、心理、社会、文化等多种因素共同造成的（王思斌，1988），而前文对相对剥夺感的研究现状（见第三章）也发现，目前影响相对剥夺感的因素主要体现在三个变量层面，即人口统计学变量、个体特征变量和社会环境变量，细察之，这三个变量其实也可以归为个体因素和环境因素两大类。因此，本章从环境和个体因素两个方面来考察流动儿童相对剥夺感的影响因素及其作用差异。

在影响儿童相对剥夺感的环境因素中，家庭经济环境和学校班级环境的作用一直受到普遍关注（Bradley & Corwyn，2002；Coll et al.，1996）。关于家庭 SES 与儿童相对剥夺感的关系，国外的研究表明，父母的受教育程度、家庭收入以及主观社会地位与青少年的相对剥夺感显著相关（Mclaughlin et al.，2012），弱势群体成员（如以色列的巴勒斯坦学生相对于犹太学生）的家庭收入对其个体相对剥夺感具有显著的负向影响作用（Moore，2003）。具体到流动儿童，其父母大多为城市农民工，从经济条件欠发达的地区来到城市寻求经济利益，大都从事着低收入工作，缺乏稳定收入（蔺秀云等，2009），因而流动儿童的家庭经济保障也受到一定的限制，他们通过与城市当地儿童相比较，容易感知到自身处于不利地位，进而体验到一些基本权利被剥夺的感觉。

学校环境也是影响儿童发展的一个重要方面。流动儿童从农村老家来到城市，学校环境是其学习生活的主要场所，由于流动儿童在老家学校原有的社会支持网络被打破，其在城市学校新的班级环境（如同学关系、师生关系等）如何，将对其心理发展产生重要影响。一般来说，良好的班级环境（如师生关系、同学关系、秩序与纪律、竞争氛围等）有助于流动儿童更快融入城市的学习生活，消解其感受到的与城市儿童之间的差异；而不良的班级环境则容易加深其感知到的在城市社会中的不利地位，增强其相对剥夺体验。我国研究者针对流动儿童歧视知觉的研究也表明，老师支持和同学支持对于流动儿童的个体和群体歧视知觉具有显著的负向影响，班级内聚力对于个体歧视知觉、满意程度对于群体歧视知觉也存在显著的负向影响（刘霞，申继亮，2010b）。因此，考察学校班级环境与流动儿童相对剥夺感的关系，不仅有助于深入理解儿童相对剥夺感产生的内在本质，对于预防和减少学校环境中的不公平现象、缓解相对剥夺感对儿童带来的不良影响等都具有重要的实践价值。基于以上实证研究和理论分析，我们提出假设：

H1：家庭社会经济地位对流动儿童的相对剥夺感具有显著的负向预测作用。

H2：班级环境（班级气氛）对流动儿童的相对剥夺感具有显著的负向预测作用。

环境因素是影响流动儿童相对剥夺感的重要外在原因，但并非充分条件。即使面对相同的环境，有些儿童容易知觉到自身处境与其他儿童的差异，有些儿童则不然，这主要与儿童自身的个体差异因素有关。在影响弱势群体相对剥夺感的个体因素中，以往研究主要关注心理控制源和歧视知觉的作用。关于心理控制源与相对剥夺感的关系，以往研究表明外控型的人比内控型的人更容易体验到相对剥夺感，这可能是由于内控型的人往往将事情的成败归因于自身的责任，相对剥夺感较低；而外控型的人往往将事情的成败归因于他人或外部环境，相对剥夺感较高（Rotter，1966）。元分析的研究也显示，相比内归因的个体，进行外归因的个体往往更容易体验到相对剥夺感（Smith et al.，2012）。

在影响流动儿童相对剥夺感的各种危险性因素中，由于外来人口身份而导致的受歧视体验是一个非常突出的问题。国内学者的研究也陆续证实，流动儿童在学校、社会等方面普遍面临着不同程度的受歧视现象（方晓义等，2008；蔺秀云等，2009；刘霞，申继亮，2010a），流动儿童的歧视体验对其城市适应（包括心理适应和社会文化适应）产生了不利的影响（蔺秀云等，2009；刘霞等，2013；范兴华等，2012）。国外的研究也表明，歧视体验对弱势群体的个体相对剥夺和群体相对剥夺均具有显著的正向预测作用（Koomen & Fränkel，1992）。流动儿童跟随父母从农村老家来到城市生活，由于户籍、身份以及语言等方面的差异，他们在城市社会中经常会体验到一些歧视和不公平现象，这种主观的歧视知觉会使其感觉到自身处于不利地位，进而体验到一些基本权利被相对剥夺。基于以上实证研究和理论分析，我们提出假设：

H3：心理控制源（外控型人格）对流动儿童的相对剥夺感具有显著的正向预测作用。

H4：歧视知觉对流动儿童的相对剥夺感具有显著的正向预测作用。

以往研究还表明，在不同流动时间下（即来城市生活时间的长短不同），个体和环境因素对流动儿童心理发展的影响在作用强度和作用因素方面表现出一定的差异（刘霞，2008）。我们在前文的研究中（见第五章）也表明，流动儿童的相对剥夺感呈现出随着流动时间的延长而逐渐降低的发展趋势。这说明，个体和环境因素对流动儿童相对剥夺感的影响可能受到流动时间的调节。随着城市适应时间的增加，流动儿童逐渐融入城市生活，并发展出相应的应对技能（刘霞，申继亮，2010a），因而其抵御外在和内在风险因素的能力也在不断提升，感知到与城市儿童的差异也会随之减少。由此可见，流动时间可能是消减个体与环境因素对流动儿童相对剥夺感负性影响的保护性因素。基于以上分析，我们提出假设：

H5：流动时间在个体与环境因素对流动儿童相对剥夺感的影响之间起着调节作用。随着流动时间的延长，个体和环境因素对流动儿童相对剥夺感的影响呈减弱趋势。

综上，本章主要探讨外在的环境因素（家庭社会经济地位和学校班级环境）和内在的个体因素（心理控制源和歧视知觉）对流动儿童相对剥夺感的影响及其大小，并进一步考察不同流动时间下个体和环境因素对流动儿童相对剥夺感的预测作用差异，以期为儿童相对剥夺感的干预实践提供科学依据。

第二节 研究方法

一、研究对象

研究对象同第五章。共有 1772 名流动儿童作为有效被试参与数据分析。

二、研究工具

流动儿童相对剥夺感量表。采用第四章研制的流动儿童相对剥夺感正式量表。

1. 心理控制源量表

采用 Rotter（1966）编制的内在—外在心理控制源量表（Internal-External Locus of Control Scale），包含 23 个正式题项和 6 个插入题。每个项目均为一组内控性陈述和外控性陈述，要求被试必须从中选择一个，对外控性选择计分，得分范围在 0（极端内控）到 23（极端外控）之间。该量表已在国内青少年群体中广泛应用，信效度较好（阮昆良，2004；聂衍刚，刘伯兴，2011）。进一步采用本研究的数据对该量表的结构模型进行验证，结果发现模型拟合良好（χ^2/df=1.09，CFI=0.99，NFI=0.95，IFI=0.99，RMSEA=0.012，SRMR=0.035）。本研究中，该量表的内部一致性系数为 0.78。

2. 歧视知觉问卷

采用刘霞和申继亮（2010a）编制的个体歧视知觉问卷，用以考察流动儿童在与城里人交往过程中知觉到的被歧视程度。该问卷由流动儿童在学校和社会生活中经历的典型歧视事件组成，共计 20 个项目，采用 5 点计分，从“完全不符合”到“完全符合”分别记为 1～5 分，由被试判断这些事情发生在自己身上的频率，得分越高表明儿童知觉到的歧视现象越多。该问卷已在国内多个研究中使用，具有较好的信效度（范兴华等，2012；刘霞等，2013）。进一步采用本研究的数据对该量表的结构模型进行验证，结果发现模型拟合良好（χ^2/df=4.31，CFI=0.95，NFI=0.94，IFI=0.95，RMSEA=0.063，SRMR=0.057）。本研究中，该问卷的内部一致性系数为 0.95。

3. 家庭 SES

目前，学术界通常采用家庭收入、父母受教育程度和父母职业等指标来衡量青少年的家庭 SES（Bradley & Corwyn，2002；范兴华等，2012）。然而考虑到流动儿童的父母都是进城务工人员，职业测量的区分度较低，因此本研究没有把职业等级纳入考察，主要采用家庭收入状况和父母受教育程度作为指标综合进行考察（刘霞，申继亮，2010b）。由于大多数流动儿童对家庭收入不太了解，参照前人的做法，采用“当前经济压力量表”（Shek，2003）来测量流动儿童的家庭收入状况。量表共包含 4 个项目，经反向计分后，得分越高表明家庭经济状况越好。该量表已在国内流动儿童群体中使用，具有较好的信效度（师保国，2006；刘霞，申继亮，2010b）。进一步采用本研究的数据对该量表的结构模型进行验证，结果发现模型拟合良好（χ^2/df=1.19，CFI=0.99，NFI=0.99，IFI=0.99，

RMSEA=0.018，SRMR=0.015）。本研究中，该量表的内部一致性系数为 0.73。

4. 班级环境问卷

采用江光荣（2004）编制的“我的班级问卷”来测量流动儿童的班级环境状况。量表包括师生关系、同学关系、秩序纪律、竞争气氛和学习负担 5 个维度，共 38 个项目。采用利克特 5 点计分法，从“从不如此”到“总是如此”分别记为 0～4 分，除学习负担之外，得分越高表示所感受到的班级环境越好。该量表已在国内青少年群体中使用，具有较好的信效度（任志洪等，2011；金灿灿，邹泓，2012）。进一步采用本研究的数据对该量表的结构模型进行验证，结果发现模型拟合良好（χ^2/df=2.84，CFI=0.98，NFI=0.93，IFI=0.98，RMSEA=0.053，SRMR=0.069）。本研究中，该问卷各维度的内部一致性系数在 0.71～0.92。

5. 个人基本信息调查表

根据研究的需要和流动儿童的实际自编了个人基本信息调查表，内容同第五章。

三、数据处理

本研究的所有数据均采用 SPSS 19.0 和 LISREL 8.70 软件进行统计处理，具体的分析过程如下：第一步先是将人口统计学变量中的类别变量（独生与否）转换成虚拟变量（“0”代表非独生子女，“1”代表独生子女），其余均为连续变量；第二步采用因素分析对研究中可能存在的共同方法偏差效应进行检验；第三步采用描述性统计和 Pearson 积差相关分析了相对剥夺感与主要的人口统计学变量、个体变量以及环境变量的相关系数；第四步采用层次回归分析考察在控制了人口统计学变量的影响后，个体和环境变量对流动儿童相对剥夺感的预测作用及其大小差异；第五步采用分组回归分析考察了不同流动时间下，主要的个体变量和环境变量对相对剥夺感的预测效应及其差异。

第三节 研究结果

一、共同方法偏差的控制与检验

由于本研究中的多个变量数据均由被试者提供，因此有可能存在共同方法偏差（common method biases）效应。一般有两种途径来控制这种偏差，即程序控制和统计控制（Podsakoff et al.，2003）。其中程序控制属于事前补救，是控制共同方法偏差的基本方法。因此，本研究主要采用程序控制的方法。根据相关研究（Podsakoff et al.，2003；Lindell & Whitney，2001）的建议，在本研究中使用了以下五种程序控制的方法：①选用信效度较好的成熟量表作为测量工具；②采用匿名调查，强调保密原则；③平衡项目顺序；④不同量表的答题方式有所不同；⑤使用反向题和插入题。

数据收集完成后，进一步采用 Harman 单因子检验对共同方法偏差效应进行检验，结果表明特征根大于 1 的因子共有 16 个，且第一个因子解释的变异量为 14.43%，小于 40%的临界标准，说明共同方法偏差在本研究中并不显著（Ashford & Tsui，1991；周浩，龙立荣，2004）。

二、描述性统计与主要变量间的相关分析

表 6-1 列出的是各研究变量的平均数、标准差（由于相对剥夺感的描述性统计结果在前文中已有介绍，此处不再赘述）和相关系数。结果与我们的预期一致，流动儿童的总体相对剥夺与心理控制源（r=0.18，$p<0.001$）、歧视知觉（r=0.23，$p<0.001$）以及班级环境中的学习负担（r=0.10，$p<0.001$）均呈显著的正相关，与家庭社会经济地位（r=−0.32，$p<0.001$）、班级环境中的师生关系（r=−0.29，$p<0.001$）、同学关系（r=−0.28，$p<0.001$）、秩序纪律（r=−0.17，$p<0.001$）以及竞争气氛（r=−0.14，$p<0.001$）均呈显著的负相关。相对剥夺感的各维度与主要个体变量和环境变量之间也均呈显著相关关系，且与总体相对剥夺的方向一致。

此外，根据第五章的研究结果，相对剥夺感在不同年龄流动儿童、独生流动儿童与非独生流动儿童以及不同流动性儿童之间均存在显著性差异，因此本研究进一步分析了这 3 个人口统计学变量与相对剥夺感之间的相关性（对其中的类别变量进行虚拟编码），结果与前述研究结果一致，相对剥夺感与流动儿童的年龄、流动性高低基本呈显著的正相关，与独生与否基本呈显著的负相关。这些显著的人口学变量将在后续作为控制变量纳入回归分析。

表 6-1　各研究变量的描述性统计与相关分析（N=1772）

变量	M（SD）	个体—认知 RD	个体—情感 RD	群体—认知 RD	群体—情感 RD	个体 RD	群体 RD	总体 RD
年龄	12.29（1.67）	0.19***	0.18***	0.21***	0.23***	0.19***	0.23***	0.25***
独生与否	0.23（0.42）	−0.09***	−0.06**	−0.04	−0.02	−0.08**	−0.03	−0.06**

续表

变量	M（SD）	个体—认知 RD	个体—情感 RD	群体—认知 RD	群体—情感 RD	个体 RD	群体 RD	总体 RD
流动性	2.47（1.95）	0.18***	0.13***	0.04	0.03	0.16***	0.04	0.11***
心理控制源	8.34（3.70）	0.20***	0.18***	0.12***	0.10***	0.20***	0.12***	0.18***
歧视知觉	36.14（15.78）	0.18***	0.24***	0.17***	0.18***	0.23***	0.19***	0.23***
家庭 SES	12.78（1.89）	−0.37***	−0.34***	−0.20***	−0.17***	−0.37***	−0.19***	−0.32***
师生关系	23.49（7.95）	−0.23***	−0.27***	−0.23***	−0.21***	−0.26***	−0.23***	−0.29***
同学关系	20.53（6.17）	−0.25***	−0.26***	−0.21***	−0.18***	−0.27***	−0.21***	−0.28***
秩序纪律	16.43（6.85）	−0.15***	−0.16***	−0.14***	−0.12***	−0.16***	−0.14***	−0.17***
竞争气氛	14.38（5.32）	−0.09***	−0.13***	−0.10***	−0.13***	−0.11***	−0.12***	−0.14***
学习负担	11.79（5.33）	0.10***	0.08**	0.07**	0.08**	0.09***	0.08**	0.10***

注：①独生与否为虚拟变量：0=非独生子女，1=独生子女，均值表示独生子女的比例；②年龄采用原始数据，流动性采用“搬家次数/流动时间”和“转学次数/流动时间”的 Z 分数之和为指标，因此可视为连续变量；③家庭 SES=家庭社会经济地位；下同

三、个体和环境因素对流动儿童相对剥夺感的影响

采用层次回归分析考察主要的个体变量和环境变量对流动儿童相对剥夺感的预测作用。为了排除年龄、独生与否、流动性等因素的影响，首先对其中的类别变量进行虚拟编码，并纳入回归方程。回归分析的基本思路为：第一步采用强迫进入法（Enter）纳入年龄、独生与否和流动性，第二步采用逐步回归法（Stepwise）分别依次引入个体变量和环境变量，以考察在控制了上述人口学变量之后其对流动儿童相对剥夺感的影响作用。

如表 6-2 所示，在控制了年龄、独生与否和流动性的影响后，心理控制源（外控型人格）对相对剥夺感具有显著的正向预测作用（β=0.12，p<0.001），并且能够解释其 1.3%的变异量（p<0.001），验证了 H3；歧视知觉对相对剥夺感具有显著的正向预测作用（β=0.17，p<0.001），并且能够解释其 2.8%的变异量（p<0.001），验证了 H4；家庭社会经济地位对相对剥夺感具有显著的负向预测作用（β=−0.31，p<0.001），并且能够解释其 9.4%的变异量（p<0.001），验证了 H1；班级环境中的师生关系（β=−0.13）、同学关系（β=−0.16）和竞争气氛（β=−0.09）对相对剥夺感具有显著的负向预测作用（ps<0.001），并且能够联合解释其 9.6%的变异量（p<0.001），基本验证了 H2。

进一步通过预测系数和解释变异量，比较个体和环境因素对相对剥夺感的预

测作用大小。整体而言，环境因素对流动儿童相对剥夺感的预测效应要大于个体因素，在环境因素中又以班级环境的预测效应较大，在个体因素中又以歧视知觉的预测效应较大。

表 6-2 相对剥夺感对个体和环境因素的层次回归分析（*N*=1772）

预测变量	效果变量：总体相对剥夺（β）				
	Step1	Step2a	Step2b	Step2c	Step2d
1. 控制变量					
年龄	0.23***	0.20***	0.18***	0.22***	0.20***
独生与否	−0.06*	−0.06*	−0.04	−0.04	−0.06**
流动性	0.09***	0.08***	0.08**	0.07**	0.08**
2. 个体因素					
心理控制源		0.12***			
歧视知觉			0.17***		
3. 环境因素					
家庭 SES				−0.31***	
师生关系					−0.13***
同学关系					−0.16***
秩序纪律					−0.04
竞争气氛					−0.09***
学习负担					0.01
R^2	0.069	0.082	0.097	0.163	0.165
F	41.93***	37.39***	42.28***	81.69***	40.89***
ΔR^2		0.013	0.028	0.094	0.096
ΔF		22.20***	28.13***	187.11***	37.54***

四、不同流动时间下个体和环境因素对流动儿童相对剥夺感的影响

鉴于以往研究表明在不同流动时间下，个体和环境因素对流动儿童歧视知觉的影响表现出一定的差异（刘霞，2008）；而我们的前文研究也发现，流动儿童的相对剥夺感呈现出随着流动时间的延长而逐渐降低的发展趋势，说明流动时间对流动儿童的相对剥夺感具有一定的缓冲调解作用。因此，本研究进一步检验不同流动时间下个体和环境因素对流动儿童相对剥夺感的影响是否会出现差异。参照以往研究的做法（刘霞，申继亮，2010a），将流动儿童在城市的流动时间划分

为短期流动组（3 年以内）、中期流动组（3～8 年）和长期流动组（8 年以上），然后采用层次回归分析依次检验不同流动时间组中个体和环境因素对相对剥夺感的预测作用及其差异，回归分析的基本思路和步骤与前文一致。在作用强度差异方面，综合表 6-3、表 6-4 和表 6-5 的结果可以发现，长期流动组中个体和环境因素对流动儿童相对剥夺感的解释变异量要明显低于短期流动组（心理控制源：1.4%vs.3.7%；歧视知觉：2.1%vs.7.4%；家庭社会经济地位：6.5%vs.9.2%；班级环境：7.9%vs.14.0%），说明随着流动时间的延长，个体因素和环境因素对流动儿童相对剥夺感的影响均呈减弱趋势。据此，H5 基本得到验证。

在作用因素差异方面，主要体验在班级环境因素上，对于短期流动的儿童而言，师生关系对其相对剥夺感的预测效应显著；对于中期流动的儿童而言，师生关系、同学关系和竞争气氛对其相对剥夺感的预测效应显著；对于长期流动的儿童而言，师生关系和同学关系对其相对剥夺感的预测效应显著。总体而言，班级环境中的师生关系是流动儿童相对剥夺感的稳定预测因素。

表 6-3　短期流动组相对剥夺感对个体和环境因素的层次回归分析（N=246）

预测变量	效果变量：总体相对剥夺（β）				
	Step1	Step2a	Step2b	Step2c	Step2d
1. 控制变量					
年龄	0.24**	0.20**	0.14	0.20**	0.13
独生与否	0.30***	0.27***	0.20**	0.27***	0.26***
流动性	0.14*	0.14*	0.12	0.14*	0.11
2. 个体因素					
心理控制源		0.20**			
歧视知觉			0.42***		
3. 环境因素					
家庭 SES				−0.31***	
师生关系					−0.29***
同学关系					−0.14
秩序纪律					−0.02
竞争气氛					−0.08
学习负担					−0.02
R^2	0.163	0.200	0.237	0.255	0.303
F	11.39***	10.85***	13.17***	14.86***	9.25***
ΔR^2		0.037	0.074	0.092	0.140
ΔF		7.89**	9.16***	21.28***	6.82***

表 6-4　中期流动组相对剥夺感对个体和环境因素的层次回归分析（N=1019）

预测变量	效果变量：总体相对剥夺（β）				
	Step1	Step2a	Step2b	Step2c	Step2d
1. 控制变量					
年龄	0.38***	0.37***	0.36***	0.34***	0.35***
独生与否	−0.05	−0.05	−0.05	−0.05	−0.06
流动性	0.02	0.02	0.02	−0.01	0.01
2. 个体因素					
心理控制源		0.09*			
歧视知觉			0.17***		
3. 环境因素					
家庭 SES				−0.31***	
师生关系					−0.18***
同学关系					−0.16**
秩序纪律					0.04
竞争气氛					−0.09*
学习负担					0.08
R^2	0.143	0.152	0.171	0.237	0.246
F	25.76***	20.60***	29.74***	35.75***	18.62***
$\triangle R^2$		0.009	0.028	0.094	0.103
$\triangle F$		4.54*	7.11**	56.44***	12.43***

表 6-5　长期流动组相对剥夺感对个体和环境因素的层次回归分析（N=485）

预测变量	效果变量：总体相对剥夺（β）				
	Step1	Step2a	Step2b	Step2c	Step2d
1. 控制变量					
年龄	0.30***	0.27***	0.28***	0.29***	0.29***
独生与否	0.02	0.02	0.02	0.03	0.01
流动性	0.09**	0.09**	0.08**	0.08**	0.09**
2. 个体因素					
心理控制源		0.12***			
歧视知觉			0.15***		
3. 环境因素					
家庭 SES				−0.26***	
师生关系					−0.08*
同学关系					−0.17***

续表

预测变量	效果变量：总体相对剥夺（β）				
	Step1	Step2a	Step2b	Step2c	Step2d
秩序纪律					−0.07
竞争气氛					−0.06
学习负担					−0.02
R^2	0.100	0.114	0.121	0.165	0.179
F	36.35***	31.33***	28.07***	48.36***	26.50***
$\triangle R^2$		0.014	0.021	0.065	0.079
$\triangle F$		14.71***	16.88***	75.99***	18.63***

第四节 讨论与结论

本章在前文的基础上，同时关注流动儿童相对剥夺感产生的内外影响因素（即外在的环境因素和内在的个体因素），并进一步探讨流动时间的可能调节作用，研究结果对于揭示儿童相对剥夺感的产生机制、理解相对剥夺感的完整心理过程以及后续的预防和干预实践均具有重要价值和意义。

一、环境因素对流动儿童的相对剥夺感存在显著影响

对于流动儿童而言，其心理发展的两个最重要的环境领域就是家庭和学校环境（刘霞，申继亮，2010b），因此考察家庭社会经济地位和学校班级环境对其相对剥夺感的影响具有重要意义。研究发现，在排除年龄、独生与否以及流动性等因素的影响后，家庭社会经济地位对流动儿童的相对剥夺感仍具有显著的负向预测作用。这证实了本研究的假设H1，也与以往针对青少年以及弱势群体的研究结果相一致（Mclaughlin et al.，2012；Moore，2003）。说明随着流动儿童家庭社会经济地位的增加，其知觉到的与城市儿童之间的差异会逐渐地缩小。一般而言，社会经济地位的差异会提供更多关于环境不公平的信息（Bradley & Corwyn，2002），高社会经济地位的家庭为子女提供了更多的辅助性条件和社会支持，如充足的食物和营养、良好的学习生活条件以及父母的关心和照顾等（刘霞，申继亮，2010b），这类家庭的流动儿童与城市儿童相比较感知到的差异较小，相对剥夺感水平较低；而低家庭社会经济地位的儿童却存在着以上资源和经

验获取上的不足，他们通过与城市儿童相比较，感知到自己应该得到的利益失去得较多（熊猛，叶一舵，2011），容易在心理上产生主观的相对剥夺感。

研究显示，班级环境对流动儿童的相对剥夺感也具有不同程度的影响作用，尤其是师生关系、同学关系以及班级的竞争气氛，对流动儿童的相对剥夺感均表现出显著的负性预测作用。这证实了本研究的假设 H2，也与前人针对流动儿童歧视知觉的研究结果相类似（刘霞，申继亮，2010b）。流动儿童的父母大多为进城务工人员，他们的主要精力往往放在打工赚钱方面，因而流动儿童的大部分时间主要是和学校的老师同学在一起，良好的师生关系和同学关系可以为流动儿童提供一定的应对资源和归属感（刘霞，申继亮，2010b），而良好的班级竞争氛围能够分散流动儿童的注意力，使其把主要精力放在学业和竞争上，从而感知到与城市儿童的差异有所降低，进而相对剥夺感得到缓解。

通过比较家庭社会经济地位和班级环境的预测作用大小发现，班级环境对流动儿童相对剥夺感的解释变异量要稍大于家庭社会经济地位。这可能是由于，学校班级环境是流动儿童学习生活的主要场所，也是其在家庭之外最重要的心理社会环境（江光荣，2004），因此其对流动儿童的心理发展具有显性且直接的影响；而家庭社会经济地位具有相对隐蔽性，如果不是儿童自我报告，旁观者很难准确区分不同儿童家庭社会经济水平的差异。因此，学校班级环境对流动儿童相对剥夺感的影响比家庭经济环境稍大一些。这也提示我们，为有效预防和降低流动儿童的相对剥夺感，必须重视发挥学校班级环境的重要作用，为流动儿童营造一个积极健康的班级心理环境。

二、个体因素对流动儿童的相对剥夺感存在显著影响

除了外在的环境因素之外，内在的个体因素也是影响流动儿童相对剥夺感发展不容忽视的因素。根据前人的相关研究并结合流动儿童的实际，我们主要考察了心理控制源和歧视知觉对流动儿童相对剥夺感的影响作用。结果显示，在控制了年龄、独生与否以及流动性等因素的影响之后，心理控制源（外控型人格）对流动儿童的相对剥夺感仍具有显著的正向预测作用，说明外控型的流动儿童比内控型的流动儿童更容易体验到相对剥夺感。这证实了本研究的假设 H3。具有外控型人格的流动儿童，他们往往将自身的不利处境归因于命运、运气、机会、有影响力的人物或其他外部力量，更多地使用消极的态度和情感去应对自身的不利境遇（聂衍刚，刘伯兴，2011），因而体验到的相对剥夺水平较高；与之相反，具有内控型人格的流动儿童，他们往往将自身的不利处境归因于自己的行为或态度，在更多的程度上相信自己能够驾驭自己的生活，更关注如何通过自身的努力

来更好地适应城市的生活，因而独立生活意识和积极进取意识更强，体验到的相对剥夺水平较低。这提示，通过培养流动儿童“能够驾驭自己命运”的信念进而提高其内控水平，可以有效缓解其相对剥夺感。

研究还显示，在控制了人口统计学变量的影响之后，歧视知觉对流动儿童的相对剥夺感具有显著的正向预测作用。这证实了本研究的假设 H4，也与国外针对少数民族群体的研究结果相一致（Koomen & Fränkel，1992）。流动儿童的受歧视现象已经得到国内学者的广泛关注（蔺秀云等，2009；刘霞，申继亮，2010a；范兴华等，2012；刘霞等，2013），歧视知觉也成为影响流动儿童城市适应最显著的风险因素之一。

进一步比较心理控制源和歧视知觉的预测作用大小发现，歧视知觉对流动儿童相对剥夺感的解释变异量要稍大于心理控制源。这提示我们，应努力消除流动儿童在城市适应过程中遇到的各种歧视和不公平现象，从而有效降低其相对剥夺水平。我们也注意到，虽然心理控制源和歧视知觉对流动儿童的相对剥夺感均具有显著的预测作用，然而其解释的变异量都偏小，说明除了这些因素之外，可能还有其他的个体或环境因素在其中起着作用，有待后续研究的进一步检验。

三、不同流动时间下个体和环境因素对相对剥夺感的影响存在一定的差异

鉴于流动儿童群体本身具有流动性，其群体成员身份具有相对可变性和隐蔽性，对外界环境的认识和内在感受会随着流动时间的变化而变化（邓小晴，师保国，2013），因而在探究个体和环境因素对相对剥夺感的影响时，流动时间是一个不容忽视的调节变量。研究结果表明，长期流动组中个体和环境因素对流动儿童相对剥夺感的解释变异量要明显低于短期流动组，说明随着流动时间的延长，个体和环境因素对流动儿童相对剥夺感的影响呈减弱趋势。这证实了本研究的假设 H5。随着流动儿童在城市生活时间的延长，其家庭环境的稳定性不断提升，家庭经济状况逐渐改善，获得的来自家庭的物质支持和精神关注相应增多；对城市学校的班级环境逐渐熟悉，建立起新的社会支持网络（如良好的师生关系和同学关系），从而为其提供了一定的应对资源和归属感；对城市生活逐渐适应，对自己的学习生活的掌控感增加，因而更加自信独立；随着流动时间的延长，流动儿童感受到的来自城市社会的歧视知觉也呈现出一定的下降趋势（刘霞，申继亮，2010a）。总而言之，随着流动儿童城市适应的增加，环境和个体因素均朝着有利于其心理发展的方向变化，因而对其相对剥夺感的影响相应减弱。这也

说明流动时间确实是消解个体和环境因素对流动儿童相对剥夺感负性影响的保护性因素。

研究还发现，不管是短期、中期还是长期流动的儿童，班级环境中的师生关系均是其相对剥夺感稳定的预测因素。这可能是因为，在我国文化背景下，师生关系是儿童学校适应中最主要的影响因素，教师在师生关系交往中往往处于主导地位，因此感受到教师支持的学生往往更加自信，自尊水平也更高（李文道等，2003）。这提示，在流动儿童城市适应的过程中，要注意发挥教师支持的积极作用，以增强流动儿童的群体自信（刘霞，申继亮，2010b），从而有效降低其相对剥夺水平。

流动时间的调节作用至少给我们带来两点启示：一是应该动态地看待流动儿童的相对剥夺感及其心理发展，而不应盲目地给其贴上“适应不良”或“弱势群体”的标签；二是在探讨流动儿童相对剥夺感（乃至其心理发展）的影响机制时，必须考虑不同流动时间儿童的作用差异问题。

四、结论

本章在前人研究的基础上，系统考察了环境因素和个体因素对流动儿童相对剥夺感的影响及流动时间在其中的作用，得出以下结论：

1）流动儿童的相对剥夺感与家庭社会经济地位、班级环境呈显著的负相关（学习负担除外），与心理控制源（外控型人格）、歧视知觉呈显著的正相关。

2）在控制了人口统计学变量之后，家庭社会经济地位、师生关系、同学关系和班级竞争气氛对流动儿童的相对剥夺感具有显著的负向预测作用，心理控制源和歧视知觉具有显著的正向预测作用。

3）环境因素对流动儿童相对剥夺感的预测效应整体上要大于个体因素，在环境因素中又以班级环境的预测效应较大，在个体因素中又以歧视知觉的预测效应较大。

4）对于流动时间不同的儿童，个体和环境因素对其相对剥夺感的作用存在一定的差异：随着流动时间的延长，个体和环境因素对流动儿童相对剥夺感的影响呈减弱趋势。

第七章　积极与消极：相对剥夺感对流动儿童心理适应的影响及机制

第一节　研究目的与假设

文献回顾发现，通过与周围人主观比较而产生的相对剥夺感会对个体的心理适应产生明显不利的影响，归纳起来主要体现在对心理健康、主观幸福感和自尊的影响方面。Eibner 等人（2004）对美国成年人的研究表明，在控制了绝对收入水平之后，相对剥夺感对个体的心理健康障碍（如抑郁、焦虑症状）具有显著的正向预测作用，当相对剥夺感下降 25%时，心理健康障碍的发生率随之降低了 9.5%。Buunk 和 Janssen（1992）对荷兰职业男性的调查表明，相对剥夺感对职业男性的心理健康（如愤怒、抑郁、工作不满意感）具有显著的预测作用，且对中年男性的预测作用最强。Mclaughlin 等人（2012）对美国青少年的研究显示，相对剥夺与青少年的情绪障碍呈显著正相关，相对剥夺水平越高，青少年遭遇情绪障碍的风险越高。Abrams 和 Grant（2012）对英格兰青少年的研究表明，相对剥夺感对个体的抑郁体验具有极其显著的预测作用。Zhang 和 Tao（2013）对中国大学生的研究发现，相对剥夺感与抑郁、自杀意念呈显著正相关，大学生的相对剥夺感越强，其抑郁水平越高，经历自杀意念的可能性越高。Kuo 和 Chiang（2013）对中国台湾地区不同社会阶层的调查表明，在控制了绝对收入及主要人口统计学变量之后，高的相对剥夺感（以 Yitzhaki 指数为指标）与较差的自评健康状况、高的抑郁症状显著相关。由此可见，相对剥夺感会对个体的心理健康水平产生显著的不利影响。

研究还发现，相对剥夺体验会对个体的主观幸福感产生显著的不利影响。Ambrosio 和 Frick（2007）对德国人的调查表明，相对剥夺感与主观幸福感呈显著负相关，在控制了其他相关因素之后，个体的主观幸福感主要取决于收入相对剥夺水平，而非绝对的收入水平。Schmitt 等人（2010）研究了个体和群体相对剥夺对幸福感的纵向影响效应，发现个体相对剥夺对幸福感具有负性的纵向影响效应，且对生活满意度指标的影响效应要大于对心理健康指标的影响效应；群体相对剥夺对幸福感的纵向影响效应显著。Koomen 和 Fränkel（1992）对荷兰少数民族群体苏里南人的研究表明，个体相对剥夺对个体的生活满意度具有显著的负向预测作用。Osborne 和 Sibley（2013）对新西兰成年人的研究发现，个体相对剥夺与生活满意度呈显著负相关，与自我报告的心理压力呈显著正相关。Halevy 等人（2010）通过实验研究表明，相比优势群体成员，弱势群体成员的相对剥夺感会导致其产生更加强烈的负性情感（如羡慕、嫉妒、愤怒等）。Grant（2008）对移民的研究也表明，群体相对剥夺体验会导致移民产生强烈的愤怒、沮丧和不满等负性情绪。

相关研究（Lagacé，2003；Tougas et al.，2004）和实验研究（Walker，1999）还表明，相对剥夺感与自尊负相关，高的相对剥夺会导致个体的低自尊。例如，Tougas 等人（2005）对加拿大女警察的调查表明，个体相对剥夺对自尊具有显著的负向预测作用。Walker（1999）通过实验设计来检验个体与群体相对剥夺和个体与群体自尊之间的因果关系，结果发现个体相对剥夺体验会降低个体自尊水平，而群体相对剥夺体验会降低群体自尊水平。

综上，相对剥夺感会对个体（特别是弱势群体）的心理健康水平、主观幸福感以及自尊产生显著的不利影响。而流动儿童作为我国城市社会中一个特殊的弱势群体，他们跟随父母不断地转移，成长在不稳定的环境中，通过与城市儿童的不合理对比，认为自己应该得到的利益失去得太多，容易在心理上产生主观的相对剥夺感（李宁，2008；熊猛，叶一舵，2011），还会对其心理健康水平、主观幸福感和自尊产生显著的不利影响（Mummendey et al.，1999）。基于以上实证研究和理论分析，我们提出假设：

H1：相对剥夺感对流动儿童的心理健康水平具有显著的负向预测作用。

H2：相对剥夺感对流动儿童的主观幸福感具有显著的负向预测作用。

H3：相对剥夺感对流动儿童的自尊具有显著的负向预测作用。

通过文献回顾及实地访谈我们还发现，并非所有的流动儿童在体验到相对剥夺的情况下（如通过与城市儿童比较而感知到自身处于不利地位）都会出现心理适应不良（如心理健康、主观幸福感及自尊水平较低），那为什么有的流动儿童会出现心理适应不良，而有的流动儿童却不会？显然，在流动儿童的相对剥夺感与心理适应之间可能还存在其他中介或者调节变量。个人控制感指个体认为能够决定自己的命运，并认为未来的事情将由自己控制（Ruggiero & Taylor，1997）。当个体感到失去对周围环境的控制时，会产生各种无助感（Carlson & Moses，2001），进而带来一系列心理适应问题。文献回顾发现，个人控制感不仅对个体的心理适应具有重要影响，而且在相对剥夺感对心理适应的影响之间起着中介作用。例如，Moore（2003）对以色列的犹太学生的研究发现，知觉控制感在个体相对剥夺对未来期望的影响中起着显著的完全中介作用。刘霞（2008）对我国流动儿童的研究表明，个体歧视体验和群体歧视知觉通过个人控制感间接地作用于个体和集体幸福感，且个人控制感在个体歧视知觉与个体幸福感之间的中介作用相对较为重要。研究还表明，在短期流动儿童中，歧视归因主要通过个人控制感的中介间接地影响消极情感，即个人控制感在歧视归因与消极情感之间发挥了重要的中介作用（刘霞，申继亮，2009）。由于各种主客观条件的差异，流动儿童通过与城市儿童比较，容易感知到自身处于不利地位，这种不利地位感知会降低其对自身处境和周围环境的控制感，进而对其心理适应过程（如心理健康水平、主观幸福感、自尊等）产生不利影响。基于以上实证研究和理论分析，我们提出假设：

H4：个人控制感在相对剥夺感对心理健康水平的影响之间起着显著的部分中介作用。

H5：个人控制感在相对剥夺感对主观幸福感的影响之间起着显著的部分中介作用。

H6：个人控制感在相对剥夺感对自尊的影响之间起着显著的部分中介作用。

公正世界信念（belief in a just world，BJW）是指人们相信他们生活在一个公正有序的世界里，在这个世界里人们得其所应得，并且所得即应得（Lerner & Miller，1978）。根据 Dalbert（1999）的观点，公正世界信念包括一般公正世界信念（general belief in a just world）和个人公正世界信念（personal belief in a just world）两个维度。其中一般公正世界信念指个体认为这个世界基本上是公正的，而个人公正世界信念指个体认为这个世界对待自己是公正的（苏志强等，2013）。这种相信所处环境是稳定而有秩序的信念有利于个体的心理社会适应，它使个体相信努力投入并遵循社会规范就能得到应得的结果（蒋奖等，2013）。研究发现，相比公正世界信念低的个体，公正世界信念高的个体能够更好地应对压力刺激，表现出较少的抑郁和焦虑症状，即公正世界信念有助于维持个体的心理健康（Ritter et al.，1990；Dalbert，2002；Dalbert & Dzuka，2003）。研究还表明，高公正世界信念者能够更好地处理生活中的负性事件，体验到较少的消极情绪，报告出较多的积极情绪，同时拥有较高的生活满意度（Ritter et al.，1990；Dalbert，2002；张莉，申继亮，2011）。尤其对于那些处境不利或弱势群体，公正世界信念更是重要的内部保护性因素（张莉，申继亮，2011；蒋奖等，2013）。文献回顾还发现，高的公正世界信念不仅有利于个体（特别是弱势群体）的心理适应，而且可能在相对剥夺感与心理适应的关系之间起着调节作用。

例如，Osborne 和 Sibley（2013）对 6886 名新西兰人的研究发现，相对剥夺感对生活满意度的影响受到公正世界信念的调节，在高的公正世界信念条件下，相对剥夺感对生活满意度的负性影响减弱了。由此我们推论，对于拥有高公正世界信念的流动儿童而言，相对剥夺感对其心理适应（包括心理健康水平、主观幸福感以及自尊）的负向影响较弱；而对于拥有低公正世界信念的流动儿童而言，相对剥夺感对其心理适应的负向影响较强。基于以上实证研究和理论分析，我们提出假设：

H7：公正世界信念在相对剥夺感与心理健康水平的关系之间起着显著的调节作用。当流动儿童的公正世界信念水平较高时，相对剥夺感对其心理健康水平的负向影响较弱；当流动儿童的公正世界信念水平较低时，相对剥夺感对其心理健康水平的负向影响较强。

H8：公正世界信念在相对剥夺感与主观幸福感的关系之间起着显著的调节作用。当流动儿童的公正世界信念水平较高时，相对剥夺感对其主观幸福感的负向影响较弱；当流动儿童的公正世界信念水平较低时，相对剥夺感对其主观幸福感的负向影响较强。

H9：公正世界信念在相对剥夺感与自尊的关系之间起着显著的调节作用。当流动儿童的公正世界信念水平较高时，相对剥夺感对其自尊水平的负向影响较弱；当流动儿童的公正世界信念水平较低时，相对剥夺感对其自尊水平的负向影响较强。

综上，本章主要探讨相对剥夺感对流动儿童心理适应的影响效应及其内在作用机制，重点考察个人控制感在其中起到的中介作用以及公正世界信念在其中起到的调节作用。本章研究的整体框架和概念模型如图 7-1 所示。

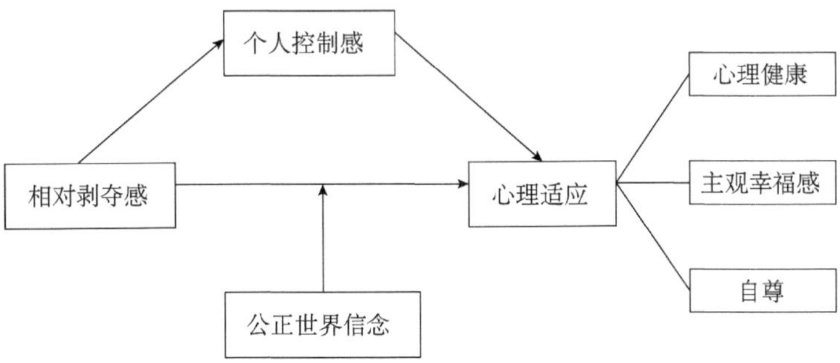

图 7-1　本章研究的整体框架和概念模型

第二节 研 究 方 法

一、研究对象

研究对象同第五章。共有1772名流动儿童的有效被试参与数据分析。

为了进行对照比较，本研究在相对应的地区和学校也抽取了小学四年级至初中三年级的城市当地儿童635人。其中男生308人（48.5%），女生326人（51.3%），性别信息缺失1人（0.2%）；小学372人（58.6%），初中259人（40.8%），年级信息缺失4人（0.6%）。城市儿童的平均年龄为12.40±1.77岁。

二、研究工具

本研究采用第四章研制的流动儿童相对剥夺感正式量表。

1. 青少年孤独感问卷

采用邹泓（2003）修订的青少年孤独感问卷（Adolescence Loneliness Scale）来测量流动儿童的情感孤独状态。问卷包括纯孤独感、对自己社交能力的知觉、对目前同伴关系的评价以及对重要关系未满足程度的知觉4个维度，共21个项目。采用4级计分，从“一点也不符合”到“完全符合”分别记为1～4分。除社交能力知觉的高分代表积极评价外，其他3个维度的高分均代表消极评价。将社交能力知觉维度反向计分后再和其他3个维度得分相加，取其平均分作为孤独感总平均分，得分越高表明孤独感越强烈。该问卷已在国内流动儿童群体中多次使用，具有较好的信效度（方晓义等，2008；蔺秀云等，2009；侯舒艨等，2011）。进一步采用本研究的数据对该量表的结构模型进行验证，结果发现模型拟合良好（χ^2/df=4.54，CFI=0.94，NFI=0.93，IFI=0.94，RMSEA=0.065，SRMR=0.046）。本研究中，总问卷的内部一致性系数为0.92，4个分维度的内部一致性系数在0.79～0.86之间。

2. 流调中心用抑郁量表

采用Radloff（1977）编制的流调中心用抑郁量表（Center for Epidemiologic Studies Depression Scale，CES-D），用于评价被试当前（最近一周内）抑郁症状的频度。该量表为单维量表，内容涉及抑郁心境、内疚/无价值感、无助感/绝望、精神活动迟滞、没有食欲和睡眠困扰等6个抑郁的主要症状，适用于我国青少年的抑郁测量（陈祉妍等，2009）。量表共 20 个项目，采用 4 点计分，从“没有”到“总是”分别记为 1～4 分。将其中 4 道题反向计分后与其他项目得分相加，取其平均分作为抑郁程度的指标，得分越高代表被试的抑郁程度越严重。该量表已在国内流动儿童群体中广泛使用，具有较好的信效度（袁晓娇等，2012；范兴华，陈锋菊，2012；王志杰等，2014；王中会等，2014）。进一步采用本研究的数据对该量表的结构模型进行验证，结果发现模型拟合良好（χ^2/df=2.91，CFI=0.94，NFI=0.91，IFI=0.94，RMSEA=0.069，SRMR=0.059）。本研究中，该量表的内部一致性系数为 0.86。

3. 儿童社交焦虑量表

采用 La Greca 等人（1988）编制、马弘（1993）修订的儿童社交焦虑量表（Social Anxiety Scale forChildren，SASC），适用于 7～16 岁的青少年。量表包括害怕否定评价、社交回避与苦恼两个子维度，共 10 个项目，题目如“我害怕在别的同学面前做没做过的事情”。采用 4 点计分，从“从不这样”到“总是这样”分别记为 1～4 分。采用总平均分作为社交焦虑程度的指标，得分越高代表社交焦虑程度越严重。该量表已在国内流动儿童群体中使用过，具有较好的信效度（蔺秀云等，2009；胡宁等，2009；袁晓娇等，2012）。进一步采用本研究的数据对该量表的结构模型进行验证，结果发现模型拟合良好（χ^2/df=2.85，CFI=0.97，NFI=0.96，IFI=0.97，RMSEA=0.068，SRMR=0.047）。本研究中，该量表的内部一致性系数为 0.88。

4. 积极/消极情感量表

采用陈文锋和张建新（2004）修订的积极/消极情感量表（中文版）。量表共有 14 个项目，其中 8 个积极情感条目，6 个消极情感条目。要求被试根据 1 周内的实际情况对每项条目进行评定，选择一个最符合自己情况的选项，共 4 级评分，从“没有”到“经常有”分别记为 1～4 分，得分越高说明被试在情感体验上越积极或消极。该量表已在国内流动儿童群体中使用，具有较好的信效度（刘霞等，2013；熊猛，叶一舵，2013）。进一步采用本研究的数据对该量表的结构模型进行验证，结果发现模型拟合良好（χ^2/df=1.47，CFI=0.98，NFI=0.94，IFI=0.98，RMSEA=0.040，SRMR=0.059）。本研究中，积极情感和消极情感分量表的内部一致性系数分别为 0.80 和 0.75。

5. 生活满意度量表

采用 Huebner（1991）编制的学生生活满意度量表，用来测量 3～12 年级学生的总体生活满意程度。量表共有 7 个项目，采用利克特 6 点计分法，从“非常不同意”到“非常同意”分别记为 1～6 分，得分越高表示总体生活满意度越高。该量表已在国内流动儿童群体中使用，具有良好的信效度（侯娟等，2009；刘霞等，2013）。进一步采用本研究的数据对该量表的结构模型进行验证，结果发现模型拟合良好（χ^2/df=4.70，CFI=0.93，NFI=0.91，IFI=0.93，RMSEA=0.078，SRMR=0.064）。本研究中，该量表的内部一致性系数为 0.68。

6. 自尊量表

采用 Rosenberg（1965）编制的自尊量表（Self-Esteem Scale），用以评定青少年关于自我价值和自我接纳的总体感受。量表由 5 个正向题和 5 个反向题组成，采用 4 级评分，从“很不符合”到“非常符合”分别记为 1～4 分。鉴于量表中的第 8 题“我希望我能为自己赢得更多尊重”在中西文化中的理解存在出入，参照有关研究者的建议（田录梅，2006），将该题项删除，最后得到 9 个项目的有效数据。将反向题反向计分后与正向题得分相加，取总平均分作为自尊的指标，得分越高说明自尊水平越高。该量表已在国内流动儿童群体中使用，具有较好的信效度（蔺秀云等，2009；刘霞，申继亮，2010a；邓小晴，师保国，2013）。进一步采用本研究的数据对该量表的结构模型进行验证，结果发现模型拟合良好（χ^2/df=3.20，CFI=0.93，NFI=0.91，IFI=0.93，RMSEA=0.063，SRMR=0.044）。本研究中，该量表的内部一致性系数为 0.79。

7. 个人控制感量表

采用中文版自控感量表来考察流动儿童的个人控制感。该量表参考 Pearlin 等人（1978）的研究编制而成，共 7 个项目。采用 4 点计分，从“非常不同意”到“非常同意”分别记为 1～4 分，得分越高表明个体的自控感越强。该量表已在国内普通青少年（石丹理等，2006）及流动儿童（刘霞，申继亮，2009）群体中使用，具有良好的信效度。进一步采用本研究的数据对该量表的结构模型进行验证，结果发现模型拟合良好（χ^2/df=3.21，CFI=0.95，NFI=0.94，IFI=0.95，RMSEA=0.049，SRMR=0.030）。本研究中，该量表的内部一致性系数为 0.67。

8. 公正世界信念量表

采用 Dalbert（1999）编制、苏志强等人（2012b）修订的公正世界信念量表（Scale of Belief in a Just World）。包括一般公正世界信念和个人公正世界信念 2 个维度，前者包含 6 个项目，后者包含 7 个项目，共 13 个项目。采用 6 点计分，从“非常不同意”到“非常同意”分别记为 1～6 分。本研究采用总平均分作为公正世界信念的指标，得分越高表明个体的公正世界信念水平越高。已有研究表明该量表适用于儿童青少年群体，具有良好的信效度（张莉，申继亮，2011；苏志强等，2013）。进一步采用本研究的数据对该量表的结构模型进行验证，结果发现模型拟合良好（χ^2/df=3.25，CFI=0.98，NFI=0.97，IFI=0.98，RMSEA=0.057，

SRMR=0.044）。本研究中，总量表的内部一致性系数为 0.88，一般公正世界信念和个人公正世界信念的内部一致性系数分别为 0.79 和 0.85。

三、数据处理

本研究的所有数据均采用 SPSS 19.0 和 LISREL 8.70 软件进行统计处理，具体的分析过程如下：第一步先是采用描述性统计对流动儿童心理适应（包括心理健康、主观幸福感和自尊）的特点进行初步分析，同时横向比较流动儿童和城市儿童在心理健康、主观幸福感和自尊上的差异；第二步采用描述性统计和 Pearson 积差相关分析了相对剥夺感与心理健康、主观幸福感、自尊、个人控制感、公正世界信念的相关系数；第三步采用结构方程建模技术考察了相对剥夺感对流动儿童心理健康、主观幸福感、自尊的直接影响效应；第四步采用结构方程建模技术考察了个人控制感在相对剥夺感与心理健康、主观幸福感、自尊之间的中介作用；第五步采用结构方程建模技术考察了公正世界信念在相对剥夺感与心理健康、主观幸福感、自尊之间的调节作用。

此外，根据吴艳和温忠麟（2011）的建议，对本研究中的单维测验进行了打包（parceling）处理。采用随机法（randomalgorithm）将自尊所包含的题目打成 3 个包，将个人控制感所包含的题目打成 2 个包。5 个包的内部一致性系数在 0.63～0.74 之间，均大于 0.6 的门槛，满足打包处理的单维、同质条件，可以分别取均值进行相关的统计分析。而相对剥夺感（个体—认知 RD、个体—情感 RD、群体—认知 RD、群体—情感 RD）、心理健康（孤独感、抑郁、社交焦虑）、主观幸福感（积极情感、消极情感、生活满意度）、公正世界信念（一般公正世界信念、个人公正世界信念）的指标作为观测变量，没有作打包处理。

四、共同方法偏差的控制与检验

由于本研究中的多个变量数据均由被试者提供，因此有可能存在共同方法偏差效应。根据相关研究（Podsakoff et al.，2003；Lindell & Whitney，2001）的建议，在本研究中使用了以下五种程序控制的方法：①选用信效度较好的成熟量表作为测量工具；②采用匿名调查，强调保密原则；③平衡项目顺序；④不同量表的答题方式有所不同；⑤使用反向题。

数据收集完成后，进一步采用 Harman 单因子检验对共同方法偏差效应进行检验，结果表明特征根大于 1 的因子共有 23 个，且第一个因子解释的变异量为 5.40%，远小于 40%的临界标准，说明共同方法偏差在本研究中并不严重

（Ashford & Tsui，1991；周浩，龙立荣，2004）。

第三节 研究结果

一、流动儿童心理适应的特点及与城市儿童的比较

在具体分析相对剥夺感对流动儿童心理适应的影响及其作用机制之前，先对流动儿童心理适应的总体水平进行分析。描述性统计分析显示（表 7-1），流动儿童孤独感得分为 1.94±0.60，位于项目答案“比较不符合”（2.00）附近；抑郁得分为 1.85±0.53，位于项目答案“有时或少许”（2.00）附近；社交焦虑得分为 1.04±0.70，位于项目答案“有时这样”（1.00）附近；积极情感得分为 2.93±0.61，位于项目答案“有时”（3.00）附近；消极情感得分为 2.19±0.65，位于项目答案“偶尔”（2.00）附近；生活满意度得分为 3.80±0.73，位于项目答案“基本同意”（4.00）附近；自尊得分为 2.84±0.53，位于项目答案“比较符合”（3.00）附近。这些结果说明，流动儿童的孤独感、抑郁、社交焦虑水平较低，积极情感、生活满意度和自尊处于中等偏上水平，消极情感水平也较低。总的来看，本研究中流动儿童的心理适应状况整体良好。

然后采用独立样本 t 检验对流动儿童与城市儿童在心理适应上的差异进行了分析，结果表明（表 7-1），流动儿童除了在积极情感（$t=-2.00$，$p<0.05$，$d=0.10$）和生活满意度（$t=-3.90$，$p<0.001$，$d=0.18$）上显著低于城市儿童之外，在心理适应的其他指标上二者之间均不存在显著性差异，进一步说明本研究中流动儿童的整体心理适应良好。

表 7-1 流动儿童与城市儿童心理适应差异比较（$M±SD$）

儿童类别	n	孤独感	抑郁	社交焦虑	积极情感	消极情感	生活满意度	自尊
流动儿童	1772	1.94±0.60	1.85±0.53	1.04±0.70	2.93±0.61	2.19±0.65	3.80±0.73	2.84±0.53
城市儿童	635	1.90±0.61	1.85±0.59	1.03±0.69	2.99±0.61	2.18±0.71	3.93±0.75	2.86±0.56
t		1.53	0.04	0.14	−2.00*	0.15	−3.90***	−0.93
d		—	—	—	0.10	—	0.18	—

注：d 表示效果量

二、描述性统计与主要变量间的相关分析

表 7-2 列出的是各研究变量的平均数、标准差和相关系数。结果与我们的预

表 7-2　各研究变量的描述性统计与相关分析（N=1772）

变量	M	SD	1	2	3	4	5	6	7	8	9	10	11	12	13	14	15	16
1. 个体—认知RD	3.21	1.08																
2. 个体—情感RD	2.83	1.17	0.78***															
3. 群体—认知RD	3.53	1.18	0.44***	0.46***														
4. 群体—情感RD	3.40	1.22	0.42***	0.47***	0.79***													
5. 相对剥夺感	3.24	0.95	0.80***	0.82***	0.83***	0.83***												
6. 孤独感	1.94	0.60	0.23***	0.22***	0.13***	0.12***	0.21***											
7. 抑郁	1.85	0.53	0.22***	0.22***	0.13***	0.09***	0.20***	0.62***										
8. 社交焦虑	1.03	0.70	0.16***	0.17***	0.12***	0.08**	0.16***	0.53***	0.58***									
9. 心理健康	1.61	0.52	0.24***	0.24***	0.15***	0.11***	0.22***	0.84***	0.84***	0.86***								
10. 积极情感	2.93	0.61	−0.30***	−0.31***	−0.19***	−0.18***	−0.30***	−0.41***	−0.41***	−0.21***	−0.40***							
11. 消极情感	2.18	0.65	0.15***	0.16***	0.07**	0.03	0.12***	0.52***	0.62***	0.52***	0.65***	−0.19***						
12. 生活满意度	3.80	0.73	−0.45***	−0.49***	−0.31***	−0.29***	−0.47***	−0.25***	−0.27***	−0.20***	−0.28***	0.40***	−0.18***					
13. 主观幸福感	3.19	0.47	−0.43***	−0.46***	−0.27***	−0.24***	−0.43***	−0.54***	−0.61***	−0.43***	−0.61***	0.72***	−0.64***	0.77***				
14. 自尊	2.84	0.53	−0.28***	−0.27***	−0.14***	−0.11***	−0.24***	−0.47***	−0.55***	−0.41***	−0.56***	0.53***	−0.44***	0.29***	0.58***			
15. 个人控制感	2.76	0.48	−0.19***	−0.19***	−0.07**	−0.06*	−0.15***	−0.35***	−0.44***	−0.36***	−0.45***	0.28***	−0.38***	0.17***	0.39***	0.40***		
16. 一般BJW[a]	4.31	1.04	−0.28***	−0.31***	−0.25***	−0.25***	−0.33***	−0.30***	−0.28***	−0.14***	−0.28***	0.38***	−0.18***	0.32***	0.41***	0.28***	0.20***	
17. 个人BJW[b]	4.03	1.04	−0.32***	−0.32***	−0.24***	−0.24***	−0.34***	−0.31***	−0.31***	−0.18***	−0.31***	0.44***	−0.19***	0.39***	0.48***	0.33***	0.24***	0.64***

注：a 表示一般公正世界信念，b 表示个人公正世界信念

期一致，流动儿童的相对剥夺与孤独感（r=0.21，$p<0.001$）、抑郁（r=0.20，$p<0.001$）、社交焦虑（r=0.16，$p<0.001$）以及消极情感（r=0.12，$p<0.001$）均呈显著的正相关，与积极情感（r=−0.30，$p<0.001$）、生活满意度（r=−0.47，$p<0.001$）、自尊（r=−0.24，$p<0.001$）、个人控制感（r=−0.15，$p<0.001$）、一般公正世界信念（r=−0.33，$p<0.001$）以及个人公正世界信念（r=−0.34，$p<0.001$）均呈显著的负相关。说明流动儿童的相对剥夺感与心理健康、主观幸福感、自尊、个人控制感以及公正世界信念具有较密切的联系。个人控制感、公正世界信念与各变量之间也均呈显著的相关关系，且相关方向与预期一致。另外，相对剥夺感的四个维度之间也呈中等程度的相关，各维度与总分之间呈高相关，进一步说明第四章研制的流动儿童相对剥夺感量表具有较好的结构效度。

三、相对剥夺感对流动儿童心理适应的直接效应检验

采用结构方程模型分析相对剥夺感对流动儿童心理适应的直接影响效应。

第一，以相对剥夺感为自变量，以心理健康为因变量构建结构方程模型。在具体建模过程中，以相对剥夺感为外源潜变量，以个体—认知 RD、个体—情感 RD、群体—认知 RD 和群体—情感 RD 作为其观测变量；以心理健康作为内生潜变量，以孤独感、抑郁、社交焦虑作为其观测变量。直接效应分析结果的各项拟合指标分别为：χ^2/df=4.05，CFI=0.90，NFI=0.89，IFI=0.90，RMSEA=0.065，SRMR=0.042，模型拟合较好。相对剥夺感对流动儿童心理健康的直接作用路径系数显著（γ=0.30，t=5.67，p<0.001），模型测量部分的各参数估计在 0.57～0.88 之间（ps<0.001）。说明相对剥夺感对流动儿童的心理健康具有显著的正向预测作用（即对心理健康水平具有显著的负向预测作用），据此假设 H1 得到验证。

第二，以相对剥夺感为自变量，以主观幸福感为因变量构建结构方程模型。在具体建模过程中，以相对剥夺感为外源潜变量，以其 4 个维度作为观测变量；以主观幸福感为内生潜变量，以积极情感、消极情感和生活满意度作为其观测变量。直接效应分析结果的各项拟合指标分别为：χ^2/df=4.16，CFI=0.89，NFI=0.88，IFI=0.89，RMSEA=0.074，SRMR=0.052，模型可以接受。相对剥夺感对流动儿童主观幸福感的直接作用路径系数显著（γ=−0.69，t=−8.02，p<0.001），模型测量部分的各参数估计在−0.45～0.89 之间（ps<0.001）。说明相对剥夺感对流动儿童的主观幸福感具有显著的负向预测作用，据此假设 H2 得到验证。

第三，以相对剥夺感为自变量，以自尊为因变量构建结构方程模型。在具体建模过程中，以相对剥夺感为外源潜变量，以其 4 个维度作为观测变量；以自尊为内生潜变量，以打包所得的两个指标作为其观测变量。直接效应分析结果的各

项拟合指标分别为：χ^2/df=4.14，CFI=0.90，NFI=0.89，IFI=0.90，RMSEA=0.069，SRMR=0.044，模型拟合较好。相对剥夺感对流动儿童自尊的直接作用路径系数显著（γ=−0.34，t=−6.37，p<0.001），模型测量部分的各参数估计在 0.57～0.88 之间（ps<0.001）。说明相对剥夺感对流动儿童的自尊具有显著的负向预测作用，据此假设 H3 得到验证。

四、相对剥夺感对流动儿童心理适应的影响：个人控制感的中介效应检验

采用结构方程模型分析来检验个人控制感是否在相对剥夺感对流动儿童心理适应的影响之间起着中介作用。

第一，以相对剥夺感为自变量，以个人控制感为中介变量，以心理健康作为因变量构建结构方程模型（图 7-2）。结果显示，相对剥夺感不仅对流动儿童的心理健康具有显著的直接影响（γ=0.14，t=2.69，p<0.05），也可通过个人控制感（γ=−0.26，t=−4.17，p<0.001）对其心理健康（γ=−0.62，t=−7.29，p<0.001）产生显著的间接影响，说明个人控制感在相对剥夺感对流动儿童心理健康的影响之间起着显著的部分中介作用。个人控制感的中介效应为（−0.26）×（−0.62）=0.16，中介效应与总效应的比值为 0.16/（0.16+0.14）=0.53。进一步做 Sobel 检验，按照 Sobel 的检验公式 $Z=\hat{a}\hat{b}/\sqrt{\hat{a}^2 s_b^2+\hat{b}^2 s_a^2}$，个人控制感在相对剥夺感与心理健康之间的中介作用显著，Z=3.64，p<0.01。模型的各项拟合指数分别为：χ^2/df=3.26，CFI=0.94，NFI=0.93，IFI=0.94，RMSEA=0.061，SRMR=0.043，达到了心理测量学的要求。据此假设 H4 得到验证。

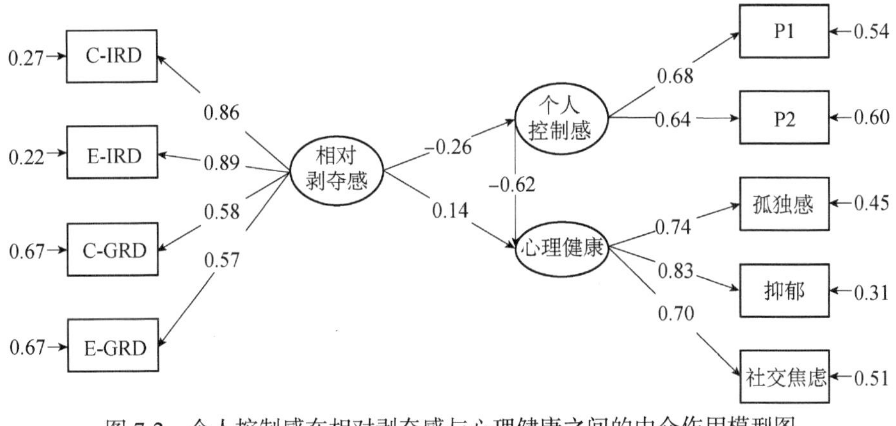

图 7-2　个人控制感在相对剥夺感与心理健康之间的中介作用模型图

第二，以相对剥夺感为自变量，以个人控制感为中介变量，以主观幸福感作为因变量构建结构方程模型（图 7-3）。结果显示，相对剥夺感不仅对流动儿童的主观幸福感具有显著的直接影响（γ=−0.62，t=−8.39，p<0.001），也可通过个人控制感（γ=−0.26，t=−4.03，p<0.001）对其主观幸福感（γ=0.37，t=4.56，p<0.001）产生显著的间接影响，说明个人控制感在相对剥夺感对流动儿童主观幸福感的影响之间起着显著的部分中介作用。个人控制感的中介效应为（−0.26）×0.37=−0.10，中介效应与总效应的比值为（−0.10）/（−0.10−0.62）=0.14。进一步做 Sobel 检验，按照 Sobel 的检验公式 $Z=\hat{a}\hat{b}/\sqrt{\hat{a}^2s_b^2+\hat{b}^2s_a^2}$，个人控制感在相对剥夺感与主观幸福感之间的中介作用显著，Z=−3.03，p<0.01。模型的各项拟合指数分别为：χ^2/df=4.76，CFI=0.89，NFI=0.88，IFI=0.89，RMSEA=0.076，SRMR=0.052，达到了心理测量学的要求。据此假设 H5 得到验证。

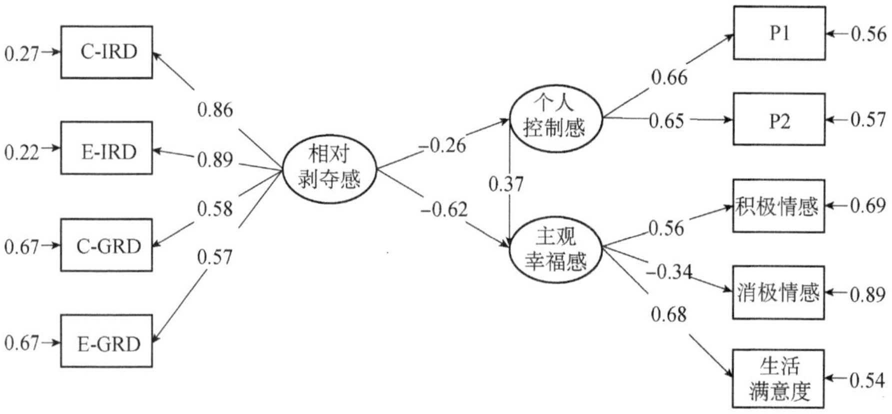

图 7-3　个人控制感在相对剥夺感与主观幸福感之间的中介作用模型图

第三，以相对剥夺感为自变量，以个人控制感为中介变量，以自尊作为因变量构建结构方程模型（图 7-4）。结果显示，相对剥夺感不仅对流动儿童的自尊具有显著的直接影响（γ=−0.21，t=−3.90，p<0.001），也可通过个人控制感（γ=−0.26，t=−4.13，p<0.001）对其自尊（γ=0.50，t=6.24，p<0.001）产生显著的间接影响，说明个人控制感在相对剥夺感对流动儿童自尊的影响之间起着显著的部分中介作用。个人控制感的中介效应为（−0.26）×0.50=−0.13，中介效应与总效应的比值为（−0.13）/（−0.13−0.21）=0.38。进一步做 Sobel 检验，按照 Sobel 的检验公式 $Z=\hat{a}\hat{b}/\sqrt{\hat{a}^2s_b^2+\hat{b}^2s_a^2}$，个人控制感在相对剥夺感与自尊之间的中介作用显著，Z=−3.43，p<0.01。模型的各项拟合指数分别为：χ^2/df=4.52，CFI=0.93，NFI=0.92，IFI=0.93，RMSEA=0.063，SRMR=0.046，达到了心理测量学的要求。据此假设 H6 得到验证。

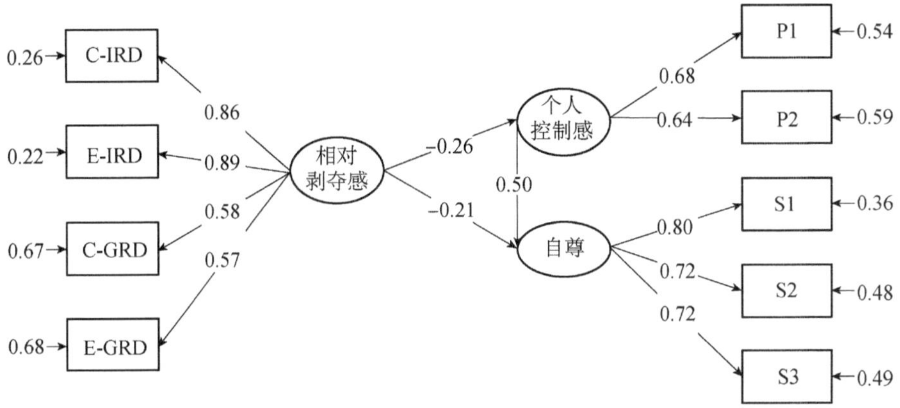

图 7-4　个人控制感在相对剥夺感与自尊之间的中介作用模型图

五、相对剥夺感对流动儿童心理适应的影响：公正世界信念的调节效应检验

在研究调节效应时，通常的做法是简单地将潜变量当作显变量来处理，采用分层回归的方法进行分析，然而这种做法并不妥，不仅精确度无法保证，而且有可能会导致错误的研究结论（温忠麟等，2012）。因此，本研究采用潜变量调节效应分析方法（吴艳等，2009；温忠麟等，2012）来检验公正世界信念是否在相对剥夺感与流动儿童心理适应的关系之间起着调节作用，具体采用无均值结构的无约束模型进行建模（吴艳等，2009）。

第一，以相对剥夺感为自变量，以公正世界信念为调节变量，以心理健康为因变量。将自变量、调节变量的各维度中心化后（Marsh et al.，2007），考察相对剥夺感各维度与公正世界信念各维度的交互项①对流动儿童心理健康的预测作用是否显著，以检验公正世界信念的调节作用是否显著。分析结果的各项拟合指标分别为：χ^2/df=3.76，CFI=0.96，NFI=0.95，IFI=0.96，RMSEA=0.057，SRMR=0.035，模型拟合较好。相对剥夺感与公正世界信念的交互项对心理健康的预测路径系数显著（γ=0.11，t=2.12，p<0.05），说明公正世界信念可以显著地调节相对剥夺感与心理健康水平之间的关系（图 7-5）。进一步通过简单斜率检验来分析公正世界信念对相对剥夺感与心理健康水平之间关系的调节作用趋势。按照平均分加减一个标准差对调节变量进行分组，平均分加一个标准差为高公正世界信念水平组，平均分减一个标准差为低公正世界信念水平组。从图 7-6 的调节作用模型

① 为了使自变量与调节变量的指标一致，采用个体相对剥夺和群体相对剥夺作为相对剥夺感的指标，通过两两相乘，共形成 4 个乘积指标；下同。

图可以看出：当流动儿童的公正世界信念水平较高时，相对剥夺感对其心理健康的正向影响较弱（即对其心理健康水平的负向影响较弱）（*simple slope*=0.08，t=1.38，p>0.05）；而当流动儿童的公正世界信念水平较低时，相对剥夺感对其心理健康的正向影响较强（即对其心理健康水平的负向影响较强）（*simple slope*=0.15，t=2.66，p<0.05）。这表明高的公正世界信念能够有效地缓解相对剥夺感对流动儿童心理健康水平的负性影响。据此假设 H7 得到验证。

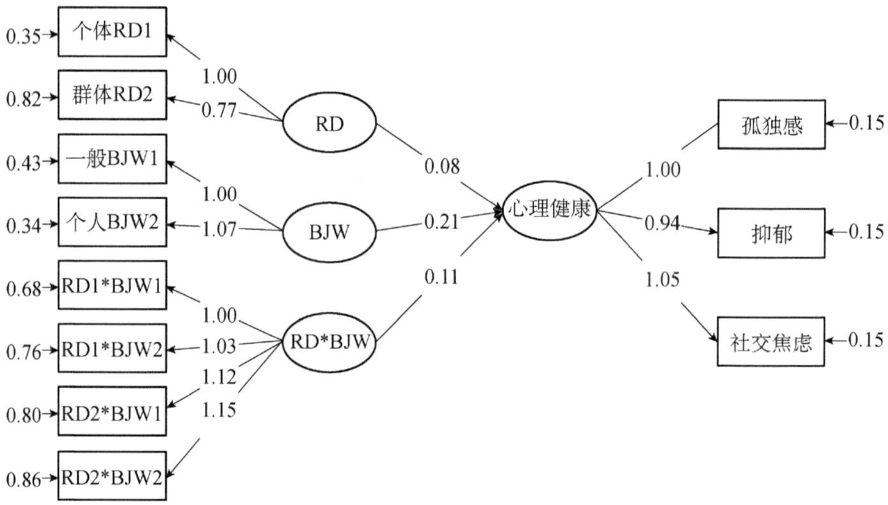

图 7-5　公正世界信念在相对剥夺感与心理健康之间的调节作用模型图

注：图中 RD=相对剥夺，BJW=公正世界信念，“RD*BJW” = “相对剥夺 × 公正世界信念”；下同

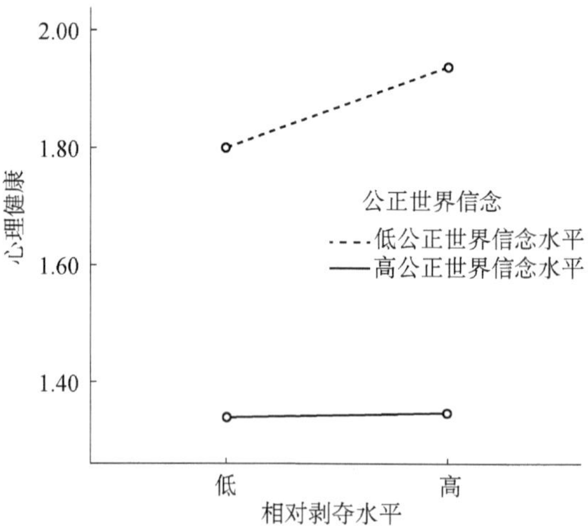

图 7-6　公正世界信念对相对剥夺感与心理健康之间关系的调节作用

第二，以相对剥夺感为自变量，以公正世界信念为调节变量，以主观幸福感

为因变量。将自变量、调节变量的各维度中心化后（Marsh et al.，2007），考察相对剥夺感各维度与公正世界信念各维度的交互项对流动儿童主观幸福感的预测作用是否显著，以检验公正世界信念的调节作用是否显著。分析结果的各项拟合指标分别为：χ^2/df=4.11，CFI=0.97，NFI=0.96，IFI=0.97，RMSEA=0.061，SRMR=0.047，模型拟合较好。相对剥夺感与公正世界信念的交互项对主观幸福感的预测路径系数显著（$\gamma=-0.12$，$t=-2.16$，$p<0.05$），说明公正世界信念可以显著地调节相对剥夺感与主观幸福感之间的关系（图 7-7）。进一步通过简单斜率检验来分析公正世界信念对相对剥夺感与主观幸福感之间关系的调节作用趋势。按照平均分加减一个标准差对调节变量进行分组，平均分加一个标准差为高公正世界信念水平组，平均分减一个标准差为低公正世界信念水平组。从图 7-8 的调节作用示意图可以看出：当流动儿童的公正世界信念水平较高时，相对剥夺感对其主观幸福感的负向影响较弱（*simple slope*=-0.17，$t=-2.94$，$p<0.05$）；而当流动儿童的公正世界信念水平较低时，相对剥夺感对其主观幸福感的负向影响较强（*simple slope*=-0.33，$t=-5.42$，$p<0.001$）。这表明高的公正世界信念能够有效地缓解相对剥夺感对流动儿童主观幸福感的负性影响。据此假设 H8 得到验证。

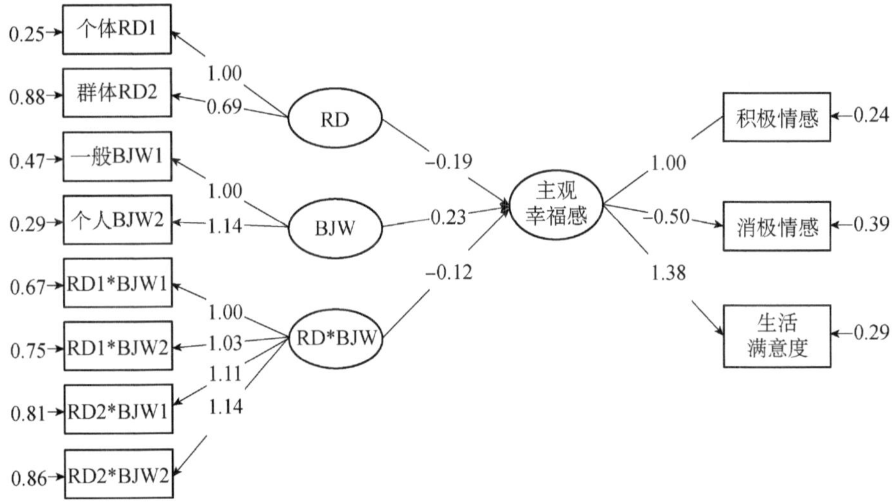

图 7-7　公正世界信念在相对剥夺感与主观幸福感之间的调节作用模型图

第三，以相对剥夺感为自变量，以公正世界信念为调节变量，以自尊为因变量。将自变量、调节变量的各维度中心化后（Marsh et al.，2007），考察相对剥夺感各维度与公正世界信念各维度的交互项对流动儿童自尊的预测作用是否显著，以检验公正世界信念的调节作用是否显著。分析结果的各项拟合指标分别为：χ^2/df=3.59，CFI=0.98，NFI=0.97，IFI=0.98，RMSEA=0.056，SRMR=0.033，模型

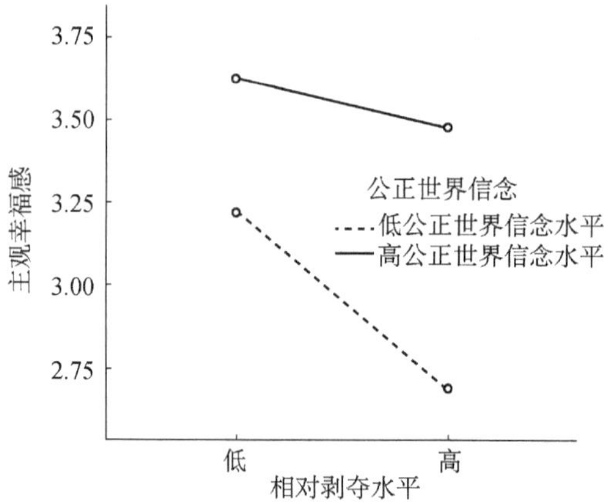

图 7-8 公正世界信念对相对剥夺感与主观幸福感之间关系的调节作用

拟合较好。相对剥夺感与公正世界信念的交互项对自尊的预测路径系数显著（$\gamma=-0.14$，$t=-2.28$，$p<0.05$），说明公正世界信念可以显著地调节相对剥夺感与自尊之间的关系（图 7-9）。进一步通过简单斜率检验来分析公正世界信念对相对剥夺感与自尊之间关系的调节作用趋势。按照平均分加减一个标准差对调节变量进行分组，平均分加一个标准差为高公正世界信念水平组，平均分减一个标准差为低公正世界信念水平组。由图 7-10 可以看出，当流动儿童的公正世界信念水平较高时，相对剥夺感对其自尊的影响较弱（*simple slope*=0.10，$t=1.57$，$p>0.05$）；而当流动儿童的公正世界信念水平较低时，相对剥夺感对其自尊的负向影响较强（*simple slope*=−0.14，$t=-2.34$，$p<0.05$）。这表明高的公正世界信念能够有效地缓解相对剥夺感对流动儿童自尊的负性影响。据此假设 H9 得到验证。

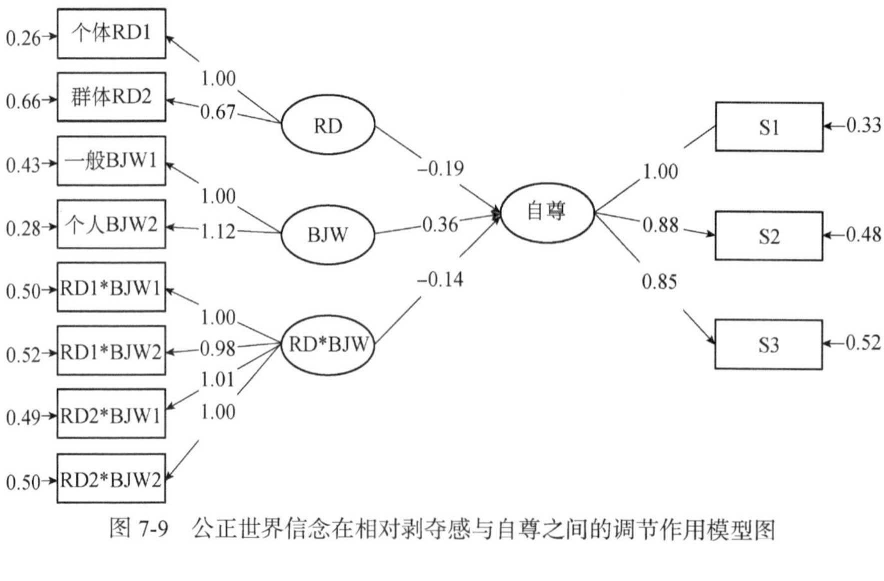

图 7-9 公正世界信念在相对剥夺感与自尊之间的调节作用模型图

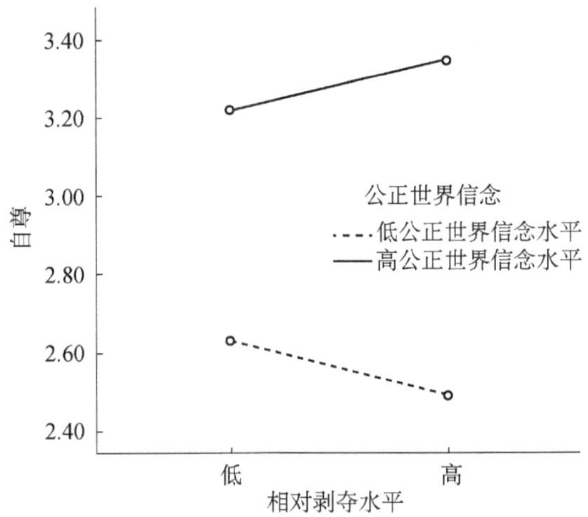

图 7-10　公正世界信念对相对剥夺感与自尊之间关系的调节作用

第四节　讨论与结论

本章在前人研究和理论分析的基础上，考察了相对剥夺感对流动儿童心理适应的直接影响效应，并重点分析了个人控制感在其中起到的中介作用以及公正世界信念在其中起到的调节作用，研究结果对于揭示相对剥夺感的效应机制、明晰相对剥夺感的功能以及促进流动儿童心理适应水平的提高均具有重要的价值和意义。

一、流动儿童的心理适应状况整体良好

研究发现，流动儿童的孤独感、抑郁、社交焦虑水平较低，积极情感、生活满意度和自尊处于中等偏上水平，消极情感水平也较低，说明本研究中流动儿童的心理适应状况整体良好。这与胡冰等人（2013）的研究结果存在一定的出入。究其原因，可能与本研究中流动儿童的取样有关。本研究抽取的流动儿童大多来到城市生活已有 3 年以上，随着城市适应时间的增加，他们已经逐渐融入城市的生活和环境，并发展出相应的应对技能（刘霞，申继亮，2010a），因而其内在的心理适应状况良好。该研究结果说明流动儿童的心理发展状况并没有我们想象中的那么差，流动儿童的心理发展可能并不是完全遵循着“处境不利（高危）—压力—适应不良”的直线模型，根据心理弹性的相关理论，其心理发展也可能遵循

着“处境不利—心理弹性—适应良好”的轨迹发展（赵淑娟等，2009；熊猛，叶一舵，2011）。这提示理论研究者和相关实践工作者，不应戴着“有色眼镜”看待城市流动儿童，而应从积极发展的视角看到其心理韧性和良好适应的潜能。

二、相对剥夺感对流动儿童的心理适应存在显著的直接影响

结构方程模型分析表明，相对剥夺感对流动儿童的心理健康水平具有显著的负向预测作用，即随着相对剥夺感的增加，流动儿童的孤独感、抑郁和社交焦虑体验逐渐增强。这证实了本研究的假设 H1，也与前人的类似研究结果相一致（Mclaughlin et al.，2012；Abrams & Grant，2012；Zhang & Tao，2013）。由于穿着和谈吐等方面的差异，流动儿童（特别是刚来城市不久的流动儿童）往往处在一个相对孤立的生活和学校环境中（蔺秀云等，2009），他们通过与城市儿童相比较，感知到自身的弱势地位和不利处境，因而存在一定程度的孤独感和抑郁体验。频繁的流动导致儿童不停地面临新的环境和陌生的人，而这些新的环境和陌生的人又没有完全接纳他们（蔺秀云等，2009），导致流动儿童存在一定程度的社交焦虑。

研究发现，相对剥夺感对流动儿童的主观幸福感具有显著的负向预测作用，即随着相对剥夺感的增加，流动儿童的生活满意度和积极情感体验逐渐减少，消极情感体验则逐渐增多。这证实了本研究的假设 H2，也与以往的类似研究结果相一致（Ambrosio & Frick，2007；Schmitt et al.，2010；Osborne & Sibley，2013；Halevy et al.，2010）。这可以通过相对剥夺感的操作性定义来解释。流动儿童通过与周围城市儿童相比较，感知到自身处于不利地位，进而体验到愤怒和不满等负性情绪，这些消极的情感体验降低了流动儿童的幸福感水平。鉴于此，在对流动儿童主观幸福感的促进与提升中，不仅要引导流动儿童进行合理的社会比较，还要重视对因相对剥夺感而引发的消极情感进行疏导与干预（刘霞，2013）。

研究还发现，相对剥夺感对流动儿童的自尊具有显著的负向预测作用，即随着相对剥夺感的增加，流动儿童的自尊水平逐渐降低。这证实了本研究的假设 H3，也与前人的类似研究结果相一致（Tougas et al.，2005；Walker，1999）。由于各种主客观条件的差异，流动儿童通过与周围城市儿童相比较，感知到自身的弱势地位和不利处境，进而对于自身价值的总体感受会逐渐降低（刘霞，申继亮，2010a），因而自尊水平也随之降低。

三、个人控制感在相对剥夺感对流动儿童心理适应的影响中起着中介作用

采用结构方程模型分析个人控制感在相对剥夺感与流动儿童心理适应之间的中介作用，结果发现个人控制感在相对剥夺感对流动儿童的心理健康水平、主观幸福感以及自尊的影响之间均起着显著的部分中介作用，这说明个人控制感不仅对流动儿童的心理适应具有直接影响作用，还通过个人控制感的中介作用对其心理适应产生间接影响。这证实了本研究的假设 H4、H5 和 H6，也与以往针对流动儿童歧视知觉的类似研究结果相一致（刘霞，2008；刘霞，申继亮，2009）。Verkuyten（1998）对少数民族青少年的研究也发现，随着歧视知觉的增加，青少年的控制感会逐渐降低，从而导致其自尊水平的下降。Crosby（1976）从理论上探讨了相对剥夺感如何通过个人控制感的中介作用对个体的心理社会适应产生影响：当个体体验到相对剥夺感时，拥有低控制感的人会认为自己无法改变自身的处境，也无法影响社会变革，而拥有高控制感的人则更加乐观；如果个体拥有低的控制感，那么不管是否存在改变自身处境的机会，对他都是无关紧要的，因为即使改变自身处境的机会是敞开的，这种类型的人大多也不会去尝试改变；对于拥有高控制感的人，敞开的机会会使其产生建设类行为，而机会关闭会导致其情绪爆发。本研究的结果也可以通过社会资源理论来解释。一般而言，社会资源越丰富，社会支持便越多，但对于从农村迁入城市的流动儿童而言，农村原有的社会支持网络被打破，城市生活中新的社会支持网络尚待完善，缺乏足够的社会资源，因此当流动儿童通过与城市儿童相比较而感知到自身处于不利地位时，流动儿童对社会支持会有缺失感（范兴华等，2012），这种社会支持的缺失感会降低其对自身处境和周围环境的控制感，进而对其心理适应过程产生负性影响。鉴于此，在对流动儿童的心理适应进行干预的过程中，不仅需要注重对其相对剥夺感进行干预，还要注重对个人控制感等中介变量进行干预，通过增强个人控制感来缓解相对剥夺感的消极影响（刘霞，申继亮，2009）。

四、公正世界信念在相对剥夺感对流动儿童心理适应的影响中起着调节作用

采用潜变量调节效应分析方法检验公正世界信念在相对剥夺感与流动儿童心理适应之间的调节作用。结果发现，公正世界信念在相对剥夺感与心理健康水平、主观幸福感以及自尊的关系之间均起着显著的调节作用。当流动儿童的公正

世界信念水平较高时，相对剥夺感对其心理健康水平、主观幸福感以及自尊的负向影响较弱；而当流动儿童的公正世界信念水平较低时，相对剥夺感对其心理健康水平、主观幸福感以及自尊的负向影响较强。这证实了本研究的假设 H7、H8 和 H9，也与前人的类似研究结果相一致（Osborne & Sibley，2013）。这说明，当流动儿童相信自己处在一个公正有序的社会时，不管其相对剥夺水平较高还是较低，其心理适应均良好；而当流动儿童认为自己处在一个不公正的社会时，高的相对剥夺感会显著降低其心理适应水平。也可能是因为，对于公正世界信念较高的流动儿童而言，他们并没有把自身的不利处境看作一种不公正，而是更多地将其看作自我独立、自我锻炼的机会（张莉，申继亮，2011），他们会努力克服城市适应中的各种困难，积极主动地融入城市新生活。因此，公正世界信念有助于流动儿童更好地适应城市生活。总之，本研究结果说明高的公正世界信念能够有效地缓解相对剥夺感对流动儿童心理适应过程的负性影响，同时也说明公正世界信念是促进处境不利儿童心理适应良好的重要保护性因素。鉴于此，在促进流动儿童心理适应的干预实践中，不仅应考虑相对剥夺感和公正世界信念的单独影响，还应注重二者的交互作用对心理适应的综合影响效应。

五、结论

本章在前人研究及理论分析的基础上，系统考察了相对剥夺感对流动儿童心理适应的影响以及个人控制感和公正世界信念在其中所起的作用，得出以下结论：

1）流动儿童的心理适应状况整体良好。其中孤独感、抑郁、社交焦虑水平较低，积极情感、生活满意度和自尊处于中等偏上水平，消极情感水平也较低。

2）流动儿童的积极情感和生活满意度显著低于城市儿童，但在孤独感、抑郁、社交焦虑、自尊以及消极情感上，二者之间不存在显著性差异。

3）相对剥夺感对流动儿童的心理健康水平、主观幸福感以及自尊均具有显著的负向预测作用。

4）个人控制感在相对剥夺感对流动儿童的心理健康水平、主观幸福感以及自尊的影响之间均起着显著的部分中介作用。

5）公正世界信念在相对剥夺感与心理健康水平、主观幸福感以及自尊的关系之间均起着显著的调节作用。当流动儿童的公正世界信念水平较高时，相对剥夺感对其心理健康水平、主观幸福感以及自尊的负向影响较弱；而当流动儿童的公正世界信念水平较低时，相对剥夺感对其心理健康水平、主观幸福感以及自尊的负向影响较强。

第八章　融入与退缩：相对剥夺感对流动儿童社会适应的影响及机制

第一节　研究目的与假设

通过与参照群体进行比较而体验到的相对剥夺感不仅会对个体内在的心理适应过程产生显著的影响作用，也会对个体外在的社会适应行为产生重要影响。文献回顾发现，相对剥夺感对个体社会适应行为的影响主要体现在攻击性行为、社会退缩行为以及亲社会行为等方面。挫折–攻击理论（Caskell & Smith，1984）认为，挫折能够引起一系列不同类型的行为反应，其中之一便是引发某种形式的攻击行为；挫折感是相对剥夺的产物，如果一个人失去他应该有的，可能导致攻击性行为（孙时进，2011）。调查和实验研究均表明，感知到的相对剥夺往往会引发个体的愤怒和不满情绪（挫折感），进而导致个体的攻击性行为（Crosby，1976；Donnenwerth & Cox，1978；Wright et al.，1999）。流动儿童通过与城市当地儿童相比较，容易体验到自己应该获得的利益被相对剥夺的感觉，进而产生挫折感以及愤怒、不满等负性情绪，最终导致其攻击性倾向增强或出现实际的攻击性行为（如欺负行为、暴力行为等）。由此可见，相对剥夺感会显著增加流动儿童的攻击性倾向或行为。据此，我们提出假设：

H1：相对剥夺感对流动儿童的攻击性行为具有显著的正向预测作用。

当弱势群体体验到基本权利被相对剥夺的感觉之后，由于个性特征的不同，有些个体会出现指向外部的攻击性行为，而有些个体则会出现指向内部的逃避退缩行为。例如，Eibner（2000）的研究表明，处于相对弱势地位的群体会体验到较强的压力感和抑郁，进而增加染上疾病以及参与危险行为（如吸烟、酗酒、暴食或药物滥用）的风险。Kuo 和 Chiang（2013）对中国台湾地区居民的研究表明，在控制了主要的人口统计学变量之后，高的相对剥夺感与个体的吸烟行为呈显著正相关。Callan 等人（2011）对英国、美国以及加拿大 83 名社区居民的调查显示，相对剥夺感对个体的赌博动机和行为具有显著的预测作用。流动儿童的父母主要是进城务工人员，大部分精力放在打工赚钱方面（刘霞，申继亮，2010b），因而对流动儿童的心理发展和学习生活给予的关心和支持不够，容易导致一些流动儿童产生自卑心理（熊猛，叶一舵，2011），进而出现孤僻、退缩等行为。可见，相对剥夺感会显著增加流动儿童的社会退缩行为。据此，我们提出假设：

H2：相对剥夺感对流动儿童的社会退缩行为具有显著的正向预测作用。

研究还表明，相对剥夺感不仅会对个体消极的社会适应行为产生影响，也会对个体积极的亲社会行为产生影响。由于相对剥夺感常常会导致个体的愤怒、挫折感以及对社会规范的低承诺（Bernburg et al.，2009），因而其出现助人行为、捐助行为以及志愿服务等亲社会行为的概率受到限制。很多处境不利地位群体成员觉得自己本身就属于弱势群体或需要帮助的群体，从而导致其出现亲社会行为的内在动力不足。流动儿童由于属于城市外来人口，对城市的归属感和认同感都不及城市当地儿童，因而其在城市社会中产生亲社会行为的心理资源和整体自信不足。由此可见，相对剥夺感会对流动儿童的亲社会行为产生显著的不利影响。据此，我们提出假设：

H3：相对剥夺感对流动儿童的亲社会行为具有显著的负向预测作用。

相对剥夺感如何影响到流动儿童的社会适应行为？根据社会支持的威胁模型（social support deterioration model），某些压力事件特别是创伤性事件或耻辱事件，会导致个体知觉到的社会支持减少，社会支持的减少进而导致个体的适应水平降低（Barrera，1988）。一些实证研究结果证实了这一观点。例如，Prelow 等人（2006）以非裔美籍大学生为被试的研究发现，种族歧视知觉对抑郁具有显著的正向预测作用，对社会支持具有显著的负向预测作用，社会支持在种族歧视知觉对抑郁的正向预测关系中起部分中介作用。范兴华等人（2012）对流动儿童歧视知觉与社会文化适应的关系研究表明，流动儿童的歧视知觉与社会支持呈显著负相关，社会支持与社会文化适应呈显著正相关，社会支持部分中介了歧视知觉对社会文化适应的负向预测作用：被歧视感越强，知觉到的社会支持减少；社会支持减少进而导致其社会文化适应水平降低。邱剑和安芹（2012）对流动儿童疏离感与亲社会行为的关系研究表明，流动儿童的疏离感通过社会支持间接影响其亲社会行为，社会支持在疏离感对亲社会行为的负向预测关系中起完全中介作用。此外，Zhang 和 Tao（2013）对中国大学生的研究表明，大学生的相对剥夺感与社会支持呈显著负相关。而社会支持的主效应模型认为，社会支持对个体的适应状况有普遍的增益作用，获得的社会支持越多，个体的适应状况越好（范兴华等，2012）。如谢子龙等人（2009）对流动儿童的研究表明，支持利用度对流动儿童的学习适应不良、违纪、退缩和神经质有显著的负向预测作用，主观支持对退缩和神经质有显著的负向预测作用。综上，某些社会压力（如歧视、相对剥夺）对社会支持有负向预测作用，社会支持对社会适应行为（如攻击性行为、社会退缩行为、亲社会行为）有正向预测作用，社会支持可能在相对剥夺感对流动儿童社会适应行为的影响之间起着部分中介作用。据此，我们提出假设：

H4：社会支持在相对剥夺感对攻击性行为的影响之间起着显著的部分中介作用。

H5：社会支持在相对剥夺感对社会退缩行为的影响之间起着显著的部分中介作用。

H6：社会支持在相对剥夺感对亲社会行为的影响之间起着显著的部分中介作用。

社会认同是指个体对自己属于某一特定社会群体的意识以及这一意识对个体情绪情感的价值与意义（Tajfel & Turner，1986）。社会认同理论认为，面对自身的不利地位和处境，弱势群体成员往往通过增强内群体认同（in-group identity）以维持其积极的自我意象和心理社会适应（Tajfel & Turner，1986）。群体认同源自社会认同，指个体与群体基于群体成员身份意义的心理联系，即将群体成员身份整合进个体自我概念的程度（Tropp & Wright，2001）。也就是说，明确自己所属的群体（内群体），并将其他人都看作是外群体，从而对内群体产生不同程度的认同感（Turner et al.，1987）。研究表明，内群体认同有效地缓冲了相对剥夺感对心理社会适应的消极影响。例如，Schmitt 和 Maes（2002）以 585 名德国东部民众和 387 名德国西部民众为被试的追踪研究发现，内群体认同调节相对剥夺感对德国东部民众心理健康的跨时间负性影响，被试的内群体认同感越强，则相对剥夺感对其心理健康的负性影响就越弱。Walker（1999）的研究显示，个体认同在个体相对剥夺对个体自尊的影响中起着调节作用，而群体认同在群体相对剥夺对群体自尊的影响中起着调节作用。张书维等人（2012）的研究发现，群体认同调节群体相对剥夺与集群行为（意向）之间的关系：一般群体认同凸显的个体在高群体相对剥夺水平下有更强烈的集群行为参与（意向）；而对于特定群体认同凸显的个体，无论群体相对剥夺水平的高低，都有较高的集群行为参与（意向）。范兴华等人（2012）针对流动儿童的研究表明，社会认同在流动儿童的歧视知觉与社会文化适应的关系之间起着调节作用，其中城市认同（即外群体认同）对歧视知觉与社会文化适应的负向预测关系有增强作用，老家认同（即内群体认同）有缓冲作用。由此可见，群体认同可能在相对剥夺感与流动儿童社会适应（行为）的关系之间起着调节作用。对于流动儿童而言，当其对自己所在群体的认同水平较高时，无论相对剥夺水平的高低，都有较低的攻击性倾向和社会退缩倾向，较高的亲社会倾向；而当流动儿童对自己所在群体的认同水平较低时，高的相对剥夺感会显著增强其攻击性倾向和/或社会退缩倾向，减弱其亲社会倾向。基于以上实证研究和理论分析，我们提出假设：

H7：群体认同在相对剥夺感与攻击性行为的关系之间起着显著的调节作用。当流动儿童的内群体认同水平较高时，相对剥夺感对其攻击性行为的正向影响较弱；当流动儿童的内群体认同水平较低时，相对剥夺感对其攻击性行为的正向影响较强。

H8：群体认同在相对剥夺感与社会退缩行为的关系之间起着显著的调节作用。当流动儿童的内群体认同水平较高时，相对剥夺感对其社会退缩行为的正向影响较弱；当流动儿童的内群体认同水平较低时，相对剥夺感对其社会退缩行为的正向影响较强。

H9：群体认同在相对剥夺感与亲社会行为的关系之间起着显著的调节作用。当流动儿童的内群体认同水平较高时，相对剥夺感对其亲社会行为的负向影响较弱；当流动儿童的内群体认同水平较低时，相对剥夺感对其亲社会行为的负向影响较强。

综上，本章主要探讨相对剥夺感对流动儿童社会适应行为（包括攻击性行为、社会退缩行为以及亲社会行为）的影响效应及其内在作用机制，重点考察社会支持在其中起到的中介作用以及群体认同在其中起到的调节作用。本章研究的整体框架和概念模型如图 8-1 所示。

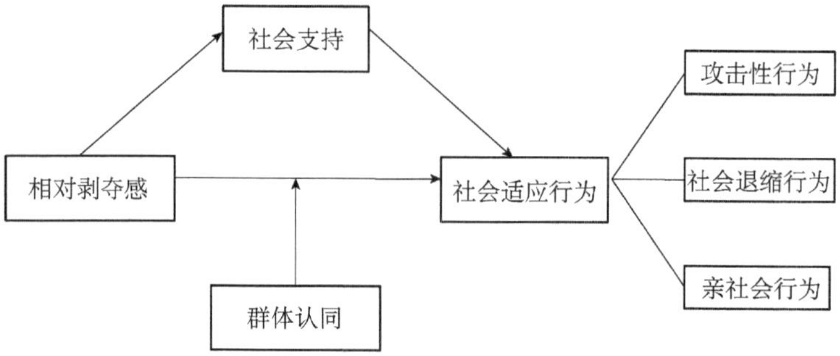

图 8-1 本章研究的整体框架和概念模型

第二节 研 究 方 法

一、研究对象

研究对象同第五章。共有 1772 名流动儿童的有效被试参与数据分析。

为了进行对照比较，本研究在相对应的地区和学校也抽取了小学四年级至初中三年级的城市当地儿童 635 人。其中男生 308 人（48.5%），女生 326 人（51.3%），性别信息缺失 1 人（0.2%）；小学 372 人（58.6%），初中 259 人（40.8%），年级信息缺失 4 人（0.6%）。城市儿童的平均年龄为 12.40±1.77 岁。

二、研究工具

本研究采用第四章研制的流动儿童相对剥夺感正式量表。

1. 攻击性问卷

采用 Buss 和 Perry（1992）编制的攻击性问卷（Aggression Questionnaire，AQ）来测量流动儿童的攻击性行为。问卷包含身体攻击、言语攻击、愤怒和敌意 4 个维度，共 29 个项目。采用利克特 5 点计分法，从“非常不符合”到“非常符合”分别记为 1～5 分。其中第 9 题和第 16 题为反向计分题，将反向题反向计分后与其他题目相加，取其平均分作为攻击性倾向的总平均分，得分越高表明个体的攻击性水平越高。该问卷已在国内儿童青少年群体中使用过，具有较好的信效度（辛自强等，2007；应贤慧，戴春林，2008；纪伟标等，2013；范志光等，2013），适用于儿童青少年攻击性行为的测量。进一步采用本研究的数据对该量表的结构模型进行验证，结果发现模型拟合良好（χ^2/df=2.47，CFI=0.97，NFI=0.95，IFI=0.97，RMSEA=0.054，SRMR=0.051）。本研究中，总问卷的内部一致性系数为 0.90，4 个分维度的内部一致性系数在 0.68～0.77 之间。

2. 青少年社会退缩量表

采用 Schwartz 等人（2001）编制的青少年社会退缩量表（Social Withdrawal Scale，SWS），用于测量流动儿童的社会退缩行为。该量表是由 8 个项目构成的单维量表，测量个体在社会交往中过分顺从和孤独退缩等表现，题目如“与他人交往时常常感到胆怯”。要求被试报告自己在社会交往中出现每种行为的频度。采用 5 点计分法，从“从不”到“总是”分别记为 1～5 分，取所有项目的总平均分作为儿童社会退缩的指标，得分越高表明儿童越经常退缩。该量表已在中国儿童青少年群体中使用过，具有较好的信效度（Schwartz et al.，2001；李丹黎等，2012）。进一步采用本研究的数据对该量表的结构模型进行验证，结果发现模型拟合较好（χ^2/df=4.89，CFI=0.94，NFI=0.93，IFI=0.94，RMSEA=0.076，SRMR=0.062）。本研究中，该量表的内部一致性系数为 0.85。

3. 青少年亲社会倾向量表

采用寇彧等人（2007）修订的青少年亲社会倾向量表（Prosocial Tendencies

Measure，PTM）来测量流动儿童的亲社会行为。量表包括6个维度：公开的、匿名的、利他的、依从的、情绪性的和紧急的，共26个项目。“公开的”指在公众场合或有人看到的情况下的亲社会倾向；“匿名的”指在受助者不知道帮助者是谁的情况下的助人倾向；“利他的”指出于为他人减轻痛苦等完全利他动机的亲社会倾向；“依从的”指在他人请求下做出帮助的亲社会倾向；“情绪性的”指在具有情绪唤起的情境中产生的亲社会倾向；“紧急的”指在发生紧急事件情况下做出的亲社会倾向（魏欣，陈旭，2010）。量表采用利克特5点计分法，从“非常不像我”到“非常像我”分别记为1～5分，取总平均分作为亲社会行为的指标，得分越高表明被试的亲社会行为越明显。该量表已在国内儿童青少年群体中广泛使用，具有较好的信效度（张兰鸽等，2011；王兴超，杨继平，2013；苏志强等，2012a）。进一步采用本研究的数据对该量表的结构模型进行验证，结果发现模型拟合良好（χ^2/df=1.67，CFI=0.99，NFI=0.98，IFI=0.99，RMSEA=0.037，SRMR=0.035）。本研究中，总量表的内部一致性系数为0.94，6个分维度的内部一致性系数在0.67～0.79之间。

4. 社会支持量表

采用范兴华等人（2012）修订、Ong和Ward（2005）编制的社会支持量表。该量表根据多个旅居者群体在新的文化环境下的社会支持特点编制而成，因而适用于测量流动人口群体在新环境中的社会支持状况。量表包含情感支持和工具性支持两个维度，共18个项目。要求流动儿童报告自己在城市生活中是否有人对其做过相应的行为，题目如“在你感到孤独和抑郁的时候，总有人能听你说话，陪你聊天”。采用5点计分法，从“没有人”到“很多人”分别记为1～5分。本研究采用总平均分作为社会支持的指标，得分越高表明流动儿童在城市获得的社会支持越多。该量表已在国内流动儿童群体中使用过，具有良好的信效度（范兴华等，2012）。进一步采用本研究的数据对该量表的结构模型进行验证，结果发现模型拟合良好（χ^2/df=4.21，CFI=0.98，NFI=0.98，IFI=0.98，RMSEA=0.062，SRMR=0.038）。本研究中，总量表的内部一致性系数为0.96，情感支持和工具性支持的内部一致性系数分别为0.93和0.92。

5. 群体认同量表

采用Phinney（1992）编制的群体认同量表（青少年版）来测量流动儿童的内群体认同感。该量表已被广泛应用于考察不同文化背景下儿童青少年的内群体认同状况，目前已在国内流动儿童群体中多次使用，具有良好的信效度（刘霞等，2013；刘霞，2013；邢淑芬等，2011）。量表包括情感认同和认知认同两个维度，共12个项目。采用6点计分法，从“非常不同意”到“非常同意”分别记为 1～6 分，取总平均分作为群体认同感的指标，得分越高表明被试对自己所在群体的认同感越强烈。进一步采用本研究的数据对该量表的结构模型进行验证，结果发现模型拟合良好（χ^2/df=4.80，CFI=0.97，NFI=0.96，IFI=0.97，RMSEA=0.068，SRMR=0.048）。本研究中，总量表的内部一致性系数为 0.90，情感认同和认知认同的内部一致性系数分别为 0.87 和 0.75。

三、数据处理

本研究的所有数据均采用 SPSS 19.0 和 LISREL 8.70 软件进行统计处理，具体的分析过程如下：第一步先是采用描述性统计对流动儿童社会适应行为（包括攻击性行为、社会退缩行为和亲社会行为）的特点进行初步分析，同时横向比较流动儿童和城市儿童在攻击性行为、社会退缩行为和亲社会行为上的差异；第二步采用描述性统计和 Pearson 积差相关分析了相对剥夺感与攻击性行为、社会退缩行为、亲社会行为、社会支持、群体认同的相关系数；第三步采用结构方程建模技术考察了相对剥夺感对流动儿童攻击性行为、社会退缩行为、亲社会行为的直接影响效应；第四步采用结构方程建模技术考察了社会支持在相对剥夺感与攻击性行为、社会退缩行为、亲社会行为之间的中介作用；第五步采用结构方程建模技术考察了群体认同在相对剥夺感与攻击性行为、社会退缩行为、亲社会行为之间的调节作用。

此外，根据吴艳和温忠麟（2011）的建议，对本研究中的单维测验进行了打包（parceling）处理。采用随机法（random algorithm）将社会退缩行为所包含的题目打成 2 个包。2 个包的内部一致性系数分别为 0.77 和 0.79，均大于 0.6 的门槛，满足打包处理的单维、同质条件（吴艳，温忠麟，2011），可以分别取均值进行相关的统计分析。而相对剥夺感（个体—认知 RD、个体—情感 RD、群体—认知 RD、群体—情感 RD）、攻击性行为（身体攻击、言语攻击、愤怒、敌意）、亲社会行为（公开的、匿名的、利他的、依从的、情绪性的、紧急的）、社会支持（情感支持、工具性支持）、群体认同（情感认同、认知认同）的维度指标作为观测变量，没有作打包处理。

四、共同方法偏差的控制与检验

由于本研究中的多个变量数据均由被试者提供，因此有可能存在共同方法偏差效应。数据收集完成后，进一步采用 Harman 单因子检验对共同方法偏差效应进行检验，结果表明特征根大于 1 的因子共有 18 个，且第一个因子解释的变异量为 17.63%，小于 40%的临界标准，说明共同方法偏差在本研究中并不严重（Ashford & Tsui，1991；周浩，龙立荣，2004）。

第三节 研究结果

一、流动儿童社会适应行为的特点及与城市儿童的比较

在具体分析相对剥夺感对流动儿童社会适应行为的影响及其作用机制之前，先对流动儿童社会适应行为的总体水平进行分析。描述性统计分析显示（表 8-1），流动儿童攻击性行为得分为 2.72±0.75，略低于理论中值 3.00；社会退缩行为得分为 2.46±0.85，低于理论中值 3.00；亲社会行为得分为 3.49±0.75，高于理论中值 3.00。这些结果说明，流动儿童的攻击性行为水平偏低，社会退缩行为水平较低，亲社会行为水平较高。总的来看，本研究中流动儿童的社会适应状况整体良好。

然后采用独立样本 t 检验对流动儿童与城市儿童在社会适应行为上的差异进行了分析，结果表明（表 8-1），流动儿童除了在社会退缩行为（t=3.10，p<0.01，d=0.13）上显著高于城市儿童之外，在社会适应行为的其他指标上二者之间均不存在显著性差异，进一步说明本研究中流动儿童的整体社会适应良好。

表 8-1 流动儿童与城市儿童社会适应行为差异比较（$M±SD$）

儿童类别	n	身体攻击	言语攻击	愤怒	敌意	攻击性行为	社会退缩行为	
流动儿童	1772	2.59±0.82	2.82±0.76	2.67±0.87	2.81±0.88	2.72±0.75	2.46±0.85	
城市儿童	635	2.57±0.78	2.80±0.84	2.66±0.79	2.79±0.79	2.71±0.66	2.35±0.88	
t		0.53	0.51	0.23	0.52	0.23	3.10**	
d		—	—	—	—	—	0.13	
儿童类别	n	公开的	匿名的	利他的	依从的	情绪性的	紧急的	亲社会行为
流动儿童	1772	3.34±0.86	3.40±0.78	3.56±0.86	3.52±0.76	3.51±0.79	3.56±0.89	3.49±0.75
城市儿童	635	3.37±0.89	3.41±0.85	3.58±0.82	3.52±0.83	3.51±0.84	3.58±0.83	3.50±0.67
t		−0.87	−0.20	−0.55	−0.05	0.07	−0.45	−0.29
d		—	—	—	—	—	—	—

注：d 表示效果量

二、描述性统计与主要变量间的相关分析

表 8-2 列出的是各研究变量的平均数、标准差和相关系数。结果与我们的预期一致，流动儿童的相对剥夺与攻击性行为（r=0.14，p＜0.001）、社会退缩行为（r=0.09，p＜0.01）均呈显著的正相关，与亲社会行为（r=−0.26，p＜0.001）、社会支持（r=−0.28，p＜0.001）、群体认同（r=−0.32，p＜0.001）均呈显著的负相关。说明流动儿童的相对剥夺感与攻击性行为、社会退缩行为、亲社会行为、社会支持以及群体认同具有较密切的联系。此外，社会支持与攻击性行为（r=−0.15，p＜0.001）、社会退缩行为（r=−0.10，p＜0.01）均呈显著的负相关，与亲社会行为（r=0.38，p＜0.001）呈显著的正相关。群体认同与攻击性行为（r=−0.13，p＜0.001）、社会退缩行为（r=−0.12，p＜0.01）均呈显著的负相关，与亲社会行为（r=0.50，p＜0.001）呈显著的正相关。与我们的预期相一致。

三、相对剥夺感对流动儿童社会适应行为的直接效应检验

采用结构方程模型分析相对剥夺感对流动儿童社会适应行为的直接影响效应。

第一，以相对剥夺感为自变量，以攻击性行为为因变量构建结构方程模型。在具体建模过程中，以相对剥夺感为外源潜变量，以个体—认知 RD、个体—情感 RD、群体—认知 RD 和群体—情感 RD 作为其观测变量；以攻击性行为作为内生潜变量，以身体攻击、言语攻击、愤怒和敌意作为其观测变量。直接效应分析结果的各项拟合指标分别为：χ^2/df=4.82，CFI=0.91，NFI=0.90，IFI=0.91，RMSEA=0.072，SRMR=0.061，模型拟合较好。相对剥夺感对流动儿童攻击性行为的直接作用路径系数显著（γ=0.18，t=3.48，p<0.01），模型测量部分的各参数估计在 0.58～0.88 之间（ps<0.001）。说明相对剥夺感对流动儿童的攻击性行为具有显著的正向预测作用，据此假设 H1 得到验证。

第二，以相对剥夺感为自变量，以社会退缩行为为因变量构建结构方程模型。在具体建模过程中，以相对剥夺感为外源潜变量，以其 4 个维度作为观测变量；以社会退缩行为为内生潜变量，以打包所得的两个指标作为其观测变量。直接效应分析结果的各项拟合指标分别为：χ^2/df=5.32，CFI=0.88，NFI=0.87，IFI=0.88，RMSEA=0.078，SRMR=0.064，模型可以接受。相对剥夺感对流动儿童社会退缩行为的直接作用路径系数显著（γ=0.13，t=2.62，p<0.05），模型测量部分的各参数估计在 0.58～0.88 之间（ps<0.001）。说明相对剥夺感对流动儿童的社会退缩行为具有显著的正向预测作用，据此假设 H2 得到验证。

表 8-2 各研究变量的描述性统计与相关分析（N=1772）

变量	M	SD	1	2	3	4	5	6	7	8	9	10	11	12	13	14	15	16	17
1. 个体—认知 RD	3.21	1.08																	
2. 个体—情感 RD	2.83	1.17	0.78***																
3. 群体—认知 RD	3.53	1.18	0.44***	0.46***															
4. 群体—情感 RD	3.40	1.22	0.42***	0.48***	0.79***														
5. 相对剥夺感	3.24	0.95	0.80***	0.82***	0.83***	0.83***													
6. 身体攻击	2.57	0.78	0.14***	0.14***	0.08**	0.05*	0.12***												
7. 言语攻击	2.82	0.76	0.08**	0.09***	0.06**	0.04	0.09***	0.55***											
8. 愤怒	2.66	0.79	0.13***	0.12***	0.07**	0.04	0.11***	0.70***	0.56***										
9. 敌意	2.79	0.79	0.14***	0.14***	0.11***	0.07**	0.14***	0.63***	0.61***	0.66***									
10. 攻击性行为	2.71	0.66	0.15***	0.15***	0.09***	0.06**	0.14***	0.85***	0.80***	0.87***	0.86***								
11. 社会退缩行为	2.37	0.85	0.10***	0.10***	0.03	0.03	0.09**	0.37***	0.33***	0.35***	0.47***	0.45***							
12. 亲社会行为	3.49	0.67	−0.27***	−0.27***	−0.16***	−0.16***	−0.26***	−0.17***	0.07**	−0.14***	−0.11***	−0.11***	−0.06*						
13. 情感支持	2.68	1.00	−0.27***	−0.28***	−0.16***	−0.17***	−0.27***	−0.08**	−0.04	−0.15***	−0.24***	−0.15***	−0.10***	0.36***					
14. 工具性支持	2.83	0.98	−0.29***	−0.29***	−0.18***	−0.19***	−0.29***	−0.07**	−0.04	−0.16***	−0.22***	−0.14***	−0.09***	0.38***	0.91***				
15. 社会支持	2.75	0.97	−0.29***	−0.29***	−0.17***	−0.18***	−0.28***	−0.07**	−0.04	−0.16***	−0.23***	−0.15***	−0.10***	0.38***	0.98***	0.98***			
16. 情感认同	4.16	1.06	−0.32***	−0.31***	−0.21***	−0.19***	−0.31***	−0.19***	0.01	−0.18***	−0.18***	−0.16***	−0.14***	0.49***	0.45***	0.48***	0.48***		
17. 认知认同	3.80	1.00	−0.31***	−0.31***	−0.17***	−0.16***	−0.29***	−0.09***	0.07**	−0.12***	−0.12***	−0.08**	−0.07**	0.45***	0.49***	0.51***	0.51***	0.75***	
18. 群体认同	3.98	0.96	−0.33***	−0.33***	−0.20***	−0.19***	−0.32***	−0.15***	0.04	−0.16***	−0.16***	−0.13***	−0.12***	0.50***	0.50***	0.53***	0.53***	0.94***	0.93***

注：RD=相对剥夺感

第三，以相对剥夺感为自变量，以亲社会行为为因变量构建结构方程模型。在具体建模过程中，以相对剥夺感为外源潜变量，以其 4 个维度作为观测变量；以亲社会行为为内生潜变量，以公开倾向、匿名倾向、利他倾向、依从倾向、情绪性倾向和紧急倾向作为其观测变量。直接效应分析结果的各项拟合指标分别为：χ^2/df=4.52，CFI=0.93，NFI=0.92，IFI=0.93，RMSEA=0.067，SRMR=0.048，模型拟合良好。相对剥夺感对流动儿童亲社会行为的直接作用路径系数显著（$\gamma=-0.32$，$t=-6.23$，$p<0.001$），模型测量部分的各参数估计在 0.58～0.88 之间（$ps<0.001$）。说明相对剥夺感对流动儿童的亲社会行为具有显著的负向预测作用，据此假设 H3 得到验证。

四、相对剥夺感对流动儿童社会适应行为的影响：社会支持的中介效应检验

采用结构方程模型分析来检验社会支持是否在相对剥夺感对流动儿童社会适应行为的影响之间起着中介作用。

第一，以相对剥夺感为自变量，以社会支持为中介变量，以攻击性行为作为因变量构建结构方程模型（图 8-2）。结果显示，相对剥夺感不仅对流动儿童的攻击性行为具有显著的直接影响（$\gamma=0.14$，$t=2.50$，$p<0.05$），也可通过社会支持（$\gamma=-0.34$，$t=-6.88$，$p<0.001$）对其攻击性行为（$\gamma=-0.13$，$t=-2.43$，$p<0.05$）产生显著的间接影响，说明社会支持在相对剥夺感对流动儿童攻击性行为的影响之间起着显著的部分中介作用。社会支持的中介效应为（−0.34）×（−0.13）=0.04，中介效应与总效应的比值为 0.04/（0.04+0.14）=0.22。进一步做 Sobel 检验，按照 Sobel 的检验公式 $Z=\hat{a}\hat{b}/\sqrt{\hat{a}^2 s_b^2+\hat{b}^2 s_a^2}$，社会支持在相对剥夺感与攻击性行为之间的中介作用显著，$Z=2.31$，$p<0.05$。模型的各项拟合指数分别为：χ^2/df=4.44，CFI=0.92，NFI=0.91，IFI=0.92，RMSEA=0.071，SRMR=0.058，达到了心理测量学的要求。据此假设 H4 得到验证。

第二，以相对剥夺感为自变量，以社会支持为中介变量，以社会退缩行为作为因变量构建结构方程模型（图 8-3）。结果显示，相对剥夺感对流动儿童社会退缩行为的直接效应不显著（$\gamma=0.03$，$t=0.70$，$p>0.05$），而相对剥夺感对社会支持的影响效应（$\gamma=-0.34$，$t=-6.87$，$p<0.001$）以及社会支持对社会退缩行为的影响效应（$\gamma=-0.09$，$t=-2.73$，$p<0.05$）均显著。这说明，相对剥夺感对社会退缩行为的影响可能以社会支持为完全中介。鉴于此，我们将相对剥夺感直接指向社会退缩行为的路径删除，从而建立以社会支持为中介变量的相对剥夺感对社会退缩行

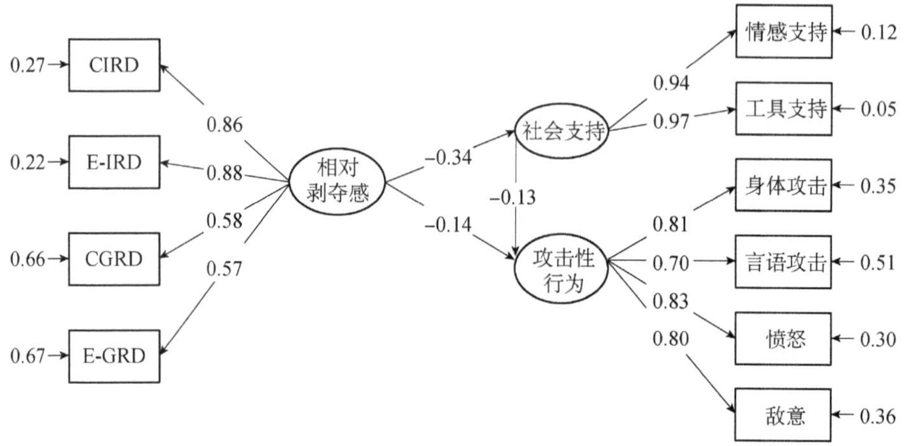

图 8-2 社会支持在相对剥夺感与攻击性行为之间的中介作用模型图

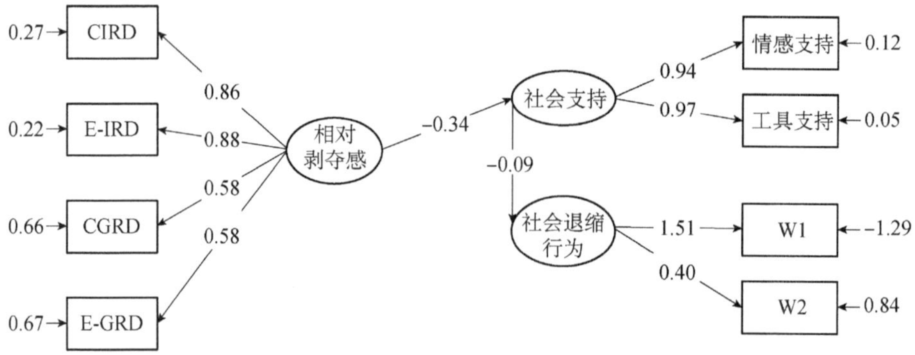

图 8-3 社会支持在相对剥夺感与社会退缩行为之间的中介作用模型图

为影响的完全中介模型。完全中介模型的各项拟合指数分别为：χ^2/df=4.10，CFI=0.93，NFI=0.92，IFI=0.93，RMSEA=0.074，SRMR=0.053，达到了心理测量学的要求。相对剥夺感会对社会支持产生显著的负向影响（γ=−0.34，t=−6.87，p<0.001），而社会支持会对流动儿童的社会退缩行为产生显著的负向影响（γ=−0.09，t=−3.04，p<0.01）。也就是说，社会支持在相对剥夺感与社会退缩行为之间起着显著的完全中介作用，其中介效应值为（−0.34）×（−0.09）=0.03。进一步做 Sobel 检验，按照 Sobel 的检验公式 $Z=\hat{a}\hat{b}/\sqrt{\hat{a}^2 s_b^2+\hat{b}^2 s_a^2}$，社会支持在相对剥夺感与社会退缩行为之间的完全中介作用显著，Z=2.80，p<0.01。据此，假设 H5 基本得到验证。

第三，以相对剥夺感为自变量，以社会支持为中介变量，以亲社会行为作为因变量构建结构方程模型（图 8-4）。结果显示，相对剥夺感不仅对流动儿童的亲社会行为具有显著的直接影响（γ=−0.20，t=−4.80，p<0.001），也可通过社会支持

（γ=−0.34，t=−6.96，p<0.001）对其亲社会行为（γ=0.33，t=6.82，p<0.001）产生显著的间接影响，说明社会支持在相对剥夺感对流动儿童亲社会行为的影响之间起着显著的部分中介作用。社会支持的中介效应为（−0.34）×0.33=−0.11，中介效应与总效应的比值为（−0.11）/（−0.11−0.20）=0.35。进一步做 Sobel 检验，按照 Sobel 的检验公式 $Z=\hat{a}\hat{b}/\sqrt{\hat{a}^2 s_b^2+\hat{b}^2 s_a^2}$，社会支持在相对剥夺感与亲社会行为之间的中介作用显著，Z=−4.83，p<0.01。模型的各项拟合指数分别为：χ^2/df=3.35，CFI=0.96，NFI=0.95，IFI=0.96，RMSEA=0.059，SRMR=0.043，达到了心理测量学的要求。据此假设 H6 得到验证。

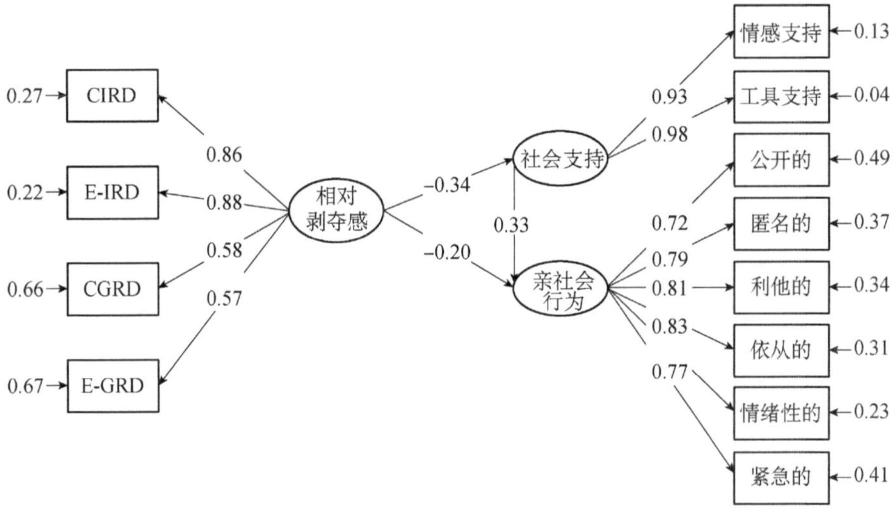

图 8-4　社会支持在相对剥夺感与亲社会行为之间的中介作用模型图

五、相对剥夺感对流动儿童社会适应行为的影响：群体认同的调节效应检验

在研究调节效应时，通常的做法是简单地将潜变量当作显变量来处理，采用分层回归的方法进行分析，然而这种做法并不妥，不仅精确度无法保证，而且有可能会导致错误的研究结论（温忠麟等，2012）。因此，本研究采用潜变量调节效应分析方法（吴艳等，2009；温忠麟等，2012）来检验群体认同是否在相对剥夺感与流动儿童社会适应行为的关系之间起着调节作用，具体采用无均值结构的无约束模型进行建模（吴艳等，2009）。

第一，以相对剥夺感为自变量，以群体认同为调节变量，以攻击性行为为因变量。将自变量、调节变量的各维度中心化后（Marsh et al.，2007），考察相对剥夺感各维度与群体认同各维度的交互项[①]对流动儿童攻击性行为的预测作用是否显著，以检验群体认同的调节作用是否显著（图 8-5）。结果表明，相对剥夺感与群体认同的交互项对攻击性行为的预测路径系数不显著（γ=0.01，t=0.08，p>0.05），说明群体认同对相对剥夺感与攻击性行为之间关系的调节作用不显著，群体认同并没有使相对剥夺感与攻击性行为的关系增强或减弱。整个模型的拟合水平也没有达到好模型的标准（χ^2/df=7.06，CFI=0.84，NFI=0.83，IFI=0.84，RMSEA=0.110，SRMR=0.089），进一步说明群体认同的调节作用不显著。据此，假设 H7 没有得到验证。

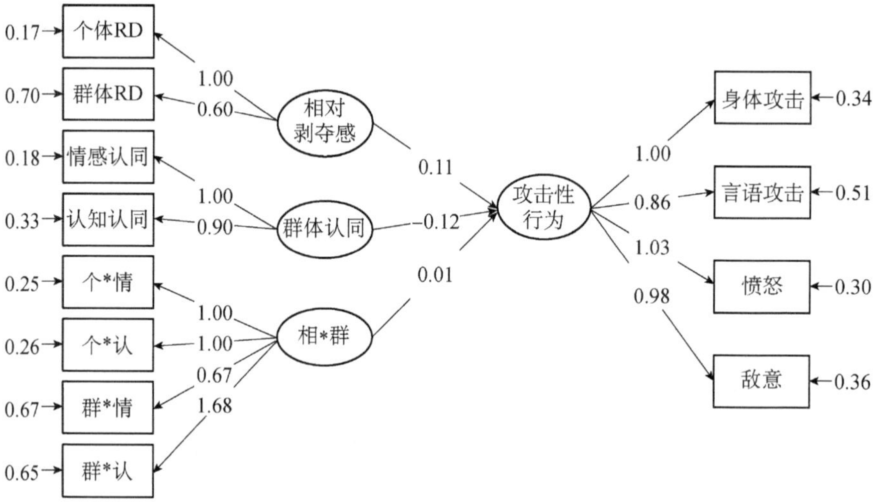

图 8-5　群体认同在相对剥夺感与攻击性行为之间的调节作用模型图

注：图中“相*群”为“相对剥夺×群体认同”的缩写；“个*情”为“个体 RD×情感认同”的缩写；“个*认”为“个体 RD×认知认同”的缩写；“群*情”为“群体 RD×情感认同”的缩写；“群*认”为“群体 RD×认知认同”的缩写；下同

第二，以相对剥夺感为自变量，以群体认同为调节变量，以社会退缩行为为因变量。将自变量、调节变量的各维度中心化后（Marsh et al.，2007），考察相对剥夺感各维度与群体认同各维度的交互项对流动儿童社会退缩行为的预测作用是否显著，以检验群体认同的调节作用是否显著（图 8-6）。结果表明，相对剥夺感与群体认同的交互项对社会退缩行为的预测路径系数不显著（γ=0.02，t=0.26，p>0.05），说明群体认同对相对剥夺感与社会退缩行为之间关系的调节作用不显著，群体认同并没有使相对剥夺感与社会退缩行为的关系增强或减弱。整个模型的拟合水平也较差（χ^2/df=10.24，CFI=0.78，NFI=0.77，IFI=0.78，RMSEA=

---

① 为了使自变量与调节变量的指标一致，采用个体相对剥夺和群体相对剥夺作为相对剥夺感的指标，通过两两相乘，共形成 4 个乘积指标；下同。

0.136，SRMR=0.094），进一步说明群体认同的调节作用不显著。据此，假设 H8 没有得到验证。

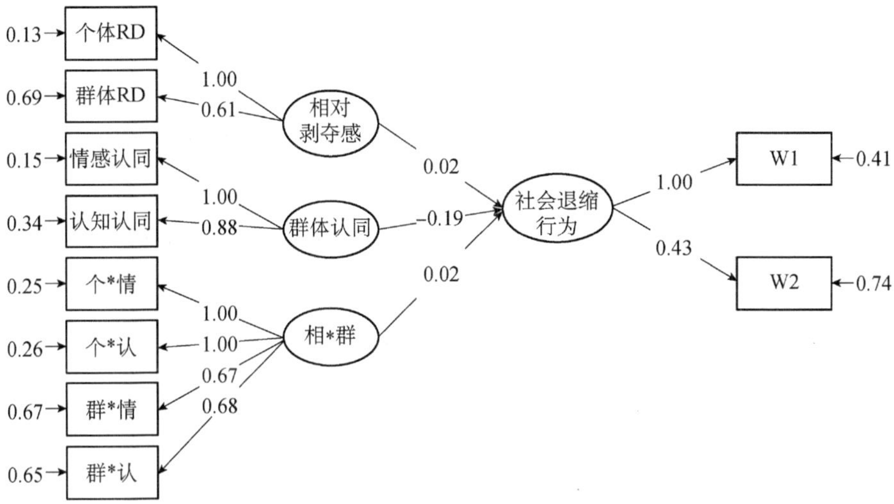

图 8-6　群体认同在相对剥夺感与社会退缩行为之间的调节作用模型图

第三，以相对剥夺感为自变量，以群体认同为调节变量，以亲社会行为为因变量。将自变量、调节变量的各维度中心化后（Marsh et al.，2007），考察相对剥夺感各维度与群体认同各维度的交互项对流动儿童亲社会行为的预测作用是否显著，以检验群体认同的调节作用是否显著（图 8-7）。分析结果的各项拟合指标分别为：χ^2/df=4.54，CFI=0.92，NFI=0.92，IFI=0.92，RMSEA=0.068，SRMR=0.049，模型拟合较好。相对剥夺感与群体认同的交互项对亲社会行为的预测路径系数显著（$\gamma=-0.08$，$t=-3.38$，$p<0.01$），说明群体认同可以显著地调节相对剥夺感与亲社会行为之间的关系。进一步通过简单斜率检验来分析群体认同对相对剥夺感与亲社会行为之间关系的调节作用趋势。按照平均分加减一个标准差对调节变量进行分组，平均分加一个标准差为高群体认同水平组，平均分减一个标准差为低群体认同水平组。从图 8-8 的调节作用示意图可以看出：当流动儿童的内群体认同水平较高时，相对剥夺感对其亲社会行为的负向影响较强（*simple slope*=−0.15，$t=-2.55$，$p<0.05$）；而当流动儿童的内群体认同水平较低时，相对剥夺感对其亲社会行为的负向影响较弱（*simple slope*=−0.09，$t=-1.38$，$p>0.05$）。这表明低的内群体认同感能够有效地缓解相对剥夺感对流动儿童亲社会行为的负性影响。据此，假设 H9 部分得到验证。

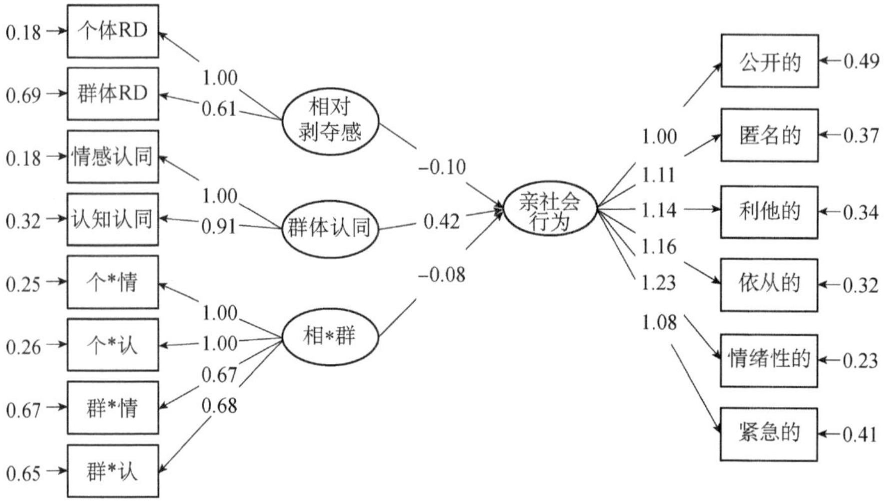

图 8-7 群体认同在相对剥夺感与亲社会行为之间的调节作用模型图

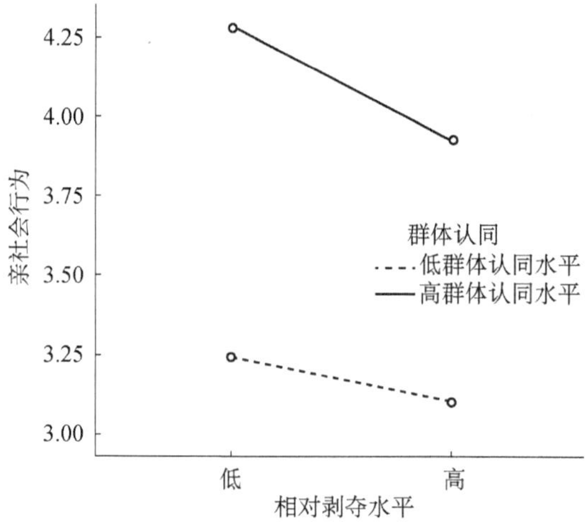

图 8-8 群体认同对相对剥夺感与亲社会行为之间关系的调节作用

第四节 讨论与结论

基于前人的研究和理论分析，本章考察了相对剥夺感对流动儿童社会适应行为的直接影响效应，并重点分析了社会支持在其中起到的中介作用以及群体认同在其中起到的调节作用，研究结果对于缓解流动儿童消极的社会适应行为、培养其积极的社会适应行为，进而促进流动儿童更好地融入城市社会等均具有重要的价值和意义。

一、流动儿童的社会适应状况整体良好

研究发现，流动儿童的攻击性行为水平较低，社会退缩行为水平较低，亲社会行为水平较高，说明本研究中流动儿童的社会适应状况整体良好。这与范兴华等人（2012）的研究结果相一致，他们针对流动儿童的研究显示，流动儿童的社会文化适应得分为3.89±0.62，位于项目答案“比较容易”附近，说明流动儿童的社会文化适应整体良好。可能的原因来自两方面：一方面，流动儿童通过与城市儿童相比较虽然体验到自身的诸多方面被相对剥夺，但是此时如果没有一定的外部诱因或触发情境，他们可能并不会出现实际的攻击、退缩或亲社会行为；另一方面，本研究主要采用问卷法测查流动儿童的社会适应行为，因而被试在作答时可能存在社会称许倾向，且问卷法主要测量的是外显的社会适应行为，流动儿童在这些行为的内隐层面水平如何，有待检验。

研究还发现，流动儿童的社会退缩行为水平显著高于城市儿童，这与前人的研究结果相一致（谢子龙等，2009；李晓东等，2007）。社会退缩行为作为一种内化问题行为，是儿童社会适应不良的典型表现形式之一，尤其是当环境发生改变时，就会产生焦虑、害怕、烦躁与退缩（徐岩，2011）。流动儿童大多由农村老家来到城市生活，面临着适应新环境的任务，再加上流动儿童的父母大多忙于生计，对流动儿童的关心和支持不够，这些都易导致流动儿童在城市生活中的自信心不足，容易出现孤僻、退缩、不合群等问题行为。这也提示我们，一方面应给予流动儿童更多的关心和支持，另一方面需要培养其自尊、自信的个性品质，使其能够与城市儿童一样大胆地展现自己、多交朋友。

二、相对剥夺感对流动儿童的社会适应行为存在显著的直接影响

结构方程模型分析表明，相对剥夺感对流动儿童的攻击性行为具有显著的正向预测作用，即随着相对剥夺感的增强，流动儿童的攻击性（行为）逐渐增加。这证实了本研究的假设H1，也与前人的类似研究结果相一致（Crosby，1976；Donnenwerth & Cox，1978；Wright et al.，1999）。流动儿童通过与城市儿童相比较，感知到自身处于不利地位，进而产生愤怒、不满以及挫折感等负性情绪。而挫折–攻击理论（Caskell & Smith，1984）认为，挫折能够引起一系列不同类型的行为反应，其中之一便是引发某种形式的攻击行为（孙时进，2011）。流动儿童

由于体验到一些基本权利被相对剥夺的感觉，因而容易导致其攻击性倾向增强或出现实际的攻击性行为。

研究发现，相对剥夺感对流动儿童的社会退缩行为具有显著的正向预测作用，即随着相对剥夺感的增强，流动儿童的社会退缩行为（或倾向）逐渐增加。这证实了本研究的假设 H2，也与以往的类似研究结果相一致（Eibner，2000；Kuo & Chiang，2013；Callan et al.，2011）。由于来自父母的关心以及社会资源的缺失，流动儿童（特别是刚来城市不久的流动儿童）往往缺乏大胆表现自我的自信，他们通过与城市儿童相比较感知到自身的不利地位和差异，这进一步加剧了其出现孤僻、不合群等社会退缩行为的可能性。

研究还发现，相对剥夺感对流动儿童的亲社会行为具有显著的负向预测作用，即随着相对剥夺感的增强，流动儿童的亲社会行为（或倾向）逐渐减少。这证实了本研究的假设 H3，也与以往的类似研究结果相一致。邱剑和安芹（2012）的研究发现，流动儿童的疏离感与亲社会行为呈显著负相关。本研究结果可以从两方面解释：一方面，流动儿童属于城市社会中的弱势群体或处境不利群体，因而其自身也是需要帮助或救助的群体；另一方面，流动儿童属于城市外来人口，对城市的认同感和归属感较弱，因而其在城市社会中产生友好、利他的亲社会行为的心理资源可能不足。鉴于相对剥夺感会对流动儿童的攻击性行为、社会退缩行为以及亲社会行为等社会适应行为产生显著的影响，因此在促进流动儿童社会适应的干预实践中，应重视对其相对剥夺感的干预和缓解。

三、社会支持在相对剥夺感对流动儿童社会适应行为的影响中起着中介作用

本章采用结构方程模型分析社会支持在相对剥夺感与流动儿童社会适应行为之间的中介作用，结果发现社会支持在相对剥夺感对流动儿童的攻击性行为和亲社会行为的影响之间均起着显著的部分中介作用，在相对剥夺感对社会退缩行为的影响之间起着显著的完全中介作用。这基本证实了本研究的假设 H4、H5 和 H6，也与前人的类似研究结果相一致（Prelow et al.，2006；范兴华等，2012；邱剑，安芹，2012）。社会支持的威胁模型认为，某些压力事件特别是创伤性事件或耻辱事件，会导致个体知觉到的社会支持减少，社会支持的减少进而导致个体的适应水平降低（范兴华等，2012）。流动儿童从农村老家来到城市生活，农村原有的社会支持网络被打破，城市生活中新的社会支持网络尚待完善，缺乏足够的社会资源。因此，在体验到一些基本权利被相对剥夺时，流动儿童对社会支持

会有缺失感，进而产生紧张、焦虑等负性心理。为了缓解这种紧张与焦虑心理，一些流动儿童会出现指向外部的攻击性行为（如违纪、欺负行为），另一些流动儿童则会出现指向内部的逃避退缩行为（如吸烟、酗酒、沉迷网络等）。以上攻击性行为和社会退缩行为是流动儿童面对相对剥夺体验的消极应对方式，当感知到自身的不利处境时，流动儿童也可能采用亲社会行为（如帮助、合作、分享）这种积极的应对方式，以期增强其对城市社会的认同感和归属感，进而更好地适应城市生活。本研究结果说明，在对流动儿童的社会适应行为进行干预的过程中，不仅需要注重对其相对剥夺感进行干预，还要注重对社会支持等中介变量进行干预，通过提高流动儿童的社会支持水平来缓解相对剥夺感的消极影响。

四、群体认同在相对剥夺感对流动儿童社会适应行为的影响中部分起着调节作用

采用潜变量调节效应分析方法检验群体认同在相对剥夺感与流动儿童社会适应行为之间的调节作用。结果发现，群体认同在相对剥夺感与亲社会行为的关系之间起着显著的调节作用。当流动儿童的内群体认同水平较高时，相对剥夺感对其亲社会行为的负向影响较强；当流动儿童的内群体认同水平较低时，相对剥夺感对其亲社会行为的负向影响较弱。该研究结果部分验证了假设 H9。社会认同理论认为（Tajfel & Turner，1986），相对剥夺感可能增强弱势群体的内群体认同，降低了他们的外群体认同。当流动儿童的内群体认同水平较高时，高的相对剥夺感会显著降低其出现亲社会行为的概率；而当流动儿童的内群体认同水平较低时，不管是高的相对剥夺水平还是低的相对剥夺水平，流动儿童的亲社会倾向水平均较低。尽管如此，高内群体认同水平的流动儿童的亲社会倾向还是显著高于低内群体认同水平的流动儿童。这说明，虽然内群体认同并没有在相对剥夺感对亲社会行为的影响之间起到缓冲和保护作用，但内群体认同本身对亲社会行为的促进作用足以抵消这种消极效应。

研究还发现，群体认同对相对剥夺感与攻击性行为以及相对剥夺感与社会退缩行为之间关系的调节作用均不显著。这没有证实本研究的假设 H7 和 H8，也与以往的类似研究结果存在一定的出入。范兴华等人（2012）的研究表明，内群体认同（即老家认同）对歧视知觉与社会文化适应的负向预测关系具有缓冲作用，适度的老家认同为流动儿童提供了一定程度的归属感和被接纳感，从而有利于缓冲歧视知觉给社会文化适应带来的消极影响。之所以出现研究结果的差异，可能与两个研究中对内群体认同的关注侧重点不同。范兴华等人对老家认同的考察主

要侧重于“在多大程度上像老家人”，流动儿童在文化和行为习惯上与老家人越像，感受到的歧视知觉也就越高。而在本研究中，内群体认同主要从认知和情感两个方面进行考察，认知认同主要考察流动儿童对所在群体的认识和了解程度，情感认同则主要考察流动儿童对所在群体的积极情感认同度（刘霞等，2013）。不过，这一研究结果的普遍性如何，还有待后续研究的进一步证实。鉴于本研究只是考察了内群体认同在相对剥夺感与流动儿童社会适应行为之间的调节作用，进一步的研究还可以从内/外群体认同相结合的角度，从而更深入地揭示群体认同在相对剥夺感与社会适应行为之间的作用机制。

五、结论

本章在前人研究及理论分析的基础上，系统考察了相对剥夺感对流动儿童社会适应行为的影响以及社会支持和群体认同在其中所起的作用，得出以下结论：

1）流动儿童的社会适应状况整体良好。其中攻击性行为水平偏低，社会退缩行为水平较低，亲社会行为水平较高。

2）流动儿童的社会退缩行为水平显著高于城市儿童，但在攻击性行为和亲社会行为上，二者之间不存在显著性差异。

3）相对剥夺感对流动儿童的攻击性行为和社会退缩行为具有显著的正向预测作用，对亲社会行为具有显著的负向预测作用。

4）社会支持在相对剥夺感对流动儿童的攻击性行为和亲社会行为的影响之间均起着显著的部分中介作用，在相对剥夺感对社会退缩行为的影响之间起着显著的完全中介作用。

5）群体认同在相对剥夺感与亲社会行为的关系之间起着显著的调节作用。当流动儿童的内群体认同水平较高时，相对剥夺感对其亲社会行为的负向影响较强；当流动儿童的内群体认同水平较低时，相对剥夺感对其亲社会行为的负向影响较弱。群体认同对相对剥夺感与攻击性行为以及相对剥夺感与社会退缩行为之间关系的调节作用均不显著。

第九章　外显与内隐：相对剥夺感对流动儿童内隐社会认知的影响——基于经典 IAT 范式

第一节　研究目的与假设

前述研究采用量表法考察了相对剥夺感对流动儿童心理适应和社会适应的影响及其作用机制，得出了一些有意义的研究结果。然而，量表法往往存在社会称许性等缺陷（Podsakoff et al.，2003），且量表法测量的主要是心理变量的外显成分，那么，相对剥夺感对流动儿童内隐社会认知的影响如何？本章拟解决这一问题。

美国社会学家 Sumner 最早提出内群体和外群体的概念，群体成员将自身所属群体视为“内群体”，非自身所属群体即“外群体”（丁芳等，2014）。人们总是对内群体表现出更友好的行为和态度，对外群体表现出敌意（严义娟，佐斌，2008）。研究者把这种在评价和行为上明显表现出对内群体偏爱的倾向称之为内群体偏好；反之，在评价和行为上明显表现出对外群体偏好的倾向被称为外群体偏好（Berkowitz，1986）。社会认同理论认为，群体内成员通过社会比较，倾向于在某些维度上夸大群体间的差异，给予内群体更积极的评价；个体从对内群体的积极认同中，寻求积极自我评价的同时贬抑外群体，以维持或提高个体自尊（Tajfel & Turner，1986）。近些年来，大量研究者发现弱势群体成员不仅存在内群体偏好，而且出现了外群体偏好（Jost，2001）。Mellott 和 Greenwald（1999）采用 IAT 进行的研究表明，弱势群体成员在内隐水平上接受内群体某些维度上的劣势，同时在认知、情感与行为上都表现出对优势群体成员无意识水平上的偏爱。这表明弱势群体的外群体偏好可能不是防御层面上的偏好，而是真正意义上的内化（严义娟，佐斌，2008）。向玲和赵玉芳（2013）采用加工分离程序（Process

Dissociation Procedure，PDP）对低地位群体（农村籍大学生）的研究发现，低地位群体成员对外群体有内隐偏爱，对内群体却不存在内隐偏爱。丁芳等人（2014）采用IAT对流动儿童和本地儿童的研究表明，流动儿童存在内隐外群体偏爱，对自身所属群体表现出内隐的消极认同；而本地儿童存在内隐内群体偏爱，对流动儿童具有内隐的消极认知。陈陈和张心玮（2013）的研究进一步明确表明，流动儿童表现出外显内群体偏好和内隐外群体偏好，其外显和内隐群际态度显著分离。综合以上理论和实证研究，我们可以得出：弱势群体（流动儿童）同时存在内群体偏好和外群体偏好，并且其内群体偏好与外群体偏好显著分离，表现为外显内群体偏好和内隐外群体偏好。此外，国外的大量研究表明，相对剥夺感会对弱势群体的群际态度产生重要影响（Smith et al.，2012），高相对剥夺水平弱势群体的外显内群体偏好水平显著高于低相对剥夺水平的弱势群体（Tripathi & Srivastava，1981；Walker，1999）。由于外显内群体偏好和内隐外群体偏好是弱势群体同时存在的心理现象，据此我们推论，高相对剥夺水平弱势群体的内隐外群体偏好水平也会显著高于低相对剥夺水平的弱势群体。根据以上系列表述，我们提出假设：

H1a：流动儿童的内隐群际偏好与外显群际偏好显著分离，表现为内隐外群体偏好和外显内群体偏好。

H1b：高相对剥夺水平流动儿童的内隐外群体偏好水平显著高于低相对剥夺水平的流动儿童。

自尊作为心理学领域的一个基础性核心构念，一直受到国内外学者的广泛关注。特别是随着Greenwald等人（1995）开创性地提出内隐自尊的概念以来，人们对自尊的理解和研究上升到一个新的高度，由传统的意识层面开始深入到无意识层面。内隐自尊效应表现为个体倾向于将自我与积极属性或事物相关联，将他人与消极属性或事物相关联（杨福义，梁宁建，2007）。在中国文化背景下进行的大量实证研究均表明，内隐自尊与外显自尊是相对独立的两个自我评价系统，二者之间相关不显著（仅存在低的正相关）（蔡华俭，2003；耿晓伟，郑全全，2005；张镇，李幼穗，2005；杨福义，梁宁建，2007；于全磊，2011）。然而，以上研究结果主要基于大学生和一般儿童青少年，关于流动儿童的内隐自尊效应及其与外显自尊的关系，目前学界少有关注。不过，肖崇好和黄希庭（2011）探讨了社交焦虑个体的内隐自尊和外显自尊，结果发现高社交焦虑个体在外显自尊上显著低于低社交焦虑个体，但在内隐自尊上二者没有显著性差异。杨福义和梁宁建（2005）对问题学生的研究发现，问题学生的内隐自尊和外显自尊也是相对独立的两个自我评价系统，其内隐自尊与外显自尊显著分离。唐春芳（2012）对流动儿童的探索性研究表明，流动儿童的外显自尊和内隐自尊之间相关不显著，说明两种自尊的结构相对独立。此外，相关研究（Lagace’，2003；Tougas et al.，2004）和实验研究（Walker，1999）都证实，个体相对剥夺与自尊负相关，高的相对剥夺会导致个体的低自尊。根据以上系列表述，我们提出假设：

H2a：流动儿童的内隐自尊与外显自尊显著分离。

H2b：高相对剥夺水平流动儿童的内隐自尊水平显著低于低相对剥夺水平的流动儿童。

攻击性（aggression）一直是心理学研究的重点和热点，它指的是“意图伤害他人的行为或行为倾向”（Archer，2009），包括身体攻击、言语攻击、敌意认知和表达愤怒情绪等具体表现形式（Buss & Perry，1992）。随着内隐社会认知研究的不断拓展与深入，研究者发现个体的攻击性同样具有内隐性（戴春林等，2005；朱婵媚等，2006；谢熹瑶等，2010）；并且发现内隐攻击性与外显攻击性存在分离的现象，分属两个不同的结构系统（徐德淼等，2007；王琳，2009）。研究还表明，网络行为失范者（胡志海，2009）、网络游戏成瘾者（崔丽娟等，2006）的内隐攻击性倾向显著高于对照组；攻击性网络游戏（陈美芬，陈舜蓬，2005）、网络暴力刺激（田媛等，2011a；田媛等，2011b）、阈下攻击启动（周颖等，2007）可显著提高个体的内隐攻击性水平，而积极情景线索可有效抑制个体的内隐攻击性（谢熹瑶等，2010）。从而说明特定群体的内隐攻击性要高于普通人群，同时说明个体的内隐攻击性并不是稳定不变的，通过一定的触发情境可有效改变（增强或抑制）个体的内隐攻击性。关于相对剥夺感与个体攻击性之间的关系，挫折-攻击理论（Caskell & Smith，1984）认为，挫折可以引起一系列不同类型的行为反应，其中之一是引起某种形式的攻击行为；挫折感是相对剥夺的产物，如果一个人失去他应该有的，可能导致攻击性行为（孙时进，2011）。调查和实验研究均表明，感知到的相对剥夺往往会引发个体的愤怒和不满情绪（挫折感），进而导致个体的攻击性行为（Crosby，1976；Donnenwerth & Cox，1978；Wright et al.，1999；Kawakami & Dion，1993；Stiles et al.，2000）。流动儿童作为我国城市社会一个特殊的弱势群体，他们在与城市儿童的对比过程中，认为自己应该得到的利益失去得太多，容易在心理上产生主观的相对剥夺感（李宁，2008；熊猛，叶一舵，2011），进而易出现校园暴力和越轨行为等（殷世东，王守恒，2009）。根据以上系列表述，我们提出假设：

H3a：流动儿童的内隐攻击性与外显攻击性显著分离。

H3b：高相对剥夺水平流动儿童的内隐攻击性水平显著高于低相对剥夺水平的流动儿童。

第二节 研究方法

一、研究对象

根据前期的调研结果，选取福州市一所公立混合普通中学初一、二年级的流动和城市儿童共216名。参考以往的相关研究，流动儿童的筛选标准为：父母没有任何一方去世；父母没有离异；儿童自身没有残疾；父母为农民工，户口在农村老家；非福州出生；随父母来福州暂时居住半年以上（刘霞等，2013）。相应地，城市儿童的筛选标准为：父母没有任何一方去世；父母没有离异；儿童自身没有残疾；父母为城市市民，户口在城市当地；福州出生；一直居住在福州。根据以上标准，选取了流动儿童73人，包括男生40人，女生33人；城市儿童65人，包括男生34人，女生31人。

接着采用前期自编的相对剥夺感量表，分别对73名流动儿童和65名城市儿童进行测量，将被试的量表总分按照由高到低的顺序排列，取得分在前27%的被试为高相对剥夺组，得分在后27%的被试为低相对剥夺组，最后得到高相对剥夺和低相对剥夺的流动儿童各20人，高相对剥夺和低相对剥夺的城市儿童各18人。独立样本t检验表明，对于流动儿童而言，高分组的相对剥夺感得分（81.96±8.82）显著高于低分组的相对剥夺感得分（50.77±10.42），$t(38)=8.24$，$p<0.001$；对于城市儿童而言，高分组的相对剥夺感得分（79.50±3.08）也显著高于低分组的相对剥夺感得分（49.67±11.74），$t(34)=6.02$，$p<0.001$。

最后让以上40名流动儿童和36名城市儿童的有效被试完成外显和内隐群际偏好测验、外显和内隐自尊测验以及外显和内隐攻击性测验。

被试的年龄在12～15岁之间，平均年龄为（13.46±0.86）岁。所有被试均为右利手，视力或者矫正后的视力正常。

二、实验设计

实验采用2（相对剥夺感水平：高 vs.低）×2（群体类别：流动儿童 vs.城市儿童）被试间实验设计。自变量为相对剥夺感水平和群体类别，均为被试间变量；因变量为被试完成内隐群际偏好测验、内隐自尊测验和内隐攻击性测验的反应时。

三、研究工具

本研究的实验材料主要包括三个 IAT、三个相应的外显量表、相对剥夺感量表以及个人基本信息调查表。

1. 内隐群际偏好测验

采用 E-prime2.01 软件编制内隐群际偏好测验（IAT1），其概念词与属性词借鉴唐春芳（2012）以及丁芳等人（2014）针对流动儿童的研究结果。概念维度由 7 个典型的流动儿童概念词和 7 个典型的城市儿童概念词组成；属性维度由 7 个典型的积极词汇和 7 个典型的消极词汇组成。具体如下：

流动儿童概念词：农村儿童、乡村儿童、外地儿童、外来儿童、乡下人、外地人、外来人；

城市儿童概念词：城里儿童、市区儿童、当地儿童、福州儿童、城里人、本地人、城市人；

积极属性词：自信、开放、时尚、乐观、优秀、合群、勇敢；

消极属性词：自卑、保守、土气、悲观、差劲、孤僻、懦弱。

2. 内隐自尊测验

采用 E-prime2.01 软件编制内隐自尊测验（IAT2），属性词部分参照 Greenwald 等人（2000）和吴明证等人（2009）设计的 IAT，而非我词为了与内隐攻击性相区别，采用非人物指向的代词（唐春芳，2012）。具体如下：

自我词：我、我的、自己、自己的、本人、本人的、自个、自个的；

非我词：那个、那个的、它、它的、别个、别人的、其他、其他的；

积极属性词：聪明、成功、能干、灵活、诚实、高尚、漂亮；

消极属性词：愚蠢、失败、无能、笨拙、虚伪、卑鄙、丑陋。

3. 内隐攻击性测验

同样采用 E-prime2.01 软件编制内隐攻击性测验（IAT3），其概念词与属性词借鉴戴春林等人（2006）以及陈欣和杜建政（2006）针对初中生的研究结果。具体如下：

自我词：我、自己、本人、俺、我们、自身；

非我词：他、他们、外人、他人、别人、人家；

攻击性词：侵犯、攻击、搏斗、战争、报仇、占领；

非攻击性词：和平、温顺、合作、信任、仁爱、谦让。

4. 外显群际偏好量表

参考唐春芳（2012）编制的外显群际偏好问卷（Explicit Intergroup Favoritism Questionnaire，EIFQ），并加以修订。其指导语如下：

下面是一些形容词，用于评价自我群体和外群体（流动儿童群体 vs.城市儿童群体）。请根据自己对自我群体与外群体的感觉和认识，在下面的评价量表中标出流动儿童群体和城市儿童群体一些特征的基本水平和程度。例如：对于流动儿童群体，我觉得这个群体：

差劲 1—2—3—4—5—6—7—8—9—10 优秀

如果觉得极为差劲，则选 1；如果觉得比较差劲，则选 2……如果觉得十分优秀，则选 10。

特征词采用前期访谈和预测中所获得的词汇，如自卑/自信、保守/开放、土气/时尚，共 20 对配对出现的积极词和消极词。所有被试先进行外群体评价，然后进行内群体评价，以突显出群际比较背景。外显群际偏好的指标为对内群体的平均感觉等级减去对外群体的平均感觉等级。本研究中外群体评价分量表和内群体评价分量表的内部一致性系数分别为 0.95 和 0.94。

5. 外显自尊量表

采用 Rosenberg（1965）编制的自尊量表，用以评定青少年关于自我价值和自我接纳的总体感受，该问卷作为对自尊的单维测量已经得到了广泛的应用。已有研究显示，该量表中的第 8 道题目不适合测量中国人的自尊（田录梅，2006），故本研究中对其予以删除，剩余 9 道题目，包括 5 道正向题，4 道反向题。采用四点计分法，从“非常不同意”到“非常同意”分别记为 1～4 分，总分越高说明被试自尊水平越高。本研究中该量表的内部一致性系数为 0.79。

6. 外显攻击性量表

采用 Buss 和 Perry（1992）编制的攻击性问卷评估个体的外显攻击性，此问卷在国内攻击性研究领域应用较为广泛（田媛等，2011a；陈超，2011）。量表包括身体攻击、言语攻击、愤怒和敌意四个分量表，共 29 个项目，其中第 9 题和第 16 题为反向计分题。采用利克特 5 点计分法，从“非常不符合”到“非常符合”分别记为 1～5 分，总分越高表明个体的攻击性倾向越强。本研究中，总量表的内部一致性系数为 0.89，四个分量表的内部一致性系数在 0.73～0.77 之间。

7. 相对剥夺感量表

采用第四章自编的相对剥夺感正式量表，其中流动儿童的比较对象分别为其他外地来的孩子（测量个体 RD）和城市当地的孩子（测量群体 RD），而城市儿童的比较对象分别为其他城市当地的孩子（测量个体 RD）和社会中的优势群体（测量群体 RD），据此形成了流动儿童相对剥夺感分量表和城市儿童相对剥夺感分量表，分别对本实验的流动儿童和城市儿童进行测量。本研究中，流动儿童相对剥夺感分量表和城市儿童相对剥夺感分量表的内部一致性系数分别为 0.88 和 0.86。

8. 个人基本信息调查表

根据研究的需要，自编了个人基本信息调查表，附在问卷测量的前面，主要包括被试的学号，群体类别（外地人 vs.当地人），性别，年龄，年级，独生与否，户口类型（城市 vs.农村），老家所在地，出生地，来城市时间等。

四、实验程序

在正式实验时，为了平衡顺序效应，我们对每个班的实验和问卷测量采取交错进行的方式，即每个班的一半学生先做外显问卷后进行 IAT 实验，另一半学生先完成 IAT 实验后做外显问卷，两组被试交错进行。外显问卷的施测及实验主试由研究者本人和经过培训的心理学研究生担任。在完成 IAT 实验时，我们随机分配被试做实验 A（任务顺序 A，相容任务在前，不相容任务在后）或实验 B（任务顺序 B，不相容任务在前，相容任务在后）。

我们以内隐群际偏好测验（任务顺序 A）为例，来具体说明 IAT 实验的整个流程。实验的基本任务是要求被试对呈现在计算机屏幕中央的刺激词进行归类，实验共分为七个部分：

第一部分为练习，屏幕会出现城市儿童概念词和流动儿童概念词，并要求被试迅速进行判断、归类，并按键选择。即是城市儿童概念词按“F”键反应，是流动儿童概念词按“J”键反应。当被试做出正确反应时，屏幕将出现蓝色的“√”；当被试按键出错时，屏幕会出现红色的“×”的错误提示，并鼓励其做出又快又正确的反应。后面的练习任务中，都会有同样的提示。

第二部分为练习，屏幕出现的是积极属性词和消极属性词，要求被试对积极属性词按“F”键反应，对消极属性词按“J”键反应。

第三部分为练习，与一、二部分不同的是，该部分为联合匹配反应任务。要求被试对概念词和属性词进行联合归类，即把城市儿童概念词和积极属性词归为一类，按“F”键反应；把流动儿童概念词和消极属性词归为一类，按“J”键反应。

第四部分为正式测验部分，实则为第三部分的重复。只不过第三部分是练习，第四部分是正式施测。

第五部分为第一部分的反转，要求被试对流动儿童概念词和城市儿童概念词进行迅速判断并作按键反应。不同的是，在这一部分要求其对流动儿童概念词按“F”键反应，对城市儿童概念词按“J”键反应。

第六部分为第三部分的反转，要求被试把流动儿童概念词和积极属性词进行联合辨认，并按“F”键反应；把城市儿童概念词和消极属性词进行联合辨认，并按“J”键反应。

第七部分为第六部分的重复，只是第六部分为练习部分，数据不进行统计分析，而第七部分为正式施测。

任务顺序 B 的指导语及实验步骤与任务顺序 A 基本相同，只是任务顺序 A 是相容任务在前，不相容任务在后；而任务顺序 B 是不相容任务在前，相容任务在后。

由于 IAT 测量的是被试的反应时，精确到毫秒，被试的个体状态会直接影响到测量的精度，所以试验数在正式施测前都要进行重复，以求更稳定的被试反应数据（Greenwald & Farham，2000）。本实验的第一、二、三、五、六部分均为练习，以便使被试尽快进入稳定的测试状态，练习部分都有对其给出正确或错误的提示，并鼓励其做出正确反应。第四、七部分为正式施测部分，在后续的数据统计中，我们只针对第四、七部分的数据进行分析。具体的实验程序如表 9-1 所示。

表 9-1 内隐群际偏好 IAT 实验程序

顺序	任务描述	任务顺序 A F 键——J 键	任务顺序 B F 键——J 键	试验次数
1	初始目标概念辨别（练习）	城市儿童——流动儿童	流动儿童——城市儿童	20
2	联想属性概念辨别（练习）	积极词——消极词	积极词——消极词	20
3	联合任务一（练习）	城市儿童+积极词——流动儿童+消极词	流动儿童+积极词——城市儿童+消极词	20
4	联合任务一（正式）	城市儿童+积极词——流动儿童+消极词	流动儿童+积极词——城市儿童+消极词	40
5	相反目标概念辨别（练习）	流动儿童——城市儿童	城市儿童——流动儿童	20
6	联合任务二（练习）	流动儿童+积极词——城市儿童+消极词	城市儿童+积极词——流动儿童+消极词	20
7	联合任务二（正式）	流动儿童+积极词——城市儿童+消极词	城市儿童+积极词——流动儿童+消极词	40

内隐自尊测验以及内隐攻击性测验的实验程序与内隐群际偏好测验的实验程序基本相同，只是概念词和属性词有所不同。

最后让被试填写班级、学号等个人信息，以与外显测量的问卷相对应。整个实验大约 50 分钟，实验结束时给每个被试一个学习用品以示答谢。

五、数据的预处理

根据 Greenwald 等人（1998）的建议，在对 IAT 测验所得的数据进行正式处理前很有必要对数据进行预处理。预处理的方法仍然参照 Greenwald 等人（1998）所提出的 IAT 数据预处理方法：①错误率超过 20%的被试数据不纳入分析；②被试反应时大于 3000 毫秒的以 3000 毫秒计，小于 300 毫秒的以 300 毫秒计；③每组的前两次测试数据不纳入分析；④为避免数据因非正态分布而影响实验结果的统计分析，对得到的有效反应时数据进行自然对数转换；⑤在内隐群际偏好和内隐自尊测验中，将不相容任务的平均反应时减去相容任务的平均反应时，得到的数值即为 IAT 效应；而在内隐攻击性测验中，将相容任务的平均反应时减去不相容任务的平均反应时，得到的数值才是 IAT 效应。本实验中的 IAT 效应将作为内隐群际偏好、内隐自尊以及内隐攻击性的指标。

第三节　研 究 结 果

一、性别差异

鉴于性别可能对内隐群际偏好、内隐自尊和内隐攻击性产生一定的影响，因此本研究首先检验是否存在性别差异。将性别、相对剥夺感水平和群体类别作为自变量，以内隐群际偏好效应、内隐自尊效应和内隐攻击性效应作为因变量，进行 2×2×2 方差分析。结果发现性别的主效应均不显著，性别与其他因素的交互作用也不显著，因此可以排除性别对实验结果的影响。

二、内隐群际偏好

（一）内隐群际偏好效应及其与外显群际偏好的关系

根据内隐测验的基本原理，当将流动儿童概念词与消极属性词归为一类进行相容判断时，应该反应快，反应时短；而将流动儿童概念词与积极属性词归为一类进行不相容判断时，应该反应慢，反应时长。以往研究表明，流动儿童表现出外显内群体偏好和内隐外群体偏好，其外显和内隐群际态度显著分离（陈陈，张心玮，2013；丁芳等，2014）。因此，本研究首先检验流动儿童的内隐群际偏好和外显群际偏好的特点及其关系，同时以城市本地儿童作为对照，分析城市儿童的内隐群际偏好与外显群际偏好的特点及其关系。

第一，考察流动儿童和城市儿童内隐群际偏好的特点。计算被试在相容任务（城市儿童概念词与积极属性词归为一类，流动儿童概念词与消极属性词归为一类）和不相容任务（流动儿童概念词与积极属性词归为一类，城市儿童概念词与消极属性词归为一类）的平均反应时，并进行配对样本 t 检验，以检验被试的内隐群际偏好效应。结果表明（表 9-2），所有被试（流动儿童和城市儿童）在不相容任务中的平均反应时均显著长于在相容任务中的平均反应时，说明内隐群际偏好效应显著（$p<0.001$）。即不管是流动儿童还是城市儿童，都倾向于将流动儿童与消极属性词联结在一起，将城市儿童与积极属性词联结在一起。具体来看，流动儿童在不相容任务中的平均反应时显著高于在相容任务中的平均反应时，表明流动儿童存在内隐外群体偏好，对自身所属群体表现出内隐的消极认同；城市儿童在不相容任务中的平均反应时显著高于在相容任务中的平均反应时，表明城市儿童存在内隐内群体偏好，对流动儿童具有内隐的消极认知。

表 9-2　内隐群际偏好测验中相容任务与不相容任务平均反应时比较

群体类别	相容任务		不相容任务		t	p	d
	M	SD	M	SD			
流动儿童	2.93	0.09	3.04	0.09	−8.35***	<0.001	1.22
城市儿童	2.92	0.08	3.03	0.09	−7.86***	<0.001	1.29
总体	2.93	0.08	3.03	0.09	−11.02***	<0.001	1.17

第二，考察流动儿童和城市儿童的外显群际偏好的特点。外显群际偏好的指标为对内群体的平均感觉等级减去对外群体的平均感觉等级，差值若为正，且差异显著，则表明被试存在“外显内群体偏好”；差值若为负，且差异显著，则表明被试存在“外显外群体偏好”。结果表明（表 9-3），流动儿童对内群体的平均感觉等级显著高于对外群体的平均感觉等级，表明流动儿童存在外显内群体偏好；城市儿童对内群体的平均感觉等级也显著高于对外群体的平均感觉等级，表明城市儿童也存在外显内群体偏好。

第三，为了进一步考察两类儿童内隐群际偏好与外显群际偏好的关系，我们分别将两类儿童的内隐群际偏好 IAT 效应与外显群际偏好的指标（对内群体的平

表 9-3　外显群际偏好测验中对内群体和外群体的平均感觉等级比较

群体类别	内群体感觉等级		外群体感觉等级		*t*	*p*	*d*
	M	*SD*	*M*	*SD*			
流动儿童	7.38	1.46	6.55	1.26	3.09**	0.006	0.61
城市儿童	7.13	1.45	6.82	1.25	2.45*	0.035	0.23
总体	7.24	1.45	6.65	1.25	2.89**	0.009	0.44

均感觉等级减去对外群体的平均感觉等级的差值）进行 Pearson 积差相关分析。结果发现，流动儿童的内隐群际偏好与外显群际偏好相关不显著（$r=-0.034$，$p>0.05$），表明流动儿童的内隐群际偏好和外显群际偏好显著分离，两种群际态度相对独立，验证了 H1a；城市儿童的内隐群际偏好与外显群际偏好相关显著（$r=-0.344$，$p<0.01$），表明城市儿童的内群群际偏好和外显群际偏好并没有发生显著分离。这也进一步印证了前述“流动儿童存在外显内群体偏好和内隐外群体偏好，而城市儿童同时存在外显内群体偏好和内隐内群体偏好”的研究结果。

（二）相对剥夺感对流动儿童内隐群际偏好的影响

以被试的内隐群际偏好 IAT 效应为因变量，采用 2（相对剥夺感水平：高 vs.低）×2（群体类别：流动儿童 vs.城市儿童）两因素方差分析。结果表明，相对剥夺感水平的主效应显著，$F(1, 72)=7.99$，$p=0.008$，$\eta^2=0.19$。群体类别的主效应不显著，$F(1, 72)=1.77$，$p=0.193$。相对剥夺感水平与群体类别的交互作用显著，$F(1, 72)=5.02$，$p=0.032$，$\eta^2=0.13$。不同实验处理条件下被试内隐群际偏好的描述性统计结果见表 9-4。

进一步的简单效应分析表明，对于流动儿童而言，高、低相对剥夺水平差异显著，$F(1, 38)=4.74$，$p=0.039$，$\eta^2=0.17$。高相对剥夺水平流动儿童的内隐外群体偏好水平显著高于低相对剥夺水平的流动儿童，验证了 H1b。对于城市儿童而言，高、低相对剥夺水平差异不显著，$F(1, 34)=1.25$，$p=0.289$，无论是高相对剥夺水平的城市儿童，还是低相对剥夺水平的城市儿童，被试的内隐内群体偏好水平均没有显著差异。

表 9-4　实验一不同处理条件下被试内隐群际偏好水平

相对剥夺水平	群体类别			
	流动儿童		城市儿童	
	M	*SD*	*M*	*SD*
高	0.29	0.17	0.15	0.13
低	0.09	0.05	0.12	0.09

三、内隐自尊

（一）内隐自尊效应及其与外显自尊的关系

根据内隐测验的基本原理，当将自我词与积极属性词归为一类进行相容判断时，应该反应快，反应时短；而将自我词与消极属性词归为一类进行不相容判断时，应该反应慢，反应时长。以往大量研究表明，普通儿童青少年的内隐自尊效应显著，且内隐自尊与外显自尊存在显著分离。因此，本研究检验身份具有可变性的流动儿童中是否存在内隐自尊效应，进而考察内隐自尊与外显自尊是否会显著分离，同时以城市本地儿童作为对照，进行进一步的比较分析。

第一，考察流动儿童和城市儿童内隐自尊的特点。计算被试在相容任务（自我词与积极属性词归为一类，非我词与消极属性词归为一类）和不相容任务（非我词与积极属性词归为一类，自我词与消极属性词归为一类）的平均反应时，并进行配对样本 t 检验，以检验被试的内隐自尊效应。结果表明（表 9-5），所有被试（流动儿童和城市儿童）在不相容任务中的平均反应时均显著长于在相容任务中的平均反应时，说明内隐自尊效应显著（$p<0.01$）。即不管是流动儿童还是城市儿童，都倾向于将自我与积极属性词联结在一起，将非我与消极属性词联结在一起。

表 9-5　内隐自尊测验中相容任务与不相容任务平均反应时比较

群体类别	相容任务		不相容任务		t	p	d
	M	SD	M	SD			
流动儿童	2.92	0.08	2.98	0.11	−3.23**	<0.001	0.62
城市儿童	2.90	0.09	2.97	0.08	−8.96***	0.004	0.82
总体	2.91	0.09	2.98	0.09	−8.86***	<0.001	0.78

第二，进一步采用独立样本 t 检验考察流动儿童的内隐自尊与城市儿童的内隐自尊是否存在显著差异。结果表明，虽然流动儿童的内隐自尊水平（0.05±0.07）要低于城市儿童（0.08±0.06），但二者之间并不存在显著差异，$t(74)=1.32$，$p>0.05$。关于流动儿童与城市儿童外显自尊的特点及其关系，第七章中已有详细阐述，这里不再赘述。

第三，检验两类儿童内隐自尊与外显自尊的关系。分别将两类儿童的内隐自尊 IAT 效应与外显自尊总平均分进行 Pearson 积差相关分析。结果发现，流动儿童的内隐自尊与外显自尊相关不显著（$r=-0.093$，$p>0.05$），城市儿童的内隐自尊与外显自尊相关也不显著（$r=-0.181$，$p>0.05$），表明两类儿童的内隐自尊与外显自尊显著分离，两种自尊结构相对独立，验证了 H2a。

（二）相对剥夺感对流动儿童内隐自尊的影响

以被试的内隐自尊 IAT 效应为因变量，采用 2（相对剥夺感水平：高 vs.低）×2（群体类别：流动儿童 vs.城市儿童）两因素方差分析，结果表明，相对剥夺感水平的主效应显著，$F(1, 72)=9.28$，$p=0.004$，$\eta^2=0.21$。群体类别的主效应不显著，$F(1, 72)=1.95$，$p=0.172$。相对剥夺感水平与群体类别的交互作用显著，$F(1, 72)=4.39$，$p=0.044$，$\eta^2=0.12$。不同实验处理条件下被试内隐自尊的描述性统计结果见表 9-6。

进一步的简单效应分析表明，对于流动儿童而言，高、低相对剥夺水平差异显著，$F(1, 38)=23.96$，$p<0.001$，$\eta^2=0.50$，高相对剥夺水平流动儿童的内隐自尊水平显著低于低相对剥夺水平的流动儿童，验证了 H2b。对于城市儿童而言，高、低相对剥夺水平差异不显著，$F(1, 34)=1.91$，$p=0.129$，无论是高相对剥夺水平的城市儿童，还是低相对剥夺水平的城市儿童，被试的内隐自尊水平都没有显著差异。

表 9-6　实验一不同处理条件下被试内隐自尊水平

相对剥夺水平	群体类别			
	流动儿童		城市儿童	
	M	*SD*	*M*	*SD*
高	0.06	0.05	0.10	0.04
低	0.14	0.03	0.14	0.03

（三）内隐攻击性

1. 内隐攻击性效应及其与外显攻击性的关系

根据内隐测验的基本原理，当将自我词与非攻击性词归为一类进行相容判断时，应该反应快，反应时短；而将自我词与攻击性词归为一类进行不相容判断时，应该反应慢，反应时长。与内隐群际偏好效应和内隐自尊效应的计算方法有所不同，此处是将相容任务的平均反应时减去不相容任务的平均反应时，得到的数值才是内隐攻击性效应，得分越高表明个体的内隐认知中自我与攻击的联结越紧密，个体的内隐攻击性越强。

第一，考察流动儿童和城市儿童内隐攻击性的特点。计算被试在相容任务（自我词与非攻击性词归为一类，非我词与攻击性词归为一类）和不相容任务（自我词与攻击性词归为一类，非我词与非攻击性词归为一类）的平均反应时，

并进行配对样本 t 检验，以检验被试的内隐攻击性水平。结果表明（表 9-7），城市儿童在相容任务中的平均反应时显著短于在不相容任务中的平均反应时，说明城市儿童倾向于将自我与非攻击性词联结在一起，将非我与攻击性词联结在一起；流动儿童在相容任务中的平均反应时和在不相容任务中的平均反应时没有显著性差异。研究结果说明不管是城市儿童还是流动儿童，其内隐攻击性水平都不高。

表 9-7 内隐攻击性测验中相容任务与不相容任务平均反应时比较

群体类别	相容任务		不相容任务		t	p	d
	M	SD	M	SD			
流动儿童	2.93	0.07	2.95	0.08	−1.78	0.082	—
城市儿童	2.94	0.10	2.99	0.11	−3.24**	0.004	0.48
总体	2.93	0.08	2.96	0.09	−3.22**	0.002	0.35

第二，进一步采用独立样本 t 检验考察流动儿童的内隐攻击性与城市儿童的内隐攻击性是否存在显著差异。结果表明，虽然流动儿童的内隐攻击性得分（−0.02±0.08）要高于城市儿童（−0.05±0.08），但二者之间并不存在显著差异，$t(74)=1.71$，$p>0.05$。关于流动儿童与城市儿童外显攻击性的特点及其关系，第八章中已有详细阐述，这里不再赘述。

第三，检验两类儿童内隐攻击性与外显攻击性的关系。分别将两类儿童的内隐攻击性 IAT 效应与外显攻击性总平均分进行 Pearson 积差相关分析。结果发现，流动儿童的内隐攻击性与外显攻击性相关不显著（$r=0.167$，$p>0.05$），城市儿童的内隐攻击性与外显攻击性相关也不显著（$r=-0.033$，$p>0.05$），表明两类儿童的内隐攻击性与外显攻击性显著分离，两种攻击性结构相对独立，验证了 H3a。

2. 相对剥夺感对流动儿童内隐攻击性的影响

以被试的内隐攻击性 IAT 效应为因变量，采用 2（相对剥夺感水平：高 vs. 低）×2（群体类别：流动儿童 vs.城市儿童）两因素方差分析，结果表明，相对剥夺感水平的主效应不显著，$F(1, 72)=0.001$，$p=0.97$。群体类别的主效应不显著，$F(1, 72)=0.014$，$p=0.91$。相对剥夺感水平与群体类别的交互作用不显著，$F(1, 72)=1.42$，$p=0.242$。研究结果说明高、低相对剥夺水平流动儿童的内隐攻击性不存在显著性差异，H3b 没有得到支持。不同实验处理条件下被试内隐攻击性的描述性统计结果见表 9-8。

表 9-8　实验一不同处理条件下被试内隐攻击性水平

相对剥夺水平	群体类别			
	流动儿童		城市儿童	
	M	*SD*	*M*	*SD*
高	−0.06	0.09	−0.02	0.03
低	−0.02	0.07	−0.05	0.11

第四节　讨论与结论

本章采用 Greenwald 等提出的经典 IAT 程序对城市流动儿童的内隐群际偏好、内隐自尊以及内隐攻击性进行了系统研究，具体拟解决三个方面的问题：①流动儿童的内隐群际偏好效应及其与外显群际偏好的关系，相对剥夺感对流动儿童内隐群际偏好的影响如何；②流动儿童的内隐自尊效应及其与外显自尊的关系，相对剥夺感对流动儿童内隐自尊的影响如何；③流动儿童的内隐攻击性效应及其与外显攻击性的关系，相对剥夺感对流动儿童内隐攻击性的影响如何。同时以城市当地儿童为对照，分析流动儿童与城市儿童在内隐群际偏好、内隐自尊及内隐攻击性方面的差异。

研究发现，流动儿童存在内隐外群体偏好和外显内群体偏好，其内隐群际偏好与外显群际偏好显著分离。这证实了本研究的假设 H1a，也与丁芳等人（2014）和陈陈等人（2013）的研究结果相一致。社会认同理论认为，弱势群体成员通过对内群体的积极认同，得到一种归属感与身份满足感；个体从对内群体的积极认同中，寻求积极自我评价的同时贬抑外群体，以维持或提高个体自尊（Tajfel & Turner，1986）。这可以解释流动儿童为何存在外显内群体偏好的现象。随着内隐社会认知技术的兴起，许多研究者发现，弱势群体出现了内群体偏好与外群体偏好共存的现象，即不仅存在外显内群体偏好，还存在内隐外群体偏好。这表明弱势群体成员已经将社会给内群体的消极刻板印象内化，在内隐水平上接受内群体某些维度上的劣势，同时在认知、情感与行为上都表现出对优势群体成员的无意识水平上的偏爱（严义娟，佐斌，2008）。总之，本研究结果可以很好地解释弱势群体成员心理上的内群体偏好与外群体偏好共存现象，能够将二者有机地统合起来。研究结果还显示，高相对剥夺水平流动儿童的内隐外群体偏好水平显著高于低相对剥夺水平的流动儿童，证实了本研究的假设 H1b。相对剥夺理论认为，个体主要通过与他人比较来评价其地位和处境，弱势群体成员经常体验到基本权利被剥夺的感觉，这种被剥夺感不仅容易使他们丧失掉现实生活中的很多机会，还会使其产生向优势群体流动的意愿和倾向（Mummendey et al.，1999；丁芳等，2014）。弱势群体成员的相对剥夺体验越强，对自身弱势地位的认同越高，从而外群体偏好越强（Levin，1992）。

研究表明，流动儿童的内隐自尊与外显自尊相关不显著，两种自尊结构相对独立。这证实了本研究的假设 H2a，也与以往的大量研究结果相一致（蔡华俭，2003；耿晓伟，郑全全，2005；张镇，李幼穗，2005；杨福义，梁宁建，2007；于全磊，2011）。同时，本研究在流动儿童这一特殊群体中发现内隐自尊与外显自尊分离的现象，进一步验证和丰富了自尊的二维结构说。双重态度模型（Wilson et al.，2000）认为，人们对同一态度对象可以同时存在两种不同的态度，一种处于深思熟虑的外显水平，另一种处于无意识的内隐水平。这种双重态度是通过态度改变的一般过程加以形成的，当一种态度从某一个效价水平转换到另一效价水平时，原来习惯化了的态度可能仍然存在于记忆中，并继续以一种自动化的内隐的方式影响个体的认知和行为（杨福义，2006）。这可以解释内隐自尊与外显自尊相关不显著的现象。研究结果还显示，高相对剥夺水平流动儿童的内隐自尊水平显著低于低相对剥夺水平的流动儿童，证实了本研究的假设 H2b。如前所述，高的相对剥夺感往往会导致弱势群体成员对自身弱势地位的认同增强，进而在内隐水平上接受自我某些维度上的劣势，从而内隐自尊水平显著降低。

研究还发现，流动儿童的内隐攻击性与外显攻击性相关不显著，两种攻击性结构显著分离。这证实了本研究的假设 H3a，也与以往的类似研究结果相一致（徐德淼等，2007；王琳，2009）。Berkowitz（1974）提出了攻击性的自动加工与控制加工双模型，认为攻击有时是侵犯者有意识的、理性的意图导致的，有时是相对没有经过思考的，如对某种情境中刺激的反应。根据该理论，外显攻击性应该是一种有意识的控制加工，而内隐攻击性应该是一种无意识的自动加工，从而为内隐攻击性与外显攻击性的分离提供了解释（田媛，2009）。研究结果还显示，高、低相对剥夺水平流动儿童的内隐攻击性不存在显著性差异，从而本研究的假设 H3b 没有得到支持。Berkowitz（1984）在挫折–攻击理论的基础上提出了认知新联结模型，认为挫折并不直接导致攻击，它只为攻击行为的实际发生创造了一种唤醒状态或准备状态，攻击行为的实际发生（或攻击性倾向的提高）可能还需要一定的外部诱发线索，如呈现一个与攻击有关的刺激或情境。根据该理论，弱势群体成员通过与优势群体进行比较，虽然在主观上产生了自身利益被相对剥夺的体验，但是此时如果没有外部诱发线索或者所触发的情境与自身利益无关时，弱势群体成员也不会出现实际的攻击行为或者增强攻击性倾向。大量相关研究印证了这一假说，例如，周颖等人（2007）研究发现，阈下攻击启动能够引发个体的内隐攻击性；田媛等人（2011b）研究证实，网络暴力刺激会增加青少年的内隐攻击性。张书维等人（2012）的研究进一步表明，在不同的触发情境下，群体相对剥夺对集群行为的影响机制有所不同：在利益无关情境下，群体认同调节群体相对剥夺与集群行为意向的关系；在利益相关情境下，无论凸显何种群体认同，高群体相对剥夺水平的个体比低群体相对剥夺水平的个体更倾向参与集群行为。可见，在探讨相对剥夺感对个体行为和群体行为的影响中，考虑情境因素是十分必要的。这也是实验二（第十章）需要重点改进和完善的地方。

本章采用经典IAT程序对城市流动儿童的内隐群际偏好、内隐自尊以及内隐攻击性进行了研究，得出以下主要结论：

1）流动儿童的内隐群际偏好与外显群际偏好显著分离，表现为内隐外群体偏好和外显内群体偏好；高相对剥夺水平流动儿童的内隐外群体偏好水平显著高于低相对剥夺水平的流动儿童。

2）流动儿童的内隐自尊与外显自尊显著分离；高相对剥夺水平流动儿童的内隐自尊水平显著低于低相对剥夺水平的流动儿童。

3）流动儿童的内隐攻击性与外显攻击性显著分离；高、低相对剥夺水平流动儿童的内隐攻击性水平不存在显著性差异。

第十章　旁观与卷入：相对剥夺感对流动儿童内隐社会认知的影响——触发情境的调节作用

第一节　研究目的与假设

实验一（第九章）中虽然得出流动儿童的内隐攻击性与外显攻击性显著分离，但是并未发现高相对剥夺水平流动儿童的内隐攻击性水平显著高于低相对剥夺水平的流动儿童。这可能是由于个体攻击行为的实际发生或者内隐攻击性水平的显著提高，还需要一定的外部诱发线索或情境，而实验一中未能考虑情境因素对流动儿童内隐攻击性的影响。通过与城市儿童相比较，高相对剥夺水平流动儿童虽然体验到自身的诸多方面被相对剥夺，但是此时如果没有一定的诱发情境或者感知到当前的情境与自身利益无关，他们可能也不会表现出较高的内隐攻击性。国内学者所做的探索性研究也初步证实了情境因素的重要作用。如张书维等人（2012）在探讨群体相对剥夺对集群行为的影响时发现，在不同的触发情境下，群体相对剥夺对集群行为的影响机制有所不同：在利益无关情境下，群体认同调节群体相对剥夺与集群行为意向的关系；而在利益相关情境下，无论凸显何种群体认同，高群体相对剥夺水平的个体比低群体相对剥夺水平的个体更倾向参与集群行为。唐春芳（2012）在考察流动儿童的自尊对群际偏好的影响时发现，流动儿童在威胁情境下的外显内群体偏好水平比非威胁情境下要高，而内隐内群体偏好比非威胁情境下要低（即内隐外群体偏好比非威胁情境下要高）。综合以上理论分析和实证研究，我们推论：情境因素可能在流动儿童的相对剥夺感与内隐攻击性之间起着一定的调节作用。因此，本章针对实验一的局限，首先检验相对剥夺感对流动儿童内隐攻击性的影响是否会因触发情境的不同而变化；然后进一步考察加入情境因素之后，相对剥夺感对流动儿童的内隐群际偏好和内隐自尊的影响是否也会发生变化。参照前人的相关研究（张书维等，2012），我们具体设置利益相关情境和利益无关情境两个触发情境（后续研究方法部分会具体阐述）。根据以上系列表述，我们提出假设：

H1：触发情境对相对剥夺感与流动儿童内隐群际偏好之间的关系具有调节作用。

H1a：在利益相关情境下，高相对剥夺水平流动儿童的内隐外群体偏好水平显著高于低相对剥夺水平的流动儿童。

H1b：在利益无关情境下，高、低相对剥夺水平流动儿童的内隐外群体偏好水平不存在显著性差异。

H2：触发情境对相对剥夺感与流动儿童内隐自尊之间的关系具有调节作用。

H2a：在利益相关情境下，高相对剥夺水平流动儿童的内隐自尊水平显著低于低相对剥夺水平的流动儿童。

H2b：在利益无关情境下，高、低相对剥夺水平流动儿童的内隐自尊水平不存在显著性差异。

H3：触发情境对相对剥夺感与流动儿童内隐攻击性之间的关系具有调节作用。

H3a：在利益相关情境下，高相对剥夺水平流动儿童的内隐攻击性水平显著高于低相对剥夺水平的流动儿童。

H3b：在利益无关情境下，高、低相对剥夺水平流动儿童的内隐攻击性水平不存在显著性差异。

第二节　研究方法

一、研究对象

由于实验一已经对流动儿童与城市儿童在内隐社会认知上的差异进行了系统分析，本研究只选取流动儿童作为被试。为了进一步验证实验一的研究结果，我们选取了与实验一被试不同的福州市另一所公立混合普通中学，共抽取初一、初二年级的学生 270 名。参考以往的相关研究，流动儿童的筛选标准为：父母没有任何一方去世；父母没有离异；儿童自身没有残疾；父母为农民工，户口在农村老家；非福州出生；随父母来福州暂时居住半年以上（刘霞等，2013）。根据以上标准，选取了流动儿童 142 人，包括男生 68 人，女生 74 人。

接着采用前期自编的相对剥夺感量表，分别对 142 名流动儿童进行测量，将被试的量表总分按照由高到低的顺序排列，取得分在前27%的被试为高相对剥夺组，得分在后27%的被试为低相对剥夺组，最后得到高相对剥夺和低相对剥夺的流动儿童各38人。高相对剥夺组的得分为80.02±4.13，低相对剥夺组的得分为50.40±8.37，独立样本t检验结果表明，两组被试相对剥夺得分差异显著，$t(74)=21.44$，$p<0.001$。

最后随机分配以上38名高相对剥夺水平的流动儿童一半完成利益相关情境下的内隐测验，另一半完成利益无关情境下的内隐测验；同理，随机分配以上38名低相对剥夺水平的流动儿童一半完成利益相关情境下的内隐测验，另一半完成利益无关情境下的内隐测验。

被试的年龄在12～15岁之间，平均年龄为（13.50±0.72）岁。所有被试均为右利手，视力或者矫正后的视力正常。

二、实验设计

实验采用2（相对剥夺感水平：高 vs.低）×2（触发情境类型：利益相关情境 vs.利益无关情境）被试间实验设计。自变量为相对剥夺感水平和触发情境类型，均为被试间变量；因变量为被试完成内隐群际偏好测验、内隐自尊测验和内隐攻击性测验的反应时。

三、研究工具

由于实验一已经系统检验了流动儿童的内隐群际偏好与外显群际偏好、内隐自尊与外显自尊以及内隐攻击性与外显攻击性的关系，同时根据研究目的，本研究只是重点测查流动儿童的内隐群际偏好、内隐自尊和内隐攻击性。因此，本研究的实验材料主要包括两个触发情境材料、三个IAT、相对剥夺感量表以及个人基本信息调查表。

1. 触发情境材料

参考以往类似研究的实验范式（张书维等，2012）并结合流动儿童的实际，自编了两则虚拟的触发情境材料。其中，利益相关情境材料的大致内容如下：

近日，学校经研究决定，从下学期开始，在本校（A中学）就读的所有从外地来的学生（即老家在农村，并且为农村户口的学生），在开学时必须上交每人1000元的借读费。原因是外地来的学生占用了学校的教育资源，影响了学校的教育质量和升学率。

利益无关情境材料的大致内容如下：

近日，本校（A 中学）一名初三毕业生因为体能测试不达标而失去了报考省市重点高中的机会。据了解，该毕业生各门文化课成绩优秀（一直排在班级前三名），懂事乖巧，老师和同学们都非常喜欢她，仅仅因为中考体能测试不达标而失去了报考省市重点高中的机会，大家都觉得很不公平。

2. 内隐群际偏好测验

同第九章。

3. 内隐自尊测验

同第九章。

4. 内隐攻击性测验

同第九章。

5. 相对剥夺感量表

采用第四章自编的相对剥夺感正式量表，由于本研究中的被试只包含流动儿童，因此只采用流动儿童相对剥夺感分量表。本研究中，流动儿童相对剥夺感分量表的内部一致性系数为 0.90。

6. 个人基本信息调查表

根据研究的需要，自编了个人基本信息调查表，附在相对剥夺感量表的前面，主要包括被试的学号，性别，年龄，年级，独生与否，户口类型（城市 vs. 农村），老家所在地，出生地，来城市时间等。

四、实验程序

实验二与实验一在范式上基本相同，所不同的是加入了触发情境这一因素。

首先，在每个 IAT 正式实验前，分别在计算机屏幕上呈现相关触发情境材料。利益相关情境：让被试在 5 分钟内阅读以上“A 中学欲向所有从外地来的学生收取借读费”这一“真实”事件报道。利益无关情境：让被试在 5 分钟内阅读以上“A 中学一名优秀初三毕业生因体能测试不达标而失去了报考省市重点高中的机会”这一“真实”事件报道。

其次，在计算机下一屏呈现一个问题，用于自变量操纵检验。利益相关情境的问题是：您认为“A 中学欲向所有从外地来的学生收取借读费”这一事件，是否跟您目前的自身利益相关？利益无关情境的问题是：您认为“A 中学一名优秀初三毕业生因体能测试不达标而失去了报考省市重点高中的机会”这一事件，是否跟您目前的自身利益相关？选项均包括两个：1 相关，2 不相关。

最后，让被试完成 IAT 实验任务。我们以内隐攻击性测验（任务顺序 A，相容任务在前，不相容任务在后）为例，来具体说明 IAT 的整个流程。实验的基本任务是要求被试对呈现在计算机屏幕中央的刺激词进行归类，实验共分为七个部分：第一部分要求对非我词和自我词进行归类（是非我词按“F”键，是自我词按“J”键）；第二部分要求对攻击性词和非攻击性词进行归类（是攻击性词按“F”键，是非攻击性词按“J”键）；第三部分要求对概念词和属性词进行联合归类，即把非我词和攻击性词归为一类（按“F”键），把自我词和非攻击性词归为一类（按“J”键）；第四部分的任务与第三部分相同，取该部分记录结果作为统计分析的原始数据；第五部分仍然对非我词和自我词进行归类，但按键要求与第一部分相反（是自我词按“F”键，是非我词按“J”键）；第六部分仍然对概念词和属性词进行联合归类，但把自我词和攻击性词归为一类（按“F”键），非我词和非攻击性词归为一类（按“J”键）；第七部分的任务与第六部分相同，取该部分记录结果作为统计分析的原始数据。

任务顺序 B 的指导语及实验步骤与任务顺序 A 基本相同，只是任务顺序 A 是相容任务在前，不相容任务在后；而任务顺序 B 是不相容任务在前，相容任务在后。具体的实验程序如表 10-1 所示。

表 10-1　内隐攻击性 IAT 实验程序

顺序	任务描述	任务顺序 A F 键——J 键	任务顺序 B F 键——J 键	试验次数
1	初始目标概念辨别（练习）	非我——自我	自我——非我	20
2	联想属性概念辨别（练习）	攻击性——非攻击性	攻击性——非攻击性	20
3	联合任务一（练习）	非我+攻击性——自我+非攻击性	自我+攻击性——非我+非攻击性	20
4	联合任务一（正式）	非我+攻击性——自我+非攻击性	自我+攻击性——非我+非攻击性	40
5	相反目标概念辨别（练习）	自我——非我	非我——自我	20
6	联合任务二（练习）	自我+攻击性——非我+非攻击性	非我+攻击性——自我+非攻击性	20
7	联合任务二（正式）	自我+攻击性——非我+非攻击性	非我+攻击性——自我+非攻击性	40

在完成每个 IAT 程序之后，被试均须再次回答一个问题，用于自变量操纵的再检验，看被试是否是在研究者所触发的情境下完成的实验任务。利益相关情境

的问题是：请您回忆一下实验开始前的一则真实报道，您认为“A 中学欲向所有从外地来的学生收取借读费”这一事件，是否跟您目前的自身利益相关？利益无关情境的问题是：请您回忆一下实验开始前的一则真实报道，您认为“A 中学一名优秀初三毕业生因体能测试不达标而失去了报考省市重点高中的机会”这一事件，是否跟您目前的自身利益相关？选项也均包括两个：1 相关，2 不相关。

内隐自尊测验以及内隐群际偏好测验的实验程序与内隐攻击性测验的实验程序基本相同，只是概念词和属性词有所不同。

所有实验完成后让被试填写保密承诺，并向被试说明真实研究意图，告知被试实验前呈现的情境材料是虚构的，求得被试谅解，并再次郑重强调保密承诺的重要性。整个实验约 40 分钟，实验结束时给每个被试一个学习用品以示答谢。

五、操纵检验

在呈现触发情境材料之后，我们在被试完成 IAT 任务之前和之后均让被试判断“A 中学欲向所有从外地来的学生收取借读费”事件或“A 中学一名优秀初三毕业生因体能测试不达标而失去了报考省市重点高中的机会”事件是否与其目前的自身利益相关，以此来检验触发情境操纵的有效性。结果表明，全部 76 名被试中有 4 名被试未正确判断触发情境类型，其中 1 人把利益相关情境当成利益无关情境，1 人把利益无关情境当成利益相关情境，2 人前后判断不一致。在最后得到的 72 名有效被试中，被随机分配到利益相关情境下的 36 名被试前后两次判断都认为情境与目前的自身利益相关；而被随机分配到利益无关情境下的 36 名被试前后两次判断都认为情境与目前的自身利益无关。因此，本实验对触发情境的操纵是基本有效的。

六、数据的预处理

在对 IAT 测验所得的数据进行正式处理前，仍然参照 Greenwald 等人（1998）的建议对数据进行预处理：①错误率超过 20%的被试数据不纳入分析；②被试反应时大于 3000 毫秒的以 3000 毫秒计，小于 300 毫秒的以 300 毫秒计；③每组的前两次测试数据不纳入分析；④对得到的有效反应时数据进行自然对数转换；⑤在内隐群际偏好和内隐自尊测验中，将不相容任务的平均反应时减去相容任务的平均反应时，得到的数值即为 IAT 效应；而在内隐攻击性测验中，将相容任务的平均反应时减去不相容任务的平均反应时，得到的数值才是 IAT 效应。本实验中的 IAT 效应将作为内隐群际偏好、内隐自尊以及内隐攻击性的指标。

第三节 研 究 结 果

一、性别差异

与实验一类似，为了检验性别是否会对实验结果产生影响，将性别、相对剥夺感水平和触发情境类型作为自变量，以内隐群际偏好效应、内隐自尊效应和内隐攻击性效应作为因变量，进行 2×2×2 方差分析。结果发现性别的主效应均不显著，性别与其他因素的交互作用也不显著，因此可以排除性别对实验结果的影响。

二、内隐群际偏好

以被试的内隐群际偏好 IAT 效应为因变量，采用 2（相对剥夺感水平：高 vs.低）×2（触发情境类型：利益相关情境 vs.利益无关情境）两因素方差分析，结果表明，相对剥夺感水平的主效应显著，$F(1, 68)=21.69$，$p<0.001$，$\eta^2=0.22$。触发情境类型的主效应显著，$F(1, 68)=5.60$，$p=0.021$，$\eta^2=0.07$。相对剥夺感水平与触发情境类型的交互作用显著，$F(1, 68)=8.02$，$p=0.006$，$\eta^2=0.10$，从而说明触发情境对相对剥夺感与流动儿童内隐群际偏好之间关系的调节作用显著，验证了 H1。不同实验处理条件下被试内隐群际偏好的描述性统计结果见表 10-2。

表 10-2 实验二不同处理条件下被试内隐群际偏好水平

相对剥夺水平	触发情境类型			
	利益相关情境		利益无关情境	
	M	*SD*	*M*	*SD*
高	0.20	0.12	0.13	0.07
低	0.10	0.06	0.12	0.04

进一步的简单斜率检验表明（图 10-1），在利益相关情境下，高、低相对剥夺水平差异显著，$F(1, 34)=9.69$，$p=0.004$，$\eta^2=0.20$，高相对剥夺水平流动儿童的内隐外群体偏好水平显著高于低相对剥夺水平的流动儿童，验证了 H1a。在利益无关情境下，高、低相对剥夺水平差异不显著，$F(1, 34)=0.18$，$p=0.675$，无论是高相对剥夺水平的流动儿童，还是低相对剥夺水平的流动儿童，

被试的内隐外群体偏好水平都没有显著差异，验证了 H1b。

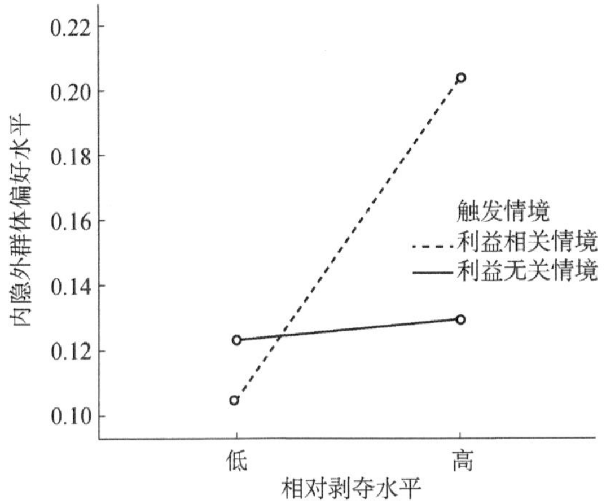

图 10-1　触发情境对相对剥夺感与内隐群际偏好之间关系的调节作用

三、内隐自尊

以被试的内隐自尊 IAT 效应为因变量，采用 2（相对剥夺感水平：高 vs.低）×2（触发情境类型：利益相关情境 vs.利益无关情境）两因素方差分析。结果表明，相对剥夺感水平的主效应显著，F（1，68）=4.26，p=0.042，η^2=0.05。触发情境类型的主效应显著边缘显著，F（1，68）=3.72，p=0.057，η^2=0.04。相对剥夺感水平与触发情境类型的交互作用显著，F（1，68）=5.23，p=0.025，η^2=0.06，从而说明触发情境对相对剥夺感与流动儿童内隐自尊之间关系的调节作用显著，验证了 H2。不同实验处理条件下被试内隐自尊的描述性统计结果见表 10-3。

表 10-3　实验二不同处理条件下被试内隐自尊水平

相对剥夺水平	触发情境类型			
	利益相关情境		利益无关情境	
	M	*SD*	*M*	*SD*
高	0.04	0.07	0.11	0.10
低	0.11	0.09	0.12	0.10

进一步的简单斜率检验表明（图 10-2），在利益相关情境下，高、低相对剥夺水平差异显著，F（1，34）=6.52，p=0.015，η^2=0.15，高相对剥夺水平流动儿童的内隐自尊水平显著低于低相对剥夺水平的流动儿童，验证了 H2a。在利益无关情境下，高、低相对剥夺水平差异不显著，F（1，34）=0.10，p=0.751，无论

是高相对剥夺水平的流动儿童，还是低相对剥夺水平的流动儿童，被试的内隐自尊水平都没有显著差异，验证了 H2b。

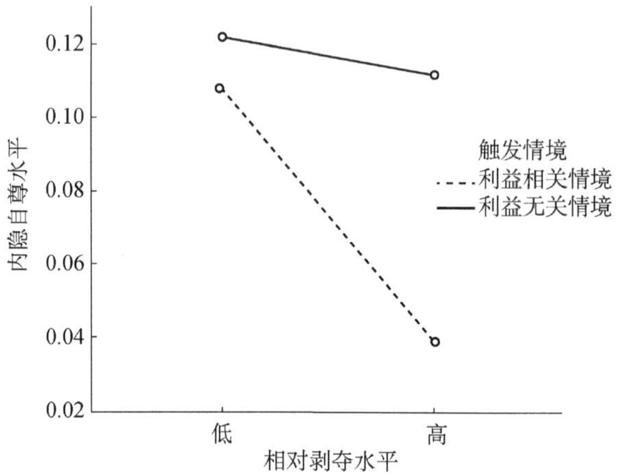

图 10-2 触发情境对相对剥夺感与内隐自尊之间关系的调节作用

四、内隐攻击性

以被试的内隐攻击性 IAT 效应为因变量，采用 2（相对剥夺感水平：高 vs.低）×2（触发情境类型：利益相关情境 vs.利益无关情境）两因素方差分析。结果表明，相对剥夺感水平的主效应边缘显著，F（1，68）=3.53，p=0.054，η^2=0.05。触发情境类型的主效应显著，F（1，68）=4.07，p=0.047，η^2=0.06。相对剥夺感水平与触发情境类型的交互作用显著，F（1，68）=4.34，p=0.044，η^2=0.09，从而说明触发情境对相对剥夺感与流动儿童内隐攻击性之间关系的调节作用显著，验证了 H3。不同实验处理条件下被试内隐攻击性的描述性统计结果见表 10-4。

表 10-4 实验二不同处理条件下被试内隐攻击性水平

相对剥夺水平	触发情境类型			
	利益相关情境		利益无关情境	
	M	*SD*	*M*	*SD*
高	0.082	0.12	0.014	0.09
低	0.009	0.11	0.002	0.08

进一步的简单斜率检验表明（图 10-3），在利益相关情境下，高、低相对剥夺水平差异显著，F（1，34）=4.53，p=0.042，η^2=0.10，高相对剥夺水平流动儿童的内隐攻击性水平显著高于低相对剥夺水平的流动儿童，验证了 H3a。在利益

无关情境下，高、低相对剥夺水平差异不显著，$F(1, 34)=0.20$，$p=0.657$，无论是高相对剥夺水平的流动儿童，还是低相对剥夺水平的流动儿童，被试的内隐攻击性水平都没有显著差异，验证了 H3b。

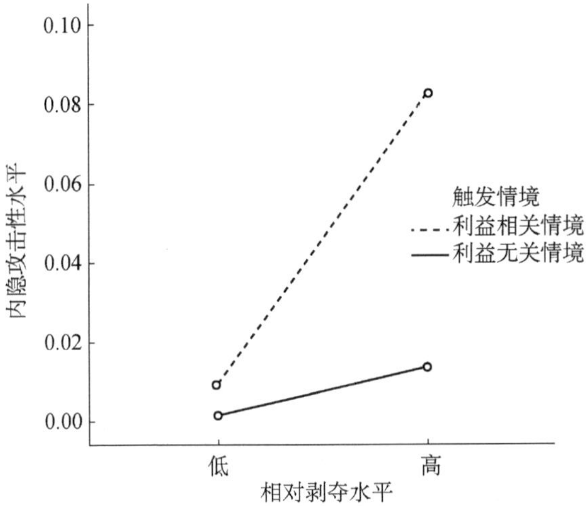

图 10-3　触发情境对相对剥夺感与内隐攻击性之间关系的调节作用

第四节　讨论与结论

针对实验一的不足，本章考虑情境因素在相对剥夺感对流动儿童内隐社会认知的影响中是否起到调节作用。参照以往的类似研究并结合流动儿童的实际，具体设置了两个触发情境：利益相关情境和利益无关情境。与以往研究（张书维等，2012）不同的是，本研究在被试完成 IAT 任务之前和之后分别对触发情境操纵的有效性进行了两次检验，只有两次均正确判断触发情境类型的被试才最后纳入实验结果分析，从而保证了最后得到的有效被试均是在研究者所触发的情境下完成 IAT 实验任务的。

研究发现，触发情境对相对剥夺感与流动儿童内隐群际偏好之间的关系具有调节作用。在利益相关情境下，高相对剥夺水平流动儿童的内隐外群体偏好水平显著高于低相对剥夺水平的流动儿童；在利益无关情境下，高、低相对剥夺水平流动儿童的内隐外群体偏好水平不存在显著性差异。这证实了本研究的假设 H1，也与以往的类似研究结果基本一致。唐春芳（2012）探讨了威胁情境与无威胁情境下流动儿童的自尊对群际偏好的影响差异。结果发现，流动儿童在威胁情境下的内隐内群体偏好水平比无威胁情境下要低，从而说明其内隐外群体偏好水平比无威胁情境下要高。这可能是由于在利益相关情境下，处于高相对剥夺水平的流动儿童进一步感知到自身的弱势地位，并在无意识层面表现出对城市儿童群体的羡慕。我们对流动儿童的实地访谈也发现，很多流动儿童期望跟城市本地儿童一样“有较多的零花钱”“有手机或电脑”“父母假期能够陪我去游玩”。本研究结果提示应重点关注城市流动儿童这一类弱势群体，从物质和精神上都要给予他们更多的支持和关爱，使他们真正能够享有和城市儿童一样快乐而充实的童年。另外，唐春芳（2012）的研究虽然发现流动儿童在威胁情境下的内隐内群体偏好要低于无威胁情境，但差异并不显著。正如该研究者所言，这可能与他们所使用的威胁情境类型有关，他们主要采用的是间接自尊威胁材料，被试本人可能并未感知到与自身的直接利益相关。而本研究采用的是直接的利益相关情境材料（并与利益无关情境材料相对照），得出被试的内隐群际偏好较利益无关情境下有显著差异，从而说明在探讨流动儿童相对剥夺感对内隐群际偏好的影响机制时，考虑不同情境的调节作用是非常必要的。

研究表明，触发情境对相对剥夺感与流动儿童内隐自尊之间的关系具有调节作用。在利益相关情境下，高相对剥夺水平流动儿童的内隐自尊水平显著低于低相对剥夺水平的流动儿童；在利益无关情境下，高、低相对剥夺水平流动儿童的内隐自尊水平不存在显著性差异。这证实了本研究的假设 H2。这可能是因为，对于高相对剥夺水平的流动儿童而言，利益相关情境使其进一步感受到自身受到区别对待，使其对自身弱势地位的认同进一步增强，进而在内隐水平上接受自我在某些方面处于不利地位的事实，从而导致其自我价值感降低，其内隐自尊水平也相应地显著降低。

研究还发现，触发情境对相对剥夺感与流动儿童内隐攻击性之间的关系具有调节作用。在利益相关情境下，高相对剥夺水平流动儿童的内隐攻击性水平显著高于低相对剥夺水平的流动儿童；在利益无关情境下，高、低相对剥夺水平流动儿童的内隐攻击性水平不存在显著性差异。这证实了本研究的假设 H3，也与前人的类似研究结果相一致。张书维等人（2012）在探讨群体相对剥夺、群体认同对集群行为的影响机制时发现，在利益相关情境下，无论凸显何种群体认同（群体认同的作用不显著），高群体相对剥夺水平的个体比低群体相对剥夺水平的个体更倾向参与集群行为；而在利益无关情境下，群体认同的作用显著，群体认同在群体相对剥夺与集群行为意向的关系之间起着显著的调节作用。不过张书维等人主要采用情景模拟的方式对在校大学生进行研究，而本研究直接针对城市流动儿童这一特殊弱势群体进行研究，因此研究结论的生态效度显著提高。对于本实验的研究结果，存在两种可能的解释：一方面，对于高相对剥夺水平的流动儿童而言，利益相关情境对其自身利益构成直接威胁，使其原本的高相对剥夺水平进一步被激化和外显化，产生不公平感乃至愤怒、不满等负性情绪体验，进而激发了其内隐攻击性倾向。另一方面，个体已有的相对剥夺水平在利益相关情境这种“强”刺激下可能不再重要，触发情境本身就足以导致个体的内隐攻击性水平显著提高（张书维等，2012）。当然，这并不是说相对剥夺感在此刻就没有作用，而是被利益相关情境这一外显刺激“掩盖”了。

综上，实验二在实验一的基础上，通过加入触发情境这一重要调节变量，证实了在利益相关情境下，高相对剥夺水平流动儿童的内隐攻击性水平显著高于低相对剥夺水平的流动儿童，从而弥补了实验一的不足。同时也证实了在不同的触发情境下，相对剥夺感对流动儿童的内隐群际偏好和内隐自尊的影响也会有所不同，从而进一步说明在探讨相对剥夺感对流动儿童内隐社会认知的影响时，考虑情境因素是十分必要的。

本章针对实验一的不足，进一步考虑情境因素在相对剥夺感对流动儿童内隐社会认知的影响中是否起着调节作用，通过研究得出以下结论：

1. 触发情境对相对剥夺感与流动儿童内隐群际偏好之间的关系具有调节作用

在利益相关情境下，高相对剥夺水平流动儿童的内隐外群体偏好水平显著高于低相对剥夺水平的流动儿童；在利益无关情境下，高、低相对剥夺水平流动儿童的内隐外群体偏好水平不存在显著性差异。

2. 触发情境对相对剥夺感与流动儿童内隐自尊之间的关系具有调节作用

在利益相关情境下，高相对剥夺水平流动儿童的内隐自尊水平显著低于低相对剥夺水平的流动儿童；在利益无关情境下，高、低相对剥夺水平流动儿童的内隐自尊水平不存在显著性差异。

3. 触发情境对相对剥夺感与流动儿童内隐攻击性之间的关系具有调节作用

在利益相关情境下，高相对剥夺水平流动儿童的内隐攻击性水平显著高于低相对剥夺水平的流动儿童；在利益无关情境下，高、低相对剥夺水平流动儿童的内隐攻击性水平不存在显著性差异。

第十一章　综合讨论与实践启示

一、社会大众不应戴着有色眼镜看待流动儿童的心理社会发展

国外关于相对剥夺感的研究主要关注于弱势群体与优势群体的比较，如德国统一后的东部民众与西部民众的对比（Schmitt & Maes，2002），加拿大以法语为母语者与以英语为母语者的对比（Bougie et al.，2011），南非黑人群体、有色人种与白人群体的对比（Appelgryn & Nieuwoudt，1988），以及移民群体与当地民众的对比（Grant，2008），等等。相比国外研究者的生态化视角，国内研究者大多并不是直接研究相对剥夺感主体（如弱势群体），而是以普通人群为研究对象（马皑，2012；张书维等，2012；丁倩等，2018；宋明华等，2018；柳思芳等，2021），因此其研究结果在推广到目标群体时可能受到限制。那么，作为我国城市化进程中形成的一个特殊的弱势群体，流动儿童通过与城市儿童（优势群体）相比较，其相对剥夺感的总体水平和发展特点如何？为了回答这一问题，我们首先采用规范的量表研制程序编制了一份适用于我国流动儿童的相对剥夺感量表。结果发现，流动儿童的相对剥夺感具有二阶双因素结构，即个体相对剥夺（个体—认知 RD 和个体—情感 RD）与群体相对剥夺（群体—认知 RD 和群体—情感 RD），自编量表具有良好的信效度。然后采用自编量表对流动儿童群体进行大规模广泛施测，结果发现流动儿童的相对剥夺感总体处于中等水平，且呈现出随着年龄的增长而逐渐升高的发展趋势。以上两个子研究基本回答了本书拟解决的第一个问题。

由于目前国内外对相对剥夺感的结构维度所包含的内容所持的观点并不一致，有的是从认知—情感 RD 的角度展开研究，有的是从个体—群体 RD 的角度展开研究，也有的仅仅考察了 RD 的认知成分或情感成分，但这些都不够完善。本书从个体—群体与认知—情感相结合的视角验证了相对剥夺感的个体—群体 RD 与认知—情感 RD 的二维垂直结构模型（Zagefka et al.，2013；Smith et al.，2012），并据此编制了一份信效度较高的定量测评工具，相关研究结果有助于完

整理解相对剥夺感的内容结构，同时为开展流动儿童相对剥夺感的实证研究奠定了一定的基础。

本书发现，流动儿童的相对剥夺感总体处于中等水平，说明流动儿童的相对剥夺体验并没有我们想象中的那么强烈。这至少可以从两方面来解释：一方面，以往的研究主要针对的是群体成员资格无法改变的弱势群体，而流动儿童的群体成员资格主要是其所属的流动人口身份，这种群体成员资格存在较大的可变性和相对隐蔽性（刘霞，申继亮，2010b）。因此，如果没有特别的触发情境，流动儿童可能并不会刻意去和城市儿童进行比较，因而体验到的相对剥夺感并没有那么强烈。另一方面，根据社会认同理论，如果弱势群体的成员面临群体边界是不可渗透的（即低地位群体成员无法加入高地位群体）情境时，群体成员会增强对本群体不利地位的感知，进而相对剥夺水平显著提高（Tajfel，1982；Turner & Brown，1978；Brown，2000；Ellemers，2002；Van Zomeren et al.，2008）。而如前所述，流动儿童的群体成员身份具有较大的可变性，通过自身的努力（如考学）或者返回老家等，流动儿童可以改变自己的群体成员身份（刘霞，申继亮，2010b）。也就是说，流动儿童所面临的群体边界是可以渗透的，这使得他们对本群体不利地位的感知并没有那么强烈，因而相对剥夺感也就没有那么强烈。该研究结果也提示我们，流动儿童并非“问题儿童”，流动儿童的心理社会发展并不一定滞后于城市本地儿童，因此社会大众（特别是城市居民）不应戴着有色眼镜看待流动儿童，而应该消除对流动儿童的刻板印象和认知偏差，既应看到他们在城市生活可能遇到的问题和困难，更应看到他们的心理韧性和发展潜能，从而以一个相对客观公正的态度看待流动儿童的心理与社会发展。

二、流动儿童相对剥夺感的形成机制仍有待深掘

相对剥夺感的产生是由主观、客观、心理、社会、文化等多种因素共同造成的（王思斌，1988）。针对普通人群的大量实证研究也表明，影响相对剥夺感发展的因素众多，如人口统计学方面的性别、年龄、受教育程度，个体因素方面的人格特质、归因方式、歧视知觉，环境因素方面的社会经济地位、收入水平、社会支持，等等。那么，对于流动儿童这一特殊的弱势群体而言，影响其相对剥夺感发展的关键个体因素和环境因素有哪些？这些因素的作用差异如何？为了回答这一问题，我们在文献回顾的基础上，采用层次回归分析考察了心理控制源、歧视知觉等个体因素以及家庭社会经济地位、学校班级环境等环境因素对流动儿童相对剥夺感的影响及其作用差异，结果发现在控制了人口统计学变量的影响之后，家庭社会经济地位、师生关系、同学关系和班级竞争气氛对流动儿童的相对

剥夺感具有显著的负向预测作用，心理控制源和歧视知觉具有显著的正向预测作用；环境因素对流动儿童相对剥夺感的预测效应整体上要大于个体因素，在环境因素中又以班级环境的预测效应较大，在个体因素中又以歧视知觉的预测效应较大。这些研究结果基本回答了本书拟解决的第二个问题。然而，流动儿童的相对剥夺感到底是如何形成的？其生成的临界点和内在的转化机制是什么？还有待进一步研究探讨。

美国心理学家 Bronfenbrenner 认为，个体的发展是人与环境的复合函数，即 D=f（PE）。其中，D 指的是个体的综合发展（development）；P 指的是人（people），即个体自身的内在因素；E 指的是环境（environment），即个体外在的环境因素（韩会君，陈建华，2010）。根据这一理论，流动儿童相对剥夺感的形成和发展也是内在的个体因素与外在的环境因素相互作用的结果，这可以解释个体和环境因素都会对流动儿童的相对剥夺感产生显著影响的结论。

Bronfenbrenner 还提出了生态系统理论，将影响个体发展的环境因素归为微观系统（microsystem）、中观系统（mesosystem）、外观系统（exosystem）以及宏观系统（macrosystem）（Bronfenbrenner，1979；Bronfenbrenner & Ceci，1994）。其中微观系统指个体必须直接面对和亲身接触的生活环境；中观系统指个体所处的两个或者两个以上的微观系统之间的相互关系或者相互作用；外观系统指在个体成长的生态环境中，一些环境因素并不直接接触或参与，但可以对个体产生间接的影响；宏观系统指影响个体的特定文化和亚文化等（伍新春等，2012）。根据该理论，影响流动儿童相对剥夺感发展的环境因素主要存在于微观系统、外观系统和宏观系统中。从微观系统来看，流动儿童的家庭环境、学校环境以及社区环境总体上并不十分有利。流动儿童的家庭社会经济地位普遍偏低，就读的学校大多是打工子弟学校或者城市远郊的公立学校，大多居住在城乡接合部，社区环境不够安静和整洁，治安状况较差（侯娟等，2009；周佳，2006；曾守锤，2010a）；从外观系统来看，流动儿童的父母大多从事的是“时间长、负荷高、报酬低”的体力劳动，这种职业特点可能导致流动儿童的父母在子女教育方面投入的经济资本匮乏，时间资源不足，导致流动儿童的物质和精神需要没有得到很好的满足（杨卉，2007；曾守锤，2010a）；从宏观系统来看，我国城乡分割的二元经济体制和户籍制度及其背后潜在的城乡文化差异，不仅使流动儿童感受到一定的社会排斥，而且容易使他们产生自我身份的认同危机，并面临适应城市社会文化的多重压力（任云霞，2006；白文飞，徐玲，2009；曾守锤，2010a）。可以说，流动儿童在城市适应的过程中遇到了重重困境和压力，而这些困境和压力大多来自其所直接接触的家庭环境和学校环境（即微观系统），因而环境因素（如家庭社会经济地位和学校班级环境）对流动儿童相对剥夺感的影响效应整体上要大于个体因素。这也提示我们，在流动儿童相对剥夺感的预防和干预实践中，个体水平的干预固然重要，但环境的改变更为关键（曾守锤，2010a）。

此外，Bronfenbrenner 的生态系统理论后期还加入了长期系统（chronosystem），指的是在个体发展过程中所有的社会生态系统会随着时间的变化而发生变化（韩会君，陈建华，2010）。这一观点可以用来解释流动时间在个体和环境因素对相对剥夺感的影响中起着一定的调节作用，即随着流动时间的延长，个体和环境因素对流动儿童相对剥夺感的影响呈减弱趋势。这也说明在探讨个体和环境因素对相对剥夺感的影响时，考虑流动时间的调节作用是非常必要的。

三、需重视相对剥夺感对流动儿童心理社会适应的消极影响

流动儿童跟随父母从农村老家来到城市生活，普遍面临着适应新环境的发展任务，如何促进流动儿童更好地适应和融入城市生活逐渐成为学界关注的重要课题（刘杨等，2008；刘杨等，2012；王中会，蔺秀云，2012）。在影响流动儿童城市适应的各种危险性因素中，通过与城市儿童相比较而体验到的相对剥夺感是一个非常突出的问题。那么，流动儿童城市适应的现状如何？相对剥夺感对流动儿童城市适应的影响效应如何？其内在作用机制是什么？我们通过两个实证研究来回答这一问题。第七章采用结构方程模型考察相对剥夺感对流动儿童心理适应（以心理健康、主观幸福感、自尊为指标）的影响，并重点分析个人控制感和公正世界信念在其中起到的作用。结果发现，流动儿童的心理适应状况整体良好；相对剥夺感对流动儿童的心理适应具有显著的直接预测作用，并且通过个人控制感间接地影响其心理适应状况；公正世界信念在相对剥夺感与心理适应的关系之间起着显著的调节作用，高的公正世界信念可以减弱相对剥夺感对心理适应的负性影响。类似地，第八章采用结构方程模型探讨相对剥夺感对流动儿童社会适应行为（以攻击性行为、社会退缩行为、亲社会行为为指标）的影响，并重点分析社会支持和群体认同在其中起到的作用。结果发现，流动儿童的社会适应状况整体良好；相对剥夺感对流动儿童的社会适应行为具有显著的直接预测作用，并且通过社会支持间接地影响其社会适应行为；群体认同在相对剥夺感与亲社会行为的关系之间起着显著的调节作用，高的内群体认同可以增强相对剥夺感对亲社会行为的负性影响。这些研究结果基本回答了本书拟解决的第三个问题。

本书发现流动儿童的心理社会适应状况整体良好，说明流动儿童的心理发展状况并没有我们想象中的那么糟糕。这可以用心理弹性的相关理论来解释。心理

弹性（resilience）是指个体在面临严重压力或逆境时，其心理功能没有受到损伤性影响，相反表现出良好发展的现象（屈卫国，2007）。心理弹性理论建立在对处境不利儿童进行研究的基础之上（王玉花，2010）。由于流动儿童在城市社会中容易陷入不利处境，因而传统的研究者往往对流动儿童存在认识偏差，且常给他们贴上“城市边缘群体”或“心理弱势群体”的标签（熊猛，叶一舵，2011），认为流动儿童的发展必然遵循着“处境不利（高危）—压力—适应不良”的直线模型。然而根据心理弹性理论，经历过严重压力或逆境的人也可能塑造出积极的心态和积极的心理品质，从而发展得更加完好甚至优秀（宋广文，骆风，2014）。这说明流动儿童也可能遵循着“处境不利—心理弹性—适应良好”的轨迹发展（赵淑娟等，2009），有的流动儿童可能会适应良好甚至非常出色，生活的挑战不但没有难倒他们，反而锻炼和塑造了他们积极的心理品质，如独立、坚韧、乐观、刻苦等（辜美惜等，2010）。

研究还发现，相对剥夺感会对流动儿童的心理适应和社会适应产生显著的不利影响，流动儿童的相对剥夺体验越强烈，其心理适应和社会适应水平越低。这可以用社会比较理论来解释。根据社会比较理论，个体主要通过与他人进行比较来评价自身的地位和处境，弱势群体成员经常体验到基本权利被相对剥夺的感觉，这种被剥夺感不仅使他们丧失掉现实生活中的很多机会，还会对其心理社会适应带来损害（Mummendey et al.，1999）。研究进一步表明，个人控制感在相对剥夺感对流动儿童心理适应的影响中起着中介作用，公正世界信念起着调节作用；社会支持在相对剥夺感对流动儿童社会适应行为的影响中起着中介作用，群体认同起着调节作用。流动儿童的心理社会适应受多种因素的共同影响，其中既包括相对剥夺感等危险性因素，也包括个人控制感、公正世界信念、社会支持和群体认同等保护性因素。危险性因素（risk factor）是指阻碍个体正常发展，使个体容易受到伤害而导致不良发展结果的生物的、心理的或者环境方面的因素；保护性因素（protective factor）是指那些能够促使个体更好地应对生活压力事件，减少消极发展结果出现可能性的个人或环境因素（黄群瑛，2011；江琴，2013）。在具体研究中，虽然单独考察危险性或保护性因素如何对儿童的心理社会适应产生影响更易于操作，但在儿童真实的成长环境中，往往是多重因素并存，两种或多种不同性质的因素相互叠加、缓冲或交互对儿童心理社会适应产生影响（金灿灿等，2011）。因此，本书在考察相对剥夺感对流动儿童心理社会适应的直接影响的基础上，进一步探讨哪些因素在其中起到缓冲或者调节作用，研究结果无论对于深入探明相对剥夺感对儿童心理社会适应的影响机制，还是对于从危险性因素和保护性因素相互作用的角度开展对流动儿童心理社会适应的预防和干预工作，均具有重要的理论和实践价值。

四、充分挖掘相对剥夺感影响流动儿童认知与行为的内隐机制

以上相对剥夺感对流动儿童城市适应的影响机制研究主要采用的是量表法，因而属于外显作用机制方面的考察。量表法虽然具有诸多优势，但也可能存在社会称许效应及共同方法偏差等缺陷。因此，我们采用实验法和量表法相结合的范式，进一步考察相对剥夺感对流动儿童内隐社会认知的影响及其作用机制。通过两个递进的子实验来回答以上问题。实验一（第九章）采用经典的 IAT 范式和量表法，考察相对剥夺感对流动儿童内隐社会认知（如内隐群际偏好、内隐自尊及内隐攻击性）的影响，并验证内隐社会认知与相应的外显成分是否会发生分离，结果验证了我们的假设：流动儿童的内隐群际偏好与外显群际偏好、内隐自尊与外显自尊以及内隐攻击性与外显攻击性均发生显著分离，高相对剥夺水平流动儿童的内隐外群体偏好水平显著高于低相对剥夺水平的流动儿童，内隐自尊水平显著低于低相对剥夺水平的流动儿童，但是在内隐攻击性上高、低相对剥夺水平的流动儿童却不存在显著性差异。实验二（第十章）针对实验一的不足，进一步考察触发情境因素（包括利益相关情境和利益无关情境两个水平）在相对剥夺感对流动儿童内隐社会认知的影响中是否起着调节作用。结果发现，触发情境对相对剥夺感与流动儿童内隐群际偏好、内隐自尊以及内隐攻击性之间的关系均具有调节作用。在利益相关情境下，高相对剥夺水平流动儿童的内隐外群体偏好和内隐攻击性水平显著高于低相对剥夺水平的流动儿童，而内隐自尊水平显著低于低相对剥夺水平的流动儿童；在利益无关情境下，高、低相对剥夺水平流动儿童的内隐外群体偏好、内隐自尊以及内隐攻击性水平均不存在显著性差异。这些研究结果基本回答了本书拟解决的第四个问题。

与以往研究发现一致，流动儿童的内隐社会认知与相应的外显成分也会发生显著的分离。这进一步支持和丰富了双重态度模型（dual attitudes model）理论。根据该理论，人们对同一态度对象能够同时存在两种不同的评价，一种是能够被人们所意识到的外显的态度，另一种是无意识的、自动激活的内隐的态度（Wilson et al.，2000；张林，张向葵，2003）。当一种态度从某一效价水平转换到另一效价水平时，原来习惯化了的态度可能仍然存在于记忆中，并继续以一种自动化的内隐的方式影响着个体的行为和认知（Wilson et al.，2000；杨福义，2006）。另外，本研究结果也可以用双加工模型（dual-processmodel）来解释。社会认知领域的大量理论与实证研究均表明存在两种信息加工系统，即外显和内隐（Barrett et al.，2004；Gawronski & Bodenhausen，2007）。双加工模型进一步明确

指出，人类存在两种信息加工系统，一种是自动化加工，另一种是控制加工（Chaiken & Trope，1999）。自动化加工是无意识、内隐或冲动型加工，不需要消耗注意资源；而控制加工是意识、外显或反省型加工，需要消耗注意资源。双加工模型的核心观点就是认为个体的行为取决于自动化加工和控制加工的相互作用（杨丽娴，2009）。

本书还发现城市儿童的外显群际偏爱与内隐群际偏爱趋于一致，即都表现出对内群体（城市儿童群体）的偏爱；而流动儿童的外显群际偏爱与内隐群际偏爱则发生了分离，即表现出外显内群体偏爱（对流动儿童群体的偏爱）和内隐外群体偏爱（对城市儿童群体的偏爱）。这一研究结果进一步验证了弱势群体成员心理上的内群体偏爱与外群体偏爱共存现象（严义娟，佐斌，2008）。系统公平理论（system justification theory）认为，不同地位的群体往往表现出不一致的群际偏好：优势群体倾向于内化外界对内群体的积极印象，从而更加偏爱内群体；而弱势群体则可能内化内群体的消极刻板印象及肯定优势群体的积极印象，从而表现出外群体偏爱（John et al.，2004；唐春芳，2012）。因此该研究结果也进一步支持了系统公平理论。根据本研究结果和相关的理论，本研究尝试初步提出流动儿童的双重群际态度模型，认为流动儿童存在两种不同的群际态度，即外显群际态度和内隐群际态度，在外显上表现出内群体偏爱（对流动儿童群体的偏爱），而在内隐上则表现出外群体偏爱（对城市儿童群体的偏爱）。当然，这一模型还有待后续研究的进一步检验。

本书第九章发现高相对剥夺水平流动儿童的内隐外群体偏好水平显著高于低相对剥夺水平的流动儿童，内隐自尊水平显著低于低相对剥夺水平的流动儿童，这与我们的预期一致。但是在内隐攻击性上却发现高、低相对剥夺水平的流动儿童不存在显著性差异，未能证实我们的假设。通过系统的文献回顾和深入的逻辑分析，我们认为实验一（第九章）可能忽视了情境因素的调节作用。因为通过与城市儿童相比较，拥有高相对剥夺感的流动儿童虽然体验到自身的诸多方面被相对剥夺，但是此时如果没有一定的诱发情境或者感知到当前的情境与自身利益无关，他们可能也不会表现出较高的内隐攻击性。国内学者的实证研究也证实了触发情境因素在相对剥夺感与群体行为之间起着重要的调节作用（张书维等，2012）。因此实验二（第十章）针对实验一（第九章）的不足，进一步纳入了情境因素，考察触发情境（包括利益相关情境和利益无关情境两个水平）是否在相对剥夺感对流动儿童内隐攻击性的影响中起着调节作用。结果证实了我们的假设，在利益相关情境下，高相对剥夺水平流动儿童的内隐攻击性水平显著高于低相对剥夺水平的流动儿童。对于触发情境因素的重要作用，我们尝试性作如下解释：触发情境线索可能激活了概念词与属性词之间的联结，增强了神经冲动在二者间的传递和扩散，暂时提高了概念词与属性词之间联结的激活阈限。有关内隐社会认知的早期信息加工理论认为，内隐社会认知受到很多因素的影响，动机、情境等多种因素都可以调节相关心理结构的激活（Blair，2002），IAT 的不稳定性是内隐社会认知过程复杂性和敏感性的体现（谢熹瑶等，2010）。其他学者也指出，内隐社会认知是一个动态建构的过程，而非对已有心理表征的被动提取过程（Mitchell et al.，2003）。这说明，当加入触发情境因素之后，高、低相对剥夺水平流动儿童的内隐攻击性由差异不显著变得差异显著，这不排除是 IAT 不稳定的表现，也意味着 IAT 对个体内隐社会认知的变化有较好的敏感性，能够及时反应被试内隐社会认知的建构过程（谢熹瑶等，2010）。本书结果还表明，在探讨相对剥夺感对内隐社会认知的影响时，考虑情境因素的作用是十分必要的。此外，本研究首次尝试在实验室中操纵触发情境来探究相对剥夺感对内隐社会认知的影响机制，在实验范式上突破了以往采用问卷调查的局限，为后续的相关研究提供了借鉴和参考。

五、对流动儿童心理健康教育的实践启示

本书相关成果对于流动儿童的家庭教育和学校心理健康教育工作具有重要的启示意义。

第一，引导流动儿童进行合理的社会比较，并对其不良情绪进行及时疏导。本书发现相对剥夺感包括认知比较和负性情感两个主要成分，因此在对流动儿童的相对剥夺感进行干预时，一方面应引导流动儿童进行合理的社会比较（如避免盲目的攀比或选择不恰当的比较对象），另一方面当流动儿童已经产生相对剥夺体验时，应注重对其不公平感、不满意感、挫折感以及愤怒感等不良情绪进行合理地疏导，避免其出现情绪失调。

第二，加强对特定类别流动儿童的心理疏导和情感关爱。研究表明流动儿童的相对剥夺感随着年龄的增长而逐渐升高，且非独生子女、流动时间较短、流动性较高的儿童其相对剥夺水平较高，因此相关家长和教育工作者应重点关注年龄较大、非独生、来城市时间较短以及频繁搬家和转学的流动儿童，加强对这些儿童的心理疏导和情感关爱。

第三，构筑起“个体—家庭—学校—社会—政府”五位一体的流动儿童关爱支持系统。研究发现心理控制源（外控型人格）、歧视知觉等个体因素以及家庭社会经济地位、学校班级环境等环境因素会对流动儿童的相对剥夺感产生显著的影响作用。因此，对于流动儿童自身来说，应引导其进行合理地归因（如尽量避免外归因）；对于流动儿童父母来说，不仅要关注子女的物质需要，更要关注其

精神和心理需求；对于相关学校的教师来说，应营造良好的班级心理环境，提高流动儿童的学校归属感；对于城市社会来说，应尽量消除对流动儿童的不公平对待和歧视现象；而对于政府来说，则应着力推进户籍制度改革，切实保障流动儿童公平受教育的权利。只有构筑起“个体—家庭—学校—社会—政府”五位一体的流动儿童关爱支持系统，才能有效缓解流动儿童的相对剥夺心理，促进其城市适应和融合。

第四，重点关注影响流动儿童心理社会发展的危险性因素和保护性因素。研究表明相对剥夺感对流动儿童的心理社会适应具有显著的负性影响，而个人控制感、社会支持在其中起到一定的缓冲作用，公正世界信念、内群体认同在其中起到一定的调节作用。这提示我们在提高流动儿童城市适应的干预实践中，一方面应该注重对一些危险性因素（如相对剥夺感）进行合理消解，另一方面应加强对一些保护性因素（如个人控制感、社会支持）的培养和提升，从而切实消除相对剥夺感对流动儿童心理社会适应的不利影响。

第五，着力消除对流动儿童的不公正待遇和歧视性政策。研究发现，在利益相关情境（威胁情境）下，高相对剥夺水平流动儿童的内隐外群体偏好和内隐攻击性显著高于低相对剥夺水平的流动儿童，而内隐自尊显著低于低相对剥夺水平的流动儿童。这提示相关学校和教育行政部门，应尽量避免对流动儿童的不公正待遇和歧视性政策，从而消除其不公平对待经历和威胁情境知觉。

六、不足与展望

本书遵循严谨的实证研究范式，力求系统、全面呈现流动儿童相对剥夺感的全貌，但限于人力、物力、时间及其他各种主客观因素，本书也存在一些不足和有待改进的地方，也是后续研究的重点所在。

第一，测验法的局限性问题。在影响因素和外显作用机制部分，本书主要采用测验法来收集数据。由于测验法存在某些局限性，如被试的回答可能存在社会称许效应，收集到的数据可能存在共同方法变异的影响，这些局限性可能影响到研究的效度。为了尽可能减少测验法的局限性给研究结果带来的不利影响，我们选用了信效度均较高的成熟量表作为测量工具，同时采用了严格的数据筛查技术和规范的统计分析技术，另外本书也是在前期访谈研究的基础上展开的，因此可以认为研究结果的内部效度是可靠的。各部分共同方法偏差统计检验也表明共同方法偏差效应在本书中并不严重。后续研究在使用测验法时可采用自评和他评相结合的数据收集方法，同时将量化研究和质性研究相结合，从而更全面、客观地揭示流动儿童的心理发展机制。

第二，横断研究设计的因果关系推论问题。除流动儿童相对剥夺感的纵向发展趋势之外，本书的主体部分采用的是横断研究设计，可能难以得出个体和环境因素与相对剥夺感之间，以及相对剥夺感与心理社会适应之间的因果关系的结论。因此，在将研究结果进行因果关系的推论时应持谨慎态度。后续研究可采用纵向追踪研究和教育干预研究，进一步验证并丰富本研究的发现。

第三，被试取样的代表性问题。由于条件的限制，本书的被试主要取自福建省，由此得出的研究结果是否适用于其他省份乃至全国的被试还有待验证。因此，在将研究结果推及其他地区的流动儿童时需抱持谨慎态度。如果条件许可，后续研究可在全国流动儿童较多的省份和地区进行大样本广泛施测，也可将城市流动儿童和农村留守儿童作对比研究，从而进一步验证和推广本研究的结果。

第四，研究结果的效果量问题。本书虽然得出了一些较为显著的研究结果，但有些结果的效果量不高。因此需谨慎看待本书中效果量较小的相关研究结果。这提示后续研究需进一步完善整体研究设计，严格控制研究中可能存在的无关变量的影响，也说明后续需加强实验研究和质性研究的力度。

参考文献

白文飞，徐玲.（2009）. 流动儿童社会融合的身份认同问题研究——以北京市为例. *中国社会科学院研究生院学报*，（2），18-25.

北京市流动儿童就学及心态状况调查课题组.（2006）. 北京市流动儿童学校师生心态状况调查研究. *新视野*，（3），62-64.

蔡华俭.（2003）. 内隐自尊效应及内隐自尊与外显自尊的关系. *心理学报，35*（6），796-801.

蔡华俭.（2006）. 泛文化的自尊——基于中国大学生的研究证据. *心理学报，38*（6），902-909.

陈超.（2011）. *心理距离对内隐攻击性的影响*. 硕士学位论文. 华东师范大学.

陈陈，张心玮.（2013）. *家庭教养方式与同伴友谊对流动儿童外显和内隐群际态度的影响*. 南京：第十六届全国心理学学术会议论文集.

陈美芬，陈舜蓬.（2005）. 攻击性网络游戏对个体内隐攻击性的影响. *心理科学，28*（2），458-460.

陈启山.（2009）. 内隐社会认知研究述评. *心理研究，2*（6），19-24.

陈文锋，张建新.（2004）. 积极/消极情感量表中文版的结构和效度. *中国心理卫生杂志，18*（11），763-765.

陈欣，杜建政.（2006）. 父母教养方式与内隐攻击性的关系研究. *心理科学，29*（4），798-801.

陈雪菲，黄爱军.（2014）. 论当前我国贫富差距中的两极分化问题. *铜陵学院学报*，（4），67-69.

陈祉妍，杨小冬，李新影.（2009）. 流调中心抑郁量表在我国青少年中的试用. *中国临床心理学杂志，17*（4），443-445.

辞海编辑委员会.（1979）. *辞海*（语词分册）. 上海：上海辞书出版社.

丛亚平，李长久.（2010）. 收入分配失衡威胁我国社会稳定. *共产党员*，（7），26.

崔丽娟，胡海龙，吴明证，解春玲.（2006）. 网络游戏成瘾者的内隐攻击性研究. *心理科学，29*（3），570-573.

戴春林，吴明证，杨治良.（2006）. 个体攻击性结构与自尊关系研究. *心理科学，29*（1），44-46.

戴春林，杨治良，吴明证.（2005）. 内隐攻击性的实验研究. *心理科学，28*（1），96-98.

邓丽.（2012）. *流动儿童城市社会适应状况研究*. 硕士学位论文. 华东理工大学.

邓小晴，师保国.（2013）. 流动儿童歧视知觉与自尊：社会支持与流动时间的作用. *中国特殊教育*，（8），48-54.

丁芳，吴伟，周鋆，范李敏.（2014）. 初中流动儿童的内隐群体偏爱、社会支持及其对学校适应的影响. *心理学探新，34*（3），249-254.

丁倩，唐云，魏华，张永欣，周宗奎.（2018）. 相对剥夺感与大学生网络游戏成瘾的关系：一个有调节的中介模型. *心理学报，50*（9），1041-1050.

董蔚楠.（2012）. *流动儿童群体偏好的特征研究*. 硕士学位论文. 西南大学.

范兴华.（2012）. *家庭处境不利对农村留守儿童心理适应的影响*. 长沙：湖南师范大学出版社.

范兴华，陈锋菊.（2012）. 流动儿童歧视知觉与抑郁：应对方式与社会支持的调节. *中国临床心理学杂志，20*（4），539-542.

范兴华，方晓义，刘勤学，刘杨.（2009）. 流动儿童、留守儿童与一般儿童社会适应比较. *北京师范大学学报（社会科学版）*，（5），33-40.

范兴华，方晓义，刘杨，蔺秀云，袁晓娇.（2012）. 流动儿童歧视知觉与社会文化适应：社会支持和社会认同的作用. *心理学报，44*（5），647−663.

范志光，魏欣，杜玲利，李英.（2013）. 城市小学留守儿童攻击性行为的研究. *现代预防医学，40*（13），2426-2428.

方晓义，范兴华，刘杨.（2008）. 应对方式在流动儿童歧视知觉与孤独情绪关系上的调节作用. *心理发展与教育*，（4），93-99.

付允.（2010）. *社会相对剥夺感理论、模型与实证研究*. 博士学位论文. 中国科学院研究生院.

付允.（2011）. *可持续发展的公平度量：相对剥夺感理论、模型与实证研究*. 北京：中国发展出版社.

耿晓伟，郑全全.（2005）. 中国文化中自尊结构的内隐社会认知研究. *心理科学，28*（2），379-382.

辜美惜，郑雪，邱龙虎.（2010）.我国流动儿童心理研究现状述评.*心理科学，33*（4），910-912.

郭海英，陈丽华，叶枝，潘瑾，林丹华.（2017）. 流动儿童同伴侵害的特点及与内化问题的循环作用关系：一项追踪研究. *心理学报，49*（3），336-348.

郭俊东.（2009）. *相对剥夺感对自评健康及负面健康行为之影响*. 硕士学位论文. 台湾大学.

郭良春，姚远，杨变云.（2005）. 公立学校流动儿童少年城市适应性研究——北京市 JF 中学的个案调查. *中国青年研究*，（9），50-55.

郭星华.（2001）. 城市居民相对剥夺感的实证研究. *中国人民大学学报*，（3），71-78.

郭星华，等.（2011）. *漂泊与寻根——流动人口的社会认同研究*. 北京：中国人民大学出版社.

国家统计局.（2021）. 第七次全国人口普查公报（第七号）——城乡人口和流动人口情况. 2021-05-11，http://www.stats.gov.cn/tjsj/tjgb/rkpcgb/qgrkpcgb/202106/t20210628_1818826.html

国家统计局.（2022）. 居民收入水平较快增长，生活质量取得显著提高——党的十八大以来经济社会发展成就系列报告之十九. 2022-10-11，http://www.stats.gov.cn/xxgk/jd/sjjd2020/202210/t20221011_1889192.html

韩会君，陈建华.（2010）. 生态系统理论视域下青少年体育参与的影响因素分析. *广州体育学院学报，30*（6），16-20.

韩煊.（2009）. *流动儿童健康状况及其影响因素的结构方程模型研究*. 博士学位论文. 华中科技大学.

何小芹，曾韵熹，叶一舵.（2017）. 贫困大学生相对获得感的现状调查分析. *锦州医科大学学报（社会科学版），15*（3），65-67.

贺雪峰.（2022）. 共同富裕与三轮驱动的中国式现代化. *南京农业大学学报（社会科学版）*，

（4），1-7.
侯娟，邹泓，李晓巍.（2009）. 流动儿童家庭环境的特点及其对生活满意度的影响. *心理发展与教育*，（2），78-85.
侯舒艨，袁晓娇，刘杨，蔺秀云，方晓义.（2011）. 社会支持和歧视知觉对流动儿童孤独感的影响：一项追踪研究. *心理发展与教育*，（4），401-411.
胡冰，张春妹，韩晓.（2013）. 同伴关系对流动儿童心理适应的影响研究. *中小学德育*，（12），23-27.
胡宁，方晓义，蔺秀云，刘杨.（2009）. 北京流动儿童的流动性、社交焦虑及对孤独感的影响. *应用心理学，15*（2），166-176.
胡韬.（2007）. *流动少年儿童社会适应的发展特点及影响因素研究*. 硕士学位论文. 西南大学.
胡韬，李建年，郭成.（2012）. 贵阳市流动儿童社会适应状况分析. *中国学校卫生，33*（9），1140-1142.
胡志海.（2009）. 网络行为失范者的内隐攻击性、内隐自尊研究. *心理科学，32*（1），210-212.
黄群瑛.（2011）. 解决大学生心理健康问题的新视角：心理弹性理论. *中国成人教育*，（5），33-35.
纪丽君.（1995）. 社会（人际）比较. *心理学动态，3*（2），43-48.
纪伟标，王玲，莫宏媛，刘菁菁，程云玮.（2013）. 结果预期对青少年攻击性行为的影响：中介效应与调节效应. *心理发展与教育*，（1），86-93.
江光荣.（2004）. 中小学班级环境：结构与测量. *心理科学，27*（4），839-843.
江琴.（2013）. 儿童发展的心理弹性理论在留守儿童教育中的应用. *福建论坛（人文社会科学版）*，（10），178-181.
蒋奖，王荣，张雯.（2013）. “蚁族”群体的公正世界信念与幸福感研究. *心理发展与教育*，（2），208-213.
教育部，公安部.（1998）. *流动儿童少年就学暂行办法*. 1998-03-02，http://www.people.com.cn/item/flfgk/gwyfg/1998/206002199801.html
金灿灿，邹泓.（2012）. 中学生班级环境、友谊质量对社会适应影响的多层线性模型分析. *中国特殊教育*，（8），60-65.
金灿灿，邹泓，李晓巍.（2011）. 青少年的社会适应：保护性和危险性因素及其累积效应. *北京师范大学学报（社会科学版）*，（1），12-20.
金霞，谢丽华.（2013）. 中国贫富两极分化的成因与消解对策. *现代经济探讨*，（2），27-30.
柯江林，孙健敏，李永瑞.（2009）. 心理资本：本土量表的开发及中西比较. *心理学报，41*（9），875−888.
孔令雷，昝青蕊，陈晓芳.（2014）. 中职学校进城务工人员随迁子女学生相对剥夺感的实践研究——基于上海市两所中职学校的调查. *职业教育研究*，（12），15-19.
寇彧，洪慧芳，谭晨，李磊.（2007）. 青少年亲社会倾向量表的修订. *心理发展与教育*，（1），112-117.
乐国安.（2009）. *社会心理学理论新编*. 天津：天津人民出版社.
雷有光.（2004）. 都市“小村民”眼中的大世界——城市流动人口子女社会认知的调查研究. *教育科学研究*，（6），27-31.

李春，宫秀丽.（2006）. 自我分类理论概述. *山东师范大学学报（人文社会科学版），51*（3），157-160.

李丹，陈峰，陈欣银，陈斌斌.（2011）. 文化背景与社会行为和适应：城市、农村和流动三类儿童的比较研究. *心理科学，34*（1），93-101.

李丹黎，张卫，李董平，王艳辉.（2012）. 父母行为控制、心理控制与青少年早期攻击和社会退缩的关系. *心理发展与教育*，（2），201-209.

李俊.（2004）. 相对剥夺理论与弱势群体的心理疏导机制. *社会科学*，（4），74-78.

李宁.（2008）. 透析农民工子女的"相对剥夺感". *唐山师范学院学报，30*，121-124.

李强.（2004）. *农民工与中国社会分层*. 北京：社会科学文献出版社.

李文道，邹泓，赵霞.（2003）. 初中生的社会支持与学校适应的关系. *心理发展与教育*，（3），73-81.

李小青，邹泓，王瑞敏，窦东徽.（2008）. 北京市流动儿童自尊的发展特点及其与学业行为、师生关系的相关研究. *心理科学，31*（4），909-913.

李晓东，陈怡，高秋凤.（2007）. 流浪儿童的性格与行为特点研究. *华南师范大学学报（社会科学版）*，（6），126-130.

连淑芳.（2005）. 内—外群体偏爱的内隐效应实验研究. *心理科学，28*（1），93-95.

林崇德.（2018）. *发展心理学（第三版）*. 北京：人民教育出版社.

林崇德，杨治良，黄希庭.（2003）. *心理学大辞典（上、下册）*. 上海：上海教育出版社.

林颖.（2012）. *流动儿童自尊对学业自我妨碍的影响研究*. 硕士学位论文. 西南大学.

蔺秀云，方晓义，刘杨，兰菁.（2009）. 流动儿童歧视知觉与心理健康水平的关系及其心理机制. *心理学报，41*（10），967-979.

刘霞.（2008）. *流动儿童的歧视知觉：特点、影响因素与作用机制*. 博士学位论文. 北京师范大学.

刘霞.（2013）. 个体和群体歧视知觉对流动儿童主观幸福感的影响. *心理科学，36*（1），116-121.

刘霞，申继亮.（2009）. 流动儿童的歧视归因倾向及其对情感的影响. *中国心理卫生杂志，23*（8），599-602.

刘霞，申继亮.（2010a）. 流动儿童的歧视知觉及与自尊的关系. *心理科学，33*（3），695-697.

刘霞，申继亮.（2010b）. 环境因素对流动儿童歧视知觉的影响及群体态度的调节作用. *心理发展与教育*，（4），395-401.

刘霞，赵景欣，申继亮.（2013）. 歧视知觉对城市流动儿童幸福感的影响：中介机制及归属需要的调节作用. *心理学报，45*（5），568−584.

刘妍洁.（2013）. *流动儿童少年身份认同现状及其与身份凸显性的关系*. 硕士学位论文. 西南大学.

刘艳华.（2005）. 由"相对剥夺感"谈和谐社会的构建. *赤峰学院学报（汉文哲学社会科学版），26*（4），46-49.

刘杨，方晓义.（2011）. 流动儿童社会身份认同状况研究. *国家行政学院学报*，（3），61-66.

刘杨，方晓义，戴哲茹，王玉梅.（2012）. 流动儿童歧视、社会身份冲突与城市适应的关系. *人口与发展，18*（1），19-27.

刘杨，方晓义，张耀方，蔡蓉，吴杨.（2008）. 流动儿童城市适应标准的研究. *应用心理学，*

14（1），77-83.

刘玉新，张建卫.（2000）. 内隐社会认知探析. *北京师范大学学报（人文社会科学版）*，（2），88-93.

柳思芳，陈明，张娜娜，李媛媛，徐钟庚.（2021）. 相对剥夺感对大学生抑郁的影响：链式中介效应分析. *人类工效学，27*（1），22-27.

卢璇.（2012）. 流动儿童歧视知觉与心理适应：社会支持的作用. 硕士学位论文. 湖南科技大学.

罗桂芬.（1990）. 社会改革中人们的“相对剥夺感”心理浅析. *中国人民大学学报*，（4），84-89.

马皑.（2012）. 相对剥夺感与社会适应方式：中介效应和调节效应. *心理学报，44（3）*，377-387.

马恒芳.（2017）. *社会工作介入流动妇女相对剥夺感问题的实务研究——以濮院镇流动妇女为例*. 硕士学位论文. 东北石油大学.

马弘.（1993）. 儿童社交焦虑量表. *中国心理卫生杂志，7*（S），216−217.

马诗浩，植凤英，邓霞.（2019）.流动儿童社会适应与自我提升的追踪研究. *中国特殊教育*，（1），77-83.

苗艳敏.（2008）. 内隐社会认知的研究方法综述. *社会心理科学，23*（3-4），34-37.

聂衍刚，刘伯兴.（2011）. 青少年心理控制源与社会适应行为的关系. *宁波大学学报（教育科学版），33*（4），25-29.

彭丽娟.（2012）. *群体文化启动情境下，流动儿童的文化身份认同及其对心理适应的影响研究*. 硕士学位论文. 西南大学.

彭丽娟，陈旭，罗书伟.（2011）. 流动儿童的集体自尊及其与学校归属感的关系. *中国特殊教育*，（10），63-67.

青连斌.（2012）. 遏制贫富差距扩大刻不容缓. *人民论坛*，（23），27.

邱达明，曹东云，杨慧文.（2008）. 南昌市流动儿童心理健康状况的调查研究. *中国健康教育，24*，33-37.

邱剑，安芹.（2012）. 初中流动儿童疏离感与亲社会行为的关系：社会支持的中介作用. *中国特殊教育*，（1），64-68.

屈卫国.（2007）. 心理弹性理论及其对幼儿教育的启示. *学前教育研究*，（5），32-34.

任云霞.（2006）. 社会排斥与流动儿童的城市适应的研究. *陕西青年管理干部学院学报*，（1），16-17，21.

任志洪，江光荣，叶一舵.（2011）. 班级环境与青少年抑郁的关系：核心自我评价的中介与调节作用. *心理科学，34*（5），1106-1112.

阮昆良.（2004）. 中学生心理控制源和时间管理倾向的相关研究. *中国临床心理学杂志，12*（2），147-150.

申继亮.（2009）. *透视处境不利儿童的心理世界（下）*. 北京：北京师范大学出版社.

申继亮，等.（2009）. *处境不利儿童的心理发展现状与教育对策研究*. 北京：经济科学出版社.

师保国.（2006）. *城乡流动与儿童创造性的关系*. 博士学位论文. 北京师范大学.

师保国，徐玲，许晶晶.（2009）. 流动儿童幸福感、安全感及其与社会排斥的关系.*心理科学，32*（6），1452-1454.

石丹理，韩晓燕，李美羚.（2006）. 青少年对父母亲职及亲子关系质量的认知：香港与上海的比较. *社会，26*，137-157.
宋广文，骆风.（2014）. 城镇化进程中的流动儿童心理健康教育. *江苏师范大学学报（哲学社会科学版），40*（3），149-154.
宋明华，刘燊，朱转，祝阳君，韩尚锋，张林.（2018）. 相对剥夺感影响网络集群攻击行为：一个有调节的双路径模型. *心理科学，41*（6），1436-1442.
苏晓龙.（2016）. 获得感的三个层次. 大众日报，2016-02-17.
苏志强，张大均，王鑫强，王金良.（2012a）. 大学生公正世界信念和亲社会倾向的关系研究. *中华行为医学与脑科学杂志，21*（5），433-435.
苏志强，张大均，王鑫强.（2012b）. 公正世界信念量表的修订及在大学生应用的信效度研究. *中华行为医学与脑科学杂志，21*（6），561-563.
苏志强，张大均，王鑫强.（2013）. 高中生负性生活事件和主观幸福感：公正世界信念的中介作用分析. *中国特殊教育*，（3），73-78.
孙时进.（2011）. *社会心理学导论*. 上海：复旦大学出版社.
谭千保.（2010）. 城市流动儿童的社会支持与学校适应的关系. *中国健康心理学杂志，18*（1），68-70.
唐春芳.（2012）. *威胁情境下流动儿童自尊对群际偏好的影响研究*. 硕士学位论文. 西南大学.
田澜，王鑫强，陈志强.（2005）. 师范大学生性别角色期望的调查. *中国临床康复，9*（4），96-98.
田录梅.（2006）. Rosenberg（1965）自尊量表中文版的美中不足. *心理学探新，26*（2），88-91.
田媛.（2009）. *青少年内隐攻击性：网络暴力刺激的启动效应*. 硕士学位论文. 华中师范大学.
田媛，周宗奎，丁倩.（2011a）. 网络暴力材料对青少年内隐攻击性的影响研究. *教育研究与实验*，（4），88-91.
田媛，周宗奎，谷传华，范翠英，魏华.（2011b）. 网络中暴力刺激对青少年内隐攻击性的影响. *中国特殊教育*，（7），75-81.
弯美娜，刘力，邱佳，杨晓莉.（2011）. 集群行为：界定、心理机制与行为测量. *心理科学进展，19*（5），723-730.
王芳，师保国.（2014）. 歧视知觉、社会支持和自尊对流动儿童幸福感的动态影响. *贵州师范大学学报（自然科学版），32*（1），14-19.
王璟.（2011）. *流动幼儿社会适应现状的调查研究——以清远市为例*. 硕士学位论文. 西南大学.
王礼鑫.（2000）. "干部"群体相对剥夺感现象及实证. *中国国情国力*，（11），42.
王琳.（2009）. *不同专业大学生内隐攻击性、外显攻击性与人格特质、应对方式的相关研究*. 硕士学位论文. 天津师范大学.
王宁.（2007）. 相对剥夺感：从横向到纵向——以城市退休老人对医疗保障体制转型的体验为例. *西北师大学报（社会科学版），44*（4），19-25.
王培暄.（1999）. 贫富差距社会风险的承受力、预警及对策. *南京大学学报（哲学·人文科学·社会科学）*，（4），127-135.
王浦劬，季程远.（2018）. 新时代国家治理的良政基准与善治标尺——人民获得感的意蕴和量度. *中国行政管理*，（1），6-12.
王瑞敏，邹泓.（2010）. 北京市流动儿童主观幸福感的特点. *中国心理卫生杂志，24*（2），

131-134.
王思斌.（1988）．“相对剥夺”与改革环境的建造. *社会科学*,（3），32-37.
王思斌.（2017）. 发展社会工作增强获得感. *中国社会工作*,（13），62.
王晓芬，庄云.（2012）. 3～6 岁外来务工人员子女同伴交往能力的发展特点. *学前教育研究*,（9），29-34.
王兴超，杨继平.（2013）. 道德推脱与大学生亲社会行为：道德认同的调节效应. *心理科学, 36*（4），904-909.
王玉花.（2010）. 从心理弹性理论视角看留守儿童的社会支持网络. *教育学术月刊*,（10），6-7.
王志杰，张晶晶，潘毅，高隽.（2014）. 社会支持对流动儿童抑郁的影响：韧性的中介作用. *中国临床心理学杂志, 22*（2），311-314.
王中会，Jin，蔺秀云.（2014）. 流动儿童心理韧性对其抑郁、孤独的影响. *中国特殊教育*,（4），54-59.
王中会，蔺秀云.（2012）. 流动儿童心理韧性及对其城市适应的影响. *中国特殊教育*,（12），12-18.
卫兴华.（2013）. 我国贫富分化的现实与成因评析. *江苏师范大学学报（哲学社会科学版）, 39*（5），129-133.
魏欣，陈旭.（2010）. 农村留守初中生亲社会倾向特点及其与人格、家庭功能的关系. *心理发展与教育*,（4），402-408.
温忠麟，刘红云，侯杰泰.（2012）. *调节效应和中介效应分析*. 北京：教育科学出版社.
邬琼.（2017）. *我国贫富差距的现状及原因分析*. 国家信息中心，2017-08-21，http://www.sic.gov.cn/News/455/8377.htm
吴明证，孙晓玲，耿开迪，丁莹.（2009）. 青少年内隐自尊稳定性的压力缓冲作用. *心理科学, 32*（6），1321-1324.
吴伟炯，刘毅，路红，谢雪贤.（2012）. 本土心理资本与职业幸福感的关系. *心理学报, 44*（10），1349−1370.
吴艳，温忠麟.（2011）. 结构方程建模中的题目打包策略. *心理科学进展, 19*（12），1859-1867.
吴艳，温忠麟，林冠群.（2009）. 潜变量交互效应建模：告别均值结构. *心理学报, 41*（12），1252-1259.
伍秋萍，冯聪，陈斌斌.（2011）. 具身框架下的社会认知研究述评. *心理科学进展, 19*（3），336-345.
伍新春，郭素然，刘畅，陈玲玲，郭幽圻.（2012）. 社会变迁中父亲职能的凸显：基于生态系统理论的分析. *华南师范大学学报（社会科学版）*,（6），56-62.
现代汉语辞海编辑委员会.（2003）. 现代汉语辞海.北京：中国书籍出版社.
向玲，赵玉芳.（2013）. 使用加工分离程序对低地位群体内/外群体偏爱的研究. *心理科学, 36*（3），702-705.
肖崇好，黄希庭.（2011）. 社交焦虑个体外显与内隐自尊的研究.*心理科学, 34*（2），289-292.
肖敏敏.（2012）. *公立学校流动儿童的情绪体验与社会行为——基于社会排斥的视角*. 硕士学位论文. 首都师范大学.
肖雪莲.（2006）. 运用“相对剥夺感”理论对我国转型时期弱势群体的心理进行探析与调适.

吉林广播电视大学学报,（4）, 79-81.

解春玲.（2005）. 浅谈内隐社会认知的研究与现状. *心理科学, 28*（1）, 146-148.

谢熹瑶，毕重增，罗跃嘉.（2010）. 积极情景线索对内隐攻击性的影响. *心理科学, 33*（1）, 44-47.

谢子龙，侯洋，徐展.（2009）. 初中流动儿童社会支持与问题行为特点及其关系分析. *中国学校卫生, 30*（10）, 898-900.

辛自强，郭素然，池丽萍.（2007）. 青少年自尊与攻击的关系：中介变量和调节变量的作用. *心理学报, 39*, 845-851.

邢淑芬，刘霞，赵景欣，师保国.（2011）. 歧视知觉对流动儿童群体自尊的影响及内部机制. *心理发展与教育, 27*, 654-661.

邢淑芬，俞国良.（2005）. 社会比较研究的现状与发展趋势. *心理科学进展, 13*（1）, 78-84.

邢占军，牛千.（2017）. 获得感：供需视阈下共享发展的新标杆. *理论学刊*,（5）, 107-112.

熊猛，叶一舵.（2011）. 中国城市农民工子女心理健康研究述评. *心理科学进展, 19*（12）, 1798-1813.

熊猛，叶一舵.（2012）. 大学生主观幸福感影响因素分析. *中国公共卫生, 28*（9）, 1222-1224.

熊猛，叶一舵.（2013）. 城市农民工子女社会支持与主观幸福感的关系：自尊的中介与调节作用. *中国特殊教育*,（6）, 80-86.

熊猛，叶一舵.（2016）. 相对剥夺感：概念、测量、影响因素及作用. *心理科学进展, 24*（3）, 438-453.

徐德淼，唐日新，解军.（2007）. 外显和内隐攻击性表现方式的性别差异实验研究. *心理科学, 30*（6）, 1342-1344.

徐岩.（2011）. 父母关爱行为与儿童社会退缩行为——以儿童个体情绪调节为中介的实证研究. *南京农业大学学报（社会科学版）, 11*（3）, 95-102.

严义娟，佐斌.（2008）. 外群体偏爱研究进展. *心理科学, 31*（3）, 671-674.

杨福义.（2006）. *内隐自尊的理论与实验研究*. 博士学位论文. 华东师范大学.

杨福义，梁宁建.（2005）. 问题学生内隐自尊的初步研究. *心理科学, 28*（2）, 332-336.

杨福义，梁宁建.（2007）. 内隐自尊与外显自尊的关系：多重内隐测量的视角. *心理科学, 30*（4）, 785-790.

杨卉.（2007）. *流动儿童家庭教育研究——以北京市海淀区为例*. 硕士学位论文. 中央民族大学.

杨丽娴.（2009）. *妒忌的内隐特性：理论与实验*. 博士学位论文. 华东师范大学.

杨小艳.（2007）. *进城农民工子女社会适应现状及原因分析*. 硕士学位论文. 湖北大学.

杨宜音.（2005）. “社会认同的理论与经验研究”工作坊召开研讨会. *社会学研究*,（4）, 240-242.

杨治良，刘素珍，钟毅平，高桦，唐永明.（1997）. 内隐社会认知的初步实验研究. *心理学报, 29*（1）, 18-22.

叶茂林，彭运石.（2004）. 内隐社会认知视野中的攻击性. *心理学探新, 24*（2）, 58-62.

叶一舵，熊猛.（2017）. 环境因素对流动儿童相对剥夺感的影响：流动时间的调节作用. *中国特殊教育*,（7）, 41-46.

叶枝，柴晓运，郭海英，翁欢欢，林丹华.（2017）. 流动性、教育安置方式和心理弹性对流动儿童孤独感的影响：一项追踪研究. *心理发展与教育，33*（5），595-604.
阴国恩，梁福成，白学军.（1998）. *普通心理学*. 天津：南开大学出版社.
殷世东，王守恒.（2009）. 城市“流动学生”行为失范及其应对策略——基于安徽省阜阳市进城农民工子女教育问题的调查与思考. *学术交流*，（12），238-241.
应贤慧，戴春林.（2008）. 中学生移情与攻击行为：攻击情绪与认知的中介作用. *心理发展与教育*，（2），73-78.
于全磊.（2011）. *中国文化下的内隐自尊研究*. 硕士学位论文. 华中科技大学.
袁晓娇，方晓义，刘杨，李芷若.（2009）. 教育安置方式与流动儿童城市适应的关系. *北京师范大学学报（社会科学版）*，（5），25-31.
袁晓娇，方晓义，刘杨，蔺秀云.（2012）. 流动儿童压力应对方式与抑郁感、社交焦虑的关系：一项追踪研究. *心理发展与教育*，（3），283-291.
袁晓娇，方晓义，刘杨，蔺秀云，邓林园.（2010）. 流动儿童社会认同的特点、影响因素及其作用. *教育研究*，（3），37-45.
曾守锤.（2009）. 流动儿童的自尊及其稳定性和保护作用的研究. *华东师范大学学报（教育科学版），27*（2），64-69.
曾守锤.（2010a）. 流动儿童的心理适应：困境、问题、优势及建议. *华东理工大学学报（社会科学版）*，（5），13-18.
曾守锤.（2010b）. 流动儿童的社会适应状况及其风险因素的研究. *心理科学，33*（2），456-458.
曾守锤，李其维.（2007）. 流动儿童社会适应的研究：现状、问题及解决办法. *心理科学，30*（6），1426-1428.
张东宁，王有智.（2005）. IAT 测验对攻击性内隐社会认知的应用研究. *心理学探新，25*（4），74-77.
张兰鸽，张莉，寇彧，田启瑞.（2011）. 中学生完美主义特点及其与亲社会倾向的关系. *心理发展与教育*，（4），365-373.
张黎明，赵顺义.（2003）. *让我们共享阳光——中国九城市流动儿童状况调查研究报告*. 北京：人民教育出版社.
张力为，梁展鹏.（2002）. 运动员的生活满意感：个人自尊与集体自尊的贡献. *心理学报，34*（2），160-167.
张莉，申继亮.（2011）. 农村留守儿童主观幸福感与公正世界信念的关系研究. *中国特殊教育*，（6），78-82.
张林，张向葵.（2003）. 态度研究的新进展——双重态度模型. *心理科学进展，11*（2），171-176.
张书维，王二平.（2011）. 群体性事件集群行为的动员与组织机制. *心理科学进展，19*（12），1730-1740.
张书维，王二平，周洁.（2010）. 相对剥夺与相对满意：群体性事件的动因分析. *公共管理学报，7*（3），95-102.
张书维，王二平，周洁.（2012）. 跨情境下集群行为的动因机制. *心理学报，44*（4），524-545.
张书维，周洁，王二平.（2009）. 群体相对剥夺前因及对集群行为的影响——基于汶川地震灾区民众调查的实证研究. *公共管理学报，6*（4），69-77.

张伟源，覃玉宇，吴俊端，唐峥华.（2010）. 南宁市 536 名流动儿童行为问题分析. *中国学校卫生，31*（1），60-61.

张樱樱，叶海，叶一舵，熊猛.（2021）. 流动儿童学校归属感、相对剥夺感与其攻击行为之间的关系. *中国临床心理学杂志，29*（5），986-990.

张莹瑞，佐斌.（2006）. 社会认同理论及其发展. *心理科学进展，14*（3），475-480.

张镇，李幼穗.（2005）. 青少年内隐与外显自尊的比较研究. *心理与行为研究，3*（3），219-224.

赵建梅.（2011）. 试论亚当斯的公平理论在高校教师激励中的应用. *教育与职业*，（14），50-51.

赵淑娟，郑秀娟，刘嘉邦.（2009）. 流动儿童心理弹性研究——现状及启示. *中国健康心理学杂志，17*，1020-1022.

赵志裕，温静，谭俭邦.（2005）. 社会认同的基本心理历程——香港回归中国的研究范例. *社会学研究*，（5），202-227.

郑杭生，李路路.（2004）. *当代中国城市社会结构：现状与趋势*. 北京：中国人民大学出版社.

郑砚.（2012）. *流动儿童社会适应状况研究*. 硕士学位论文. 山东大学.

周皓.（2010）. 流动儿童的心理状况与发展——基于"流动儿童发展状况跟踪调查"的数据分析. *人口研究，34*（2），66-75.

周浩，龙立荣.（2004）. 共同方法偏差的统计检验与控制方法. *心理科学进展，12*（6），942-950.

周佳.（2006）. 农民工子女进入大城市公办学校的困境. *中国教师*，（7），17-19.

周颖，刘俊升，杨海波.（2007）. 阈下攻击启动对内隐攻击性的影响. *心理科学，30*（2），325-327.

朱婵媚，宫火良，郑希付.（2006）. 未成年人内隐攻击性特征的实验研究. *心理学探新，26*（2），48-50.

朱永新，袁振国.（1990）. *政治心理学*. 北京：知识出版社.

邹泓.（2003）. *青少年的同伴关系：发展特点、功能及其影响因素*. 北京：北京师范大学出版社.

Rosenberg，M.（1965）. 自尊量表. //汪向东，王希林，马弘（编）. *心理卫生评定量表手册*（增订版，pp.318-320）. 北京：中国心理卫生杂志社.

Abrams，D.（1990）. *Political identity：Relative deprivation，social identity and the case of Scottish nationalism*（Initiative Occasion No. 24）. London：City University，Economic and Social Research Council.

Abrams，D.，& Grant，P. R.（2012）. Testing the social identity relative deprivation（SIRD）model of social change：The political rise of Scottish nationalism. *British Journal of Social Psychology，51*（4），674-689.

Aleksynska，M.（2011）. Relative deprivation，relative satisfaction，and attitudes towards immigrants：Evidence from Ukraine. *Economic Systems，35*，189-207.

Ambrosio，C. D.，& Frick，J. R.（2007）. Income satisfaction and relative deprivation：An empirical link. *Social Indicators Research，81*，497-519.

Appelgryn，A. E. M.，& Bornman，E.（1996）. Relative deprivation in contemporary South Africa.

Journal of Social Psychology, *136*（3）, 381-397.

Appelgryn, A. E. M., & Nieuwoudt, J. M.（1988）. Relative deprivation and the ethnic attitudes of blacks and Afrikaans-speaking whites in South Africa. *The Journal of Social Psychology*, *128*（3）, 311-323.

Archer, J.（2009）. Does sexual selection explain human sex differences in aggression. *Behavioral and Brain Sciences*, *32*, 249-311.

Ashford, S. J., & Tsui, A. S.（1991）. Self-regulation for managerial effectiveness: The role of active feedback seeking. *Academy of Management Journal*, *34*（2）, 251-280.

Barrera, M. J.（1988）. Models of social support and life stress: Beyond the buffering hypothesis. In L.H. Cohen（Ed.）, *Life events and psychological functioning: Theoretical and methodological issues*（pp.211-236）. Newbury Park, CA: Sage.

Barrett, L. F., Tugade, M. M., & Engle, R. W.（2004）. Individual differences in working memorycapacity and dual-process theories of the mind. *Psychological Bulletin*, *130*, 553-573.

Berkowitz, L.（1974）. Some determinants of impulsive aggression: The role of mediated associations with reinforcements for aggression. *Psychological Review*, *81*, 165-176.

Berkowitz, L.（1984）. Some effects of thoughts oil anti-and prosocial influences of media events: A cognitive-neoassociation analysis. *Psychological Bulletin*, *95*（3）, 410-427.

Berkowitz, L.（1986）. *A survey of social psychology*（3rd ed.）. New York: Holt, Rinehart & Winston.

Bernburg, J. G., Thorlindsson, T., & Sigfusdottir, I.D.（2009）. Relative deprivation and adolescent outcomes in Iceland: Amultilevel test. *Social Forces*, *87*（3）, 1223-1250.

Berry, J. W.（1997）. Immigration, acculturation, and adaptation. *Applied Psychology: An International Review*, *46*, 5-34.

Birt, C. M., & Dion, K. L.（1987）. Relative deprivation theory and responses to discrimination in a gay male and lesbian sample. *Brirish Journal of Social Psychology*, *26*, 139-145.

Blair, I.（2002）. The mellability of automatic stereotypes and prejudice. *Personality and Social Psychology Review*, *6*, 242-261.

Bolino, M., & Turnley, W. H.（2009）. Relative deprivation among employees in lower-quality leader-member exchange relationships. *Leadership Quarterly*, *20*, 276-286.

Bougie, E.（2005）. *The cultural narrative of Francophone and Anglophone Quebecers and their perceptions of temporal relative deprivation: Links with esteem and well-being*.Montreal, Canada: McGill University. Unpublished doctoral dissertation.

Bougie, E., Usborne, E., de la Sablonnière, R., & Taylor, D. M.（2011）. The cultural narratives of Francophone and Anglophone Quebecers: Using a historical perspective to explore the relationships among collective relative deprivation, in-group entitativity, and collective esteem. *British Journal of Social Psychology*, *50*（4）, 726-746.

Bradley, R. H., & Corwyn, R. F.（2002）. Socioeconomic status and child development. *Annual Review of Psychology*, *53*, 371-399.

Bronfenbrenner, U.（1979）. *The ecology of human development*. Camvridge: Harvard University Press.

Bronfenbrenner, U. (1989) . Ecological systems theory. *Annual of Child Development*, *6*, 185-246.

Bronfenbrenner, U., & Ceci, S. J. (1994) . Nature-nurture reconceptualized in developmental perspective: A bioecological model. *Psychological Review*, *101*, 568-586.

Brown, R. (2000) . Social identity theory: Past achievements, current problems and future challenges. *European Journal of Social Psychology*, *30*, 745-778.

Buss, A. H., & Perry, M. (1992) . The aggression questionnaire. *Journal of Personality and Social Psychology*, *63* (3), 452-459.

Buunk, B. P., & Janssen, P. P. M. (1992) . Relative deprivation, career issues, and mental health among men in midlife. *Journal of Vocational Behavior*, *40*, 338-350.

Callan, M. J., Shead, N.W., & Olson, J.M. (2011) . Personal relative deprivation, delay discounting, and gambling. *Journal of Personality and Social Psychology*, *101* (5), 955-973.

Canache, D. (1996) . Looking out my back door: The neighborhood context and perceptions of relative deprivation. *Political Research Quarterly*, *49*, 547-571.

Cantril, H. (1965) . *The pattern of human concerns*. New Brunswick, NJ: Rutgers University Press.

Carlson, S. M., & Moses, L.J. (2001) . Individual differences in inhibitory control and children's theory of mind. *Child Development*, *72* (4), 1032-1053.

Caskell, G., & Smith, P. (1984) . Relative deprivation in black and white youth: An empirical investigation. *British Journal of Social Psychology*, *23*, 121-131.

Chaiken, S. E., & Trope, Y. (1999) . *Dual-process theories in social psychology*. New York: Guilford Press.

Cole, S. M. (2012) . The relationship between relative deprivation and adult nutritional status in rural Zambia. *American Journal of Human Biology*, *24*, 800-805.

Coll, C. G., Lamberty, G., Jenkins, R., McAdoo, H. P., Crnic, K., Wasik, B. H., & Garcia, H. V. (1996) . An integrative model for the study of developmental competencies in minority children. *Child Development*, *67* (5), 1891-1914.

Cook, T. D., Crosby, F., & Hennigan, K. M. (1977) . The construct validity of relative deprivation. In J. M. Suls & R. L. Miller (Eds.), *Social comparison processes: Theoretical and empirical perspectives* (pp.307-333) . Washington, DC: Hemisphere Publication Corporation.

Crocker, J., & Major, B. (1989) . Social stigma and self-esteem: The self-protective properties of stigma. *Psychological Review*, *96*, 608-630.

Cropanzano, R., & Randall, M. L. (1995) . Advance notice as a means of reducing relative deprivation. *Social Justice Research*, *8* (2), 217-238.

Crosby, F. (1976) . A model of egoistical relative deprivation. *Psychological Review*, *83*, 85-113.

Crosby, F. (1982) . *Relative deprivation and working women*. New York, NY: Oxford University Press.

Crosby, F. (1984) . The denial of personal discrimination. *American Behavioral Scientist*, *27*, 371-386.

Dalbert, C. (1999) . The world is more just for me than generally: About the personal belief in a just world scale's validity. *Social Justice Research*, *12* (2), 79-98.

Dalbert, C. (2002). Beliefs in a just world as a buffer against anger. *Social Justice Research*, *15* (2), 123-145.

Dalbert, C., & Dzuka, J. (2003). Mental health and personality of Slovak unemployed adolescent: The impact of belief in a just world. *Journal of Applied Social Psychology*, *32* (4), 732-757.

Dambrun, M., Taylor, D. M., McDonald, D. A., Crush, J., & Méot, A. (2006). The relative deprivation-gratification continuum and the attitudes of South Africans toward immigrants: A test of the V-curve hypothesis. *Journal of Personality and Social Psychology*, *91* (6), 1032-1044.

Davis, J. A. (1959). A formal interpretation of the theory of relative deprivation. *Sociometry*, *22*, 280-296.

de la Rey, C., & Raju, P. (1996). Group relative deprivation: Cognitive versus affective components and protest orientation among Indian South Africans.*The Journal of Social Psychology*, *136* (5), 579-588.

de la Sablonnière, R., & Tougas, F. (2008). Relative deprivation and social identity in times of dramatic social change: The case of nurses. *Journal of Applied Social Psychology*, *38* (9), 2293–2314.

de la Sablonnière, R., Auger, É., Sadykova, N., & Taylor, D. M. (2010). When the “we” impacts how “I” feel about myself: Effect of temporal collective relative deprivation on personal well-being in the context of dramatic social change in Kyrgyzstan. *European Psychologist*, *15* (4), 271-282.

de la Sablonnière, R., Taylor, D. M., Perozzo, C., & Sadykova, N. (2009a). Reconceptualizing relative deprivation in the context of dramatic social change: The challenge confronting the people of Kyrgyzstan.*European Journal of Social Psychology*, *39*, 325-345.

de la Sablonnière, R., Tougas, F., & Lortie-Lussier, M. (2009b).Dramatic social change in Russia and Mongolia: Connecting relative deprivation to social identity. *Journal of Cross-Cultural Psychology*, *40*, 327-348.

Deaton, A. (2001). Relative deprivation, inequality, and mortality.Unpublished manuscript.

Donnenwerth, G. V., & Cox, H. G. (1978). Attitudinal militancy among teachers. *Sociological Quarterly*, *19*, 459-468.

Eibner, C. (2000). *Income, relative deprivation, and mortality: Evidence from individual-leveldata*. Unpublished manuscript.

Eibner, C., & Evans, W. N. (2005). Relative deprivation, poor health habits, and mortality. *Journal of Human Resources*, *40*, 591-620.

Eibner, C., Sturm, R., & Gresenz, C. R. (2004). Does relative deprivation predict the need for mental health services? *The Journal of Mental Health Policy and Economics*, *7*, 167-175.

Ellemers, N. (2002). Social identity and relative deprivation.In I.Walker & H. J. Smith (Eds.), *Relative deprivation: Specification, development, and integration* (pp.239-264). New York: Cambridge University Press.

Feldman, D. C., Leana, C. R., &Bolino, M. C. (2002). Underemployment and relative deprivation among re-employed executives. *Journal of Occupational & Organizational Psychology*, *75* (4), 453-471.

Festinger, L. (1954). A theory of social comparison processes. *Human Relations*, *7*, 117-140.

Fiske, S. T. (1993). Social cognition and social perception. *Annual Review of Psychology*, *44*, 155-194.

Folger, R. (1987). Reformulating the preconditions of resentment: A referent cognitions model.In J. C. Masters & W. P. mith (Eds.), *Social comparison, social justice and relative deprivation: Theoretical, empirical and policy perspectives* (pp.183-215). Hillsdale, NJ: Lawrence Erlbaum.

Folger, R., Rosenfield, D., & Robinson, T. (1983). Relative deprivation and procedural justifications. *Journal of Personality and Social Psychology*, *45* (2), 268-273.

Gawronsk, B., & Bodenhausen, G.V. (2007). Unraveling the processes underlying evaluation: Attitudes from the perspective of the APE model. *Social Cognition*, *25* (5), 687-717.

Grant, P. R. (2008). The protest intentions of skilled immigrants with credentialing problems: A test of a model integrating relative deprivation theory with social identity theory. *British Journal of Social Psychology*, *47* (4), 687-705.

Grant, P. R., & Brown, R. (1995). From ethnocentrism to collective protest: Responses to relative deprivation and threats to social identity. *Social Psychology Quarterly*, *58*, 195-212.

Greenwald, A. G., & Banaji, M. R. (1995). Implicit Social Cognition: Attitudes, Self-esteem, and Sterotypes. *Psychological Review*, *102* (1), 4-27.

Greenwald, A. G., & Farham, S. D. (2000). Using the implicit association test to measure self-esteem and self-concept. *Journal of Personality and Social Psychology*, *79* (6), 1022-1038.

Greenwald, A. G., McGhee, D. E., & Schwartz, J. L. (1998). Measuring individual differences in implicit cognition: The Implicit Association Test. *Journal of Personality and Social Psychology*, *74* (6), 1464-1480.

Griffin, J., & Soskolne, V. (2003). Psychological distress among Thai migrant workers in Israel. *Social Science & Medicine*, *57*, 769-774.

Guimond, S., & Dubé-Simard, L. (1983). Relative deprivation theory and the Quebec nationalist movement: The cognition-emotion distinction and the personal-group deprivation issue. *Journal of Personality and Social Psychology*, *44* (3), 526-535.

Gurin, P., Gurin, G., Lao, R. C., & Beattie, M. (1969). Internal-external control in the motivational dynamics of Negro youth. *Journal of Social Issues*, *25*, 29-53.

Gurr, T. R. (1970). *Why men rebel*.Princeton, NJ: Princeton UniversityPress.

Halevy, N., Chou, E. Y., Cohen, T. R., & Bornstein, G. (2010). Relative deprivation and intergroup competition. *Group Processes & Intergroup Relations*, *13* (6), 685-700.

Hovey, J. D., & Magaña, C. G. (2002). Psychosocial predictors of anxiety among immigrant Mexican migrant farmworkers: Implications for prevention and treatment. *Cultural Diversity and Ethnic Minority Psychology*, *8*, 274-289.

Huebner, E. S. (1991). Initial development of the Students' Life Satisfaction Scale. *School Psychology International*, *12* (3), 231-240.

Jacoby, L. L., Toth, J. P., & Yonelinas, A.P.（1993）. Separation conscious and unconscious influences of memory: Measuring recollection. *Journal of Experimental Psychology: General*, *122*（2）, 139-154.

Jasinskaja-Lahti, I., & Yijälä, A.（2011）. The model of pre-acculturative stress-A pre-migration study of potential migrants from Russia to Finland. *International Journal of Intercultural Relations*, *35*, 499-510.

Jencks, C., & Mayer, S.（1990）. The social consequences of growing up in a poor neighborhood. In L.E. Lynn（Ed.）, *Inner-city poverty in the United States*（pp.111-186）. Washington, DC: National Academy Press.

John, J. T., Banaji, M. R., & Nosek, B. A.（2004）. A decade of system justification theory: Accumulated evidence of conscious and unconscious bolstering of the status quo. *Political Psychology*, *25*（6）, 478-485.

Jost, J. T.（2001）. Outgroup favoritism and the theory of system justification: An experimental paradigm for investigating the effects of socio-economic success on stereotype content. In G. Moskowitz（Ed.）, *Cognitive social psychology: The Princeton symposium on the legacy and future of social cognition*（pp.89-102）. Mahwah, NJ: Erlbaum.

Kawakami, K., & Dion, K. L.（1993）. The impact of salientself-identities on relative deprivation and action intentions. *European Journal of Social Psychology*, *23*, 525-540.

Kawakami, K., & Dion, K. L.（1995）. Social identity and affect as determinants of collective action: Toward an integration of relative deprivation and social identity theories. *Theory Psychology*, *5*（4）, 551-577.

Kim, H., Kim, E., Suh, E. M., Callan, M. J., & Gnambs, T.（2018）. Development and preliminary validation of a Korean version of the personal relative deprivation scale. *PloS One*, *13*（5）, e0197279.

Kondo, N., Kawachi, I., Subramanian, S.V., Takeda, Y., & Yamagata, Z.（2008）. Dosocial comparisons explain the association between income inequality and health?: Relative deprivation and perceived health among male and female Japanese individuals. *Social Science & Medicine*, *67*, 982-987.

Kondo, N., Sembajwe, G., Kawachi, I., van Dam, R. M., Subramanian, S.V., & Yamagata, Z.（2009）. Income inequality, mortality, and self rated health: Meta-analysis of multilevel studies. *British Medical Journal*, *339*, 44-71.

Koomen, W., & Fränkel, E. G.（1992）. Effects of experienced discrimination and different forms of relative deprivation among Surinamese, a Dutch ethnic minority group. *Journal of Community & Applied Social Psychology*, *2*（1）, 63-71.

Koschate, M., Hofmann, W., & Schmitt, M.（2012）.When East meets West: A longitudinal examination of the relationship between group relative deprivation and intergroup contact in reunified Germany. *British Journal of Social Psychology*, *51*（2）, 290-311.

Kuo, C.-T., & Chiang, T.-L.（2013）. The association between relative deprivation and self-rated health, depressive symptoms, and smoking behavior in Taiwan. *Social Science & Medicine*, *89*, 39-44.

La Greca, A. M., Dandes, S. K., Wick, P., Shaw, K., & Stone, W. L. (1988). Development of the social anxiety scale for children: Reliability and concurrent validity. *Journal of Clinical Child Psychology*, *17* (1), 84-91.

Lagacé, M. (2003). *Identité, privation relative et désengagement: de l'effet des stéréotypes sur la base de l'âge* [Identity, relative deprivation and disengagement: The effect of stereotypes based on age]. Unpublished doctoral dissertation, University of Ottawa, Ontario, Canada.

Leach, C. W., Iyer, A., & Pedersen, A. (2007). Angry opposition to government redress: When the structurally advantaged perceive themselves as relatively deprived. *British Journal of Social Psychology*, *46* (1), 191-204.

Leavey, G., Rozmovits, L., Ryan, L., & King, M. (2007). Explanations of depression among Irish migrants in Britain. *Social Science &Medicine*, *65*, 231-244.

Lerner, M. J., & Miller, D. T. (1978). Just world research and the attribution process: Looking back and ahead. *Psychological Bulletin*, *85* (5), 1030-1051.

Levin, S. (1992). *Intergroup biases as a function of social dominance orientation, ingroup status, and ingroup identification*. Unpublished master's thesis. University of California.

Lhila, A., & Simon, K. I. (2010). Relative deprivation and child health in the USA. *Social Science & Medicine*, *71*, 777-785.

Lindell, M. K., & Whitney, D. J. (2001). Accounting for common method variance in cross-sectional research designs. *Journal of Applied Psychology*, *86* (1), 114-121.

Major, B., Quinton, W., & McCoy, S. (2002). Antecedents and consequences of attributions to discrimination: Theoretical and empirical advances. In M. P. Zanna (Ed.) *Advances in Experimental Social Psychology*, 34, 251-329.

Marsh, H. W., Wen, Z., Hau, K. -T., Little, T.D., Bovaird, J. A., & Widaman, K. F. (2007). Unconstrained structural equation models of latent interactions: Contrasting residual and mean-centered approaches. *Structural Equation Modeling*, *14*, 570-580.

Martin, J. (1986). The tolerance of injustice.In J. Olson, C. P. Herman, & M. Zanna (Eds.), *Relative deprivation and social comparison*: *The ontario symposium* (pp.217-242) .Hillsdale, NJ: Lawrence Erlbaum.

McClelland, D. C. (1967). *The achieving society*.New York: Free Press.

Mclaughlin, K. A., Costello, E. J., Leblanc, W., Sampson, N. A., & Kessler, R. C. (2012). Socioeconomic status and adolescent mental disorders. *American Journal of Public Health*, *102* (9), 1742-1750.

Mejía, O. L., & McCarthy, C. J. (2010). Acculturative stress, depression, and anxiety in migrant farmwork college students of Mexican heritage. *International Journal of Stress Management*, *17*, 1-20.

Mellott, D. S., & Greenwald, A. G. (1999). *Measuring implicit ageism*: *Comparing the Implicit Association Test and priming methods*. Paper presented at the Annual Meeting of the American Psychological Society.

Merton, R. K. (1957). *Social theory and social structure*.New York: Free Press.

Mitchell, J. P, Nosek, B. A, & Banaji, M. R. (2003). Contextual variatious in implicit evaluation. *Journal of Experiment Psychology：General，132*（3），455-469.

Moore，D.（2003）. Perceptions of sense of control，relative deprivation，and expectations of young Jews and Palestinians in Israel. *Journal of Social Psychology，143*（4），521-540.

Mummendey，A.，Kessler，T.，Klink，A.，& Mielke，R.（1999）. Strategies to cope with negativesocial identity：Predictions by social identity theory and relative deprivation theory. *Journal of Personality and Social Psychology，76*，229-249.

Ohno，H.，Masuda，S.，& Maeno，T.（2022）. A Japanese version of the personal relative deprivation scale（J-PRDS）：Development and validation of the J-PRDS. *Current Psychology*，（2），1-10.

Olson，J. M.，& Hafer，C. L.（1996）. Affect，motivation，and cognition in relative deprivation research. In R. M. Sorrentino & E. T. Higgins（Eds.），*Handbook of motivation and cognition*（Vol. 3，pp.85-117）. New York：Guilford Press.

Olson，J. M.，Roese，N. J.，Meen，J.，& Robertson，D. J.（1995）. The preconditions and consequences of relative deprivation：Two field studies. *Journal of Applied Social Psychology，25*（11），944-964.

Ong，A. S.，& Ward，C.（2005）. The construction and validation of a social support measure for Sojourners：The Index of Sojourner Social Support（ISSS）Scale. *Journal of Cross-Cultural Psychology，36*，637-661.

Osborne，D.，& Sibley，C. G.（2013）. Through rose-colored glasses：System-justifying beliefs dampen the effects of relative deprivation on well-being and political mobilization. *Personality and Social Psychology Bulletin，39*（8），991-1004.

Osborne，D.，Smith，H. J.，& Huo，Y. J.（2012）. More than a feeling：Discrete emotions mediate the relationship between relative deprivation and reactions to workplace furloughs. *Personality and Social Psychology Bulletin，38*，628-641.

Panning，W. H.（1983）. Inequality，social comparison，and relative deprivation. *The American Political Science Review，77*（2），323-329.

Park，E. R.，& Burgess，E. W.（1921）. *Introduction to the science of sociology*. Chicago：University of Chicago Press.

Pearlin，L. I.，& Schooler，C.（1978）. The structure of coping. *Journal of Health and Social Behavior，19*，2-21.

Petta，G.，& Walker，I.（1992）. Relative deprivation and ethnic identity. *British Journal of Social Psychology，31*（4），285-293.

Pettigrew，T. F.（2002）. Summing up：Relative deprivation as a key social psychological concept. In I. Walker & H. J. Smith（Eds.），*Relative deprivation：Specification，development，and integration*（pp.351-374）. New York，NY：Cambridge University Press.

Pettigrew，T. F.，Christ，O.，Wagner，U.，Meertens，R. W.，van Dick，R.，& Zick，A.（2008）. Relative deprivation and intergroup prejudice. *Journal of Social Issues，64*（2），385-401.

Phinney，J.（1992）. The multi-group ethnic identity measure：A new scale for use with diverse groups. *Journal of Adolescent Research，7*，156-176.

Podsakoff, P. M., MacKenzie, S.B., Lee, J. Y., & Podsakoff, N. P. (2003). Common method biases in behavioral research: A critical review of the literature and recommended remedies. *Journal of Applied Psychology, 88* (5), 879-903.

Prelow, H. M., Mosher, C. E., & Bowman, M. A. (2006). Perceived racial discrimination, social support, and psychological adjustment among African American college students. *Journal of Black Psychology, 32*, 442-454.

Radloff, L. S. (1977). The CES-DScale: A self-report depression scale for research in the general population. *Applied Psychological Measure, 1*, 385-401.

Raju, P. (1991). *Fraternal relative deprivation: The cognitive vs affective distinction and protest orientation among Indian South Africans.* Unpublished master's dissertation, University of Durban-Westville, Durban.

Ritter, C., Benson, D. E., & Snyder, C. (1990). Belief in a just world and depression. *Sociological Perspectives, 33*, 235-252.

Rose, G. (1966). Anomie and deviation: A conceptual framework for empirical studies. *British Journal of Sociology, 17*, 29-45.

Rosenzweig, S. (1945). The picture-association method and its application in a study of reactions to frustration. *Journal of Personality, 14*, 3-23.

Rotter, J. B. (1966). Generalized expectancies for internal versus external control of reinforcement. *Psychological Monographs, 80* (1, Whole No. 609).

Ruggiero, K. M., & Taylor, D. M. (1997). Why minority members perceive or donot perceive the discrimination that confronts them: The role of self-esteem and perceived control. *Journal of Personality and Social Psychology, 72* (2), 373-389.

Runciman, W. G. (1966). *Relative deprivation and social justice.* London: Routledge.

Salti, N. (2010). Relative deprivation and mortality in South Africa. *Social Science & Medicine*, 70, 720-728.

Schachter, S. (1959). *The Psychology of Affiliation.* Stanford, CA: Stanford University Press.

Schmidt, S. (2022). Child maltreatment & child migration: Abuse disclosures by central American and Mexican unaccompanied migrant children. *Journal on Migration and Human Security, 10* (1), 77-92.

Schmitt, M., & Maes, J. (2002). Stereotypic ingroup bias as self-defense against relative deprivation: Evidence from a longitudinal study of the German unification process. *European Journal of Social Psychology, 32* (3), 309-326.

Schmitt, M., Maes, J., & Widaman, K. (2010). Longitudinal effectsof egoistic and fraternal relative deprivation on well-beingand protest. *International Journal of Psychology, 45*, 122-130.

Schwartz, D., Chang, L., & Farver, J. M. (2001). Correlates of victimization in Chinese children's peer groups. *Developmental Psychology, 37*, 520-532.

Sen, J., & Pal, D. P. (2013). Changes in relative deprivation and social well-being. *International Journal of Social Economics, 40* (6), 528-536.

Shek, D. T. L. (2003). Economic stress, psychological well-being and problem behavior in Chinese adolescents with economic disadvantage. *Journal of Youth and Adolescence, 32* (4), 259-266.

Singer，M. S.（1992）. The application of relative deprivation theory to justice perception of preferential selection. *Current Psychology，11*（2），128-144.

Smith，H. J.，& Ortiz，D. J.（2002）. Is it just me? The different consequences of personal and group relative deprivation.In I. Walker & H. J. Smith（Eds.），*Relative deprivation：Specification，development，and integration*（pp.91-115）. New York：Cambridge University Press.

Smith，H. J.，Cronin，T.，& Kessler，T.（2008）. Anger，fear or sadness：Faculty members' emotional reactions to collective pay disadvantage. *Political Psychology*，29，221-246.

Smith，H. J.，Pettigrew，T. F.，Pippin，G. M.，& Bialosiewicz，S.（2012）. Relative deprivation：A theoretical and meta-analytic review. *Personality and Social Psychology Review，16*（3），203-232.

Smith，H. J.，Spears，R.，& Oyen，M.（1994）. People like us：The influence of personal deprivation and group membership salience on justice evaluations. *Journal of Experimental Social Psychology，30*（3），277-299.

Smith，H. J.，& Walker，I.（2008）. Feeling relative deprivation：The rocky road from comparisons to actions. In U. Wagner，L. R. Tropp，G. Finchilescu，& C. G. Tredoux（Eds.），*Improving intergroup relations：Building on the legacy of Thomas F. Pettigrew*（pp.227-243）. Oxford，UK：Blackwell.

Smith，R. H.（2000）. Assimilative and contrastive emotional reactions to upward and downward social comparisons. In J. Suls，L. Wheeler，J. Suls，L. Wheeler（Eds.），*Handbook of social comparison：Theory and research*（pp.173-200）. Dordrecht Netherlands：Kluwer Academic Publishers.

Stevens，G.W. J. M.，& Vollebergh，W. A. M.（2008）. Mental health in migrant children. *Journal of Child Psychology and Psychiatry，49*，276-294.

Stiles，B. L.，Liu，X.，& Kaplan，H. B.（2000）. Relative deprivation and deviant adaptations：The mediating effects of negative self-feelings. *Journal of Research in Crime and Delinquency，37*（1），64-90.

Stillman，S.，McKenzie，D.，& Gibson，J.（2009）. Migration and mental health：Evidence from a natural experiment. *Journal of Health Economics，28*，677-687.

Stouffer，S. A.，Suchman，E. A.，DeVinney，L. C.，Star，S. A.，& Williams，R. M.（1949）. *The American soldier：Adjustment during army life.* Princeton，NJ：Princeton University Press.

Subramanyam，M.，Kawachi，I.，Berkman，L.，& Subramanian，S. V.（2009）. Relative deprivation in income and self-rated health in the United States. *Social Science & Medicine，69*，327-334.

Suls，J. M.，& Miller，R. L.（1977）. *Social comparison processes：Theoretical and empirical perspectives*（pp.1-19）. Washington，DC：Hemisphere Publication Services.

Suls，J. M.，& Wheeler，L.（2000）. Handbook of social comparison：Theory and research. New York：Plenum Press.

Sweeney，P. D.，McFarlin，D. B.，& Inderrieden，E.J.（1990）. Using relative deprivation theory to explain satisfaction with income and pay level：A multistudy examination. *Academy of Management Journal*，*33*（2），423-436.

Tajfel，H.（1978）. Social categorization，social identity and social comparison. In H. Tajfel（Ed.），*Differentiation between social groups：Studies in the social psychology of intergroup relations*（pp.61-76）. London：Academic Press.

Tajfel，H.（1982）. Social psychology of intergroup relations. *Annual Review of Psychology，33*，1-39.

Tajfel，H.，& Turner，J. C.（1979）. An integrative theory of intergroup conflict. In W. G. Austin & S. Worchel（Eds.），*The social psychology of intergroup relations*（pp.33-47）. Monterey，CA：Brooks/Cole.

Tajfel，H.，& Turner，J. C.（1986）. The social identity theory of intergroup behavior. In S. Worchel & W. Austin（Eds.），*Psychology of Intergroup Relations*（pp.7-24）. Chicago：Nelson Hall.

Taylor，D. M.（1997）. The quest for collective identity：The plight of disadvantaged ethnic minorities. *Canadian Psychology，38*，174-189.

Taylor，D. M.（2002）. *The quest for identity：From minority groups to generation Xers*. Westport，CT：Praeger Publications.

Tiraboschi，M.，& Maass，A.（1998）. Reactions to perceived deprivation in ingroup and outgroup：A cross-cultural comparison. *European Journal of Social Psychology，28*（3），403-421.

Tougas，F.，& Beaton，A. M.（2002）. Personal and group relative deprivation：Connecting the "I" to the "we". In I. Walker & H. J. Smith（Eds.），*Relative deprivation：Specification，development，and integration*（pp.119-135）. Cambridge，UK：Cambridge University Press.

Tougas，F.，Lagacé，M.，de la Sablonnière，R.，& Kocum，L.（2004）. Implications of subscribing to ageism：From work to retirement. *Aging and Human Development，59*，1-23.

Tougas，F.，Rinfret，N.，Beaton，A. M.，& de la Sablonnière，R.（2005）. Policewomen acting in self-defense：Can psychological disengagement protect self-esteem from the negative outcomes of relative deprivation? *Journal of Personality and Social Psychology，88*（5），790-800.

Townsend，P.（1979）. *Poverty in the United Kingdom：A survey of household resources and standards of living*. London : Penguin Books.

Tougas，F.，& Veilleux，F.（1988）. The influence of identification，collective relative deprivation，and procedure of implementation on women's response to affirmative action：A causal modeling approach. *Canadian Journal of Behavioural Science，20*，15-28.

Tripathi，R. C.，& Srivastava，R.（1981）. Relative deprivation and intergroup attitudes. *European Journal of Social Psychology，11*（3），313-318.

Tropp，L. R.，& Wright，S. C.（1999）. Ingroup identification and relative deprivation：An examination across multiple social comparisons. *European Journal of Social Psychology，29*，707-724.

Tropp，L. R.，& Wright，S. C.（2001）. Ingroup identification as the inclusion of ingroup in the self. *Personality and Social Psychology Bulletin，27*，585-600.

Turley，R. N. L.（2002）. Is relative deprivation beneficial? The effects of richer and poorer neighbors on children's outcomes. *Journal of Community Psychology，30*（6），671-686.

Turner，J. C.，& Brown，R.（1978）. Social status，cognitive alternatives，and inter-group relations. In H. Tajfel（Ed.），*Differentiation between social groups*（pp.201-234）. San Diego，CA：Academic Press.

Turner，J. C.，Hogg，M. A.，Oakes，P. J.，Reicher，S.，& Wetherell，M. S.（1987）. *Rediscovering the social group*：*A Self-Categorization Theory.* Oxford : Blackwell.

Van Dyk，A. C.，& Nieuwoudt，J. M.（1990）. The relationship between relative deprivation and the attitudes of rural Afrikaans-speaking women towards blacks. *The Journal of Psychology*，*124*（5），513-521.

van Zomeren.，M.，Postmes，T.，& Spears，R.（2008）. Toward an integrative social identity model of collective action：A quantitative research synthesis of three socio-psychological perspectives. *Psychological Bulletin*，*134*（4），504-535.

Vanneman，R.，& Pettigrew，T. F.（1972）. Race and relative deprivationin the urban United States. *Race*，*13*，461-486.

Verkuyten，M.（1998）. Perceived discrimination and self-esteem among ethnic minority adolescents. *Journal of Social Psychology*，*138*，479-493.

Walker，I.（1999）. Effects of personal and group relative deprivation on personal and collective self-esteem. *Group Processes and Intergroup Relations*，*2*，365-380.

Walker，I.，& Mann，L.（1987）. Unemployment，relative deprivation，and social protest. *Personality and Social Psychology Bulletin*，*13*，275-283.

Walker，I.，& Pettigrew，T. F.（1984）. Relative deprivation theory：An overview and conceptual critique. *British Journal of Social Psychology*，*23*，301-310.

Walker，I.，& Smith，H. J.（Eds.）.（2002）. *Relative deprivation*：*Specification，development，and integration.* New York：Cambridge University Press.

Walker，I.，Wong，N.，& Kretzschmar，K.（2002）. Relative deprivationand attribution：From grievance to action. In I. Walker & H. J. Smith（Eds.），*Relative deprivation*：*Specification，developmentand integration*（pp.288-312）. Cambridge，UK：Cambridge University Press.

Ward，C.，& Rana-Deuba，A.（1999）. Acculturation and adaptation revisited. *Journal of Cross-Cultural Psychology*，*30*（4），422-442.

Webber，C.（2007）. Revaluating relative deprivation theory. *Theoretical Criminology*，*11*（1），97-120.

Wickham，S.，Shevlin，M.，& Bentall，R. P.（2013）. Development and validation of a measure of perceived relative deprivationin childhood. *Personality and Individual Differences*，*55*，399-405.

Wills，T. A.（1981）. Downward comparison principles in social psychology. *Psychological Bulletin*，*90*，245-271.

Wilson，T. D.，Lindsey，S.，& Schooler，T. Y.（2000）. A model of dual attitudes. *Psychological Review*，*107*，101-126.

Wright，B. R. E.，Avshalom，C.，Terrie，E. M.，Richard，A. M.，& Phil，A. S.（1999）. Reconsidering the relationship between SES and delinquency：Causation but not correlation. *Criminoiogy*，*37*（1），175-194.

Wright，S. C.（2009）. The next generation of collective action research. *Journal of Social Issues*，

65（4），859-879.

Wright，S. C.，& Tropp，L. R.（2002）. Collective action in response to disadvantage：Intergroup perceptions，social identification，and social change. In I. Walker & H. J. Smith（Eds.），*Relative deprivation：Specification，development，and integration（pp.200-236）*. New York：Cambridge University Press.

Wright，S. C.，Taylor，D. M.，& Moghaddam，F. M.（1990）. Responding to membership in a disadvantaged group：From acceptance to collective protest. *Journal of Personality and Social Psychology*，*58*，994-1003.

Zagefka，H.，Binder，J.，Brown，R.，& Hancock，L.（2013）. Who is to blame? The relationship between ingroup identification and relative deprivation is moderated by ingroup attributions. *Social Psychology*，*44*（6），398-407.

Zagefka，H.，& Brown，R.（2005）. Comparisons and perceived deprivation in ethnic minority settings. *Personality and Social Psychology Bulletin*，*31*，467-482.

Zhang，J.，& Tao，M.（2013）. Relative deprivation and psychopathology of Chinese college students. *Journal of Affective Disorders*，*150*，903-907.

Zhang，S. W.，Wang，E. P.，& Chen，Y. W.（2011）. Relative deprivation based on occupation：An effective predictor of Chinese life satisfaction. *Asian Journal of Social Psychology*，*14*（2），148-158.

Zhou，Y. F.，Jindal-Snape，D.，Topping，K.，& Todman，J.（2008）. Theoretical models of culture shock and adaptation in international students in higher education. *Studies in Higher Education*，*33*（1），63-75.

Zoogah，D. B.（2010）. Why should I be left behind? Employees' perceived relative deprivation and participation in development activities. *Journal of Applied Psychology*，*95*，159-179.

附　　录

附录 1　访谈提纲

亲爱的同学，您好！我们是××××大学心理学系的研究人员，现在正在进行一项关于城市外来儿童生活及学习状况的调研工作，您的参与将对我们的研究提供很大的帮助。本次访谈所有资料只用于科学研究，并且未经您本人的允许，您所提供的任何信息都将受到严格保密，所以请您放心回答。感谢您的合作与支持！

※ **基本资料：**

1. 你的年龄：________
2. 性别（□男　□女）
3. 年级（□小四　□小五　□小六　□初一　□初二　□初三）
4. 你的户口是（□农村户口　□城市户口）
5. 你是（□从外地来的学生　□城市当地的学生）
6. 若是从外地来的学生，你来城市多久了？________

※ **访谈题目：**

1. 你对自己目前的生活是否满意？如果不满意，体现在哪些方面？

2. 与其他外地来的孩子相比，你觉得自己生活得怎样？如果觉得有差异，体现在哪些方面？

3. 与城市当地孩子相比，你觉得自己生活得怎样？如果觉得有差异，体现在哪些方面？

4. 你是否受到过城市当地人（包括大人、孩子、老师、同学）的区别对待，请举例说明。

5. 你最看重城市生活中的哪些方面？请至少列出 10 条，并按重要性先后排序。

附录 2　被试基本信息调查表

※生活中，我们每个人都属于一些群体，人们会用不同的词语来描述这些群体，如中国人和外国人、本地人和外地人等。下面列出了两个群体，请选出你所在的群体：(　　)

A. 外地人：户口在农村老家的大人和孩子

B. 当地人：户口在城市当地的大人和孩子

※个人基本信息（请务必填写或打“√”）：

1. 年龄：______
2. 性别（□男　□女）
3. 是否独生子女（□是　□否）
4. 年级（□小四　□小五　□小六　□初一　□初二　□初三）
5. 你的户口是（□农村户口　□城市户口）
6. 你是（□从外地来的学生　□城市当地的学生）
7. 你来城市多久了？______年
8. 你的老家在哪个省市县？________________
   你的老家是城市还是农村（□城市　□农村）
9. 你出生在（□农村老家　□城市当地）
10. 你来城市后搬家次数：______；来城市之后转学次数：______

11. 父亲受教育程度（　　）；母亲受教育程度（　　）
    A. 没上过学　B. 小学　C. 初中　D. 高中　E. 大专　F. 本科及以上　G. 不清楚
12. 父亲现在的工作（　　）；母亲现在的工作（　　）
    A. 建筑工人　B. 餐饮服务人员　C. 医院医护人员　D. 家政服务
    E. 工厂工人　F. 自己做生意　G. 在家务农　H. 公务员
    I. 公司职员　J. 教师　K. 下岗或无业　L. 其他
13. 你现在住的家里是否有以下日用设施（多选题）(　　)
    A. 电脑　B. 电视　C. 电话　D. 冰箱　E. 洗衣机　F. 卫生间
    G. 洗浴设施　H. 厨房　I. 空调　J. 以上设施都没有
14. 你的家庭月收入大概在（□1000 元以下　□1000—2000 元　□2000—3500 元　□3500—5000 元
    □5000 元以上）

附录3 相对剥夺感正式量表（节选）

指导语：下面列出了一些你在城市的家庭经济、学习以及生活状况，请通过分别“与其他外地来的孩子相比较”以及“与城市当地的孩子相比较”，对自己的真实状况进行评价（在相应选项上画“○”）。

1. 与其他外地来的孩子相比，你觉得自己的家庭经济状况如何？
①非常不好 ②比较不好 ③有点不好 ④一般 ⑤有点好 ⑥比较好 ⑦非常好
2. 对此你是否感到满意？
①非常不满意 ②比较不满意 ③有点不满意 ④一般 ⑤有点满意 ⑥比较满意 ⑦非常满意

3. 与其他外地来的孩子相比，你觉得自己的家庭住房条件与居住环境如何？
①非常不好 ②比较不好 ③有点不好 ④一般 ⑤有点好 ⑥比较好 ⑦非常好
4. 对此你是否感到满意？
①非常不满意 ②比较不满意 ③有点不满意 ④一般 ⑤有点满意 ⑥比较满意 ⑦非常满意

13. 与城市当地的孩子相比，你认为外地来的孩子的家庭经济状况如何？
①非常不好 ②比较不好、③有点不好 ④一般 ⑤有点好 ⑥比较好 ⑦非常好
14. 对此你是否感到满意？
①非常不满意 ②比较不满意 ③有点不满意 ④一般 ⑤有点满意 ⑥比较满意 ⑦非常满意

15. 与城市当地的孩子相比，你认为外地来的孩子的家庭住房条件与居住环境如何？
①非常不好 ②比较不好 ③有点不好 ④一般 ⑤有点好 ⑥比较好 ⑦非常好
16. 对此你是否感到满意？
①非常不满意 ②比较不满意 ③有点不满意 ④一般 ⑤有点满意 ⑥比较满意 ⑦非常满意

附录 4　影响因素研究所用量表（节选）

当前经济压力量表

指导语：以下是有关你家里经济状况的问题，请根据实际情况回答。每道题只选一个答案。

1. 在过去的半年里，家里挣的钱不够花出去的：（　　）
   A. 完全没有　B. 很少　C. 有时　D. 总是
2. 在过去的半年里，家里由于经济困难而欠别人的钱：（　　）
   A. 完全没有　B. 很少　C. 有时　D. 总是
3. 在过去的半年里，你家里的经济状况如何：（　　）
   A. 没有经济困难　B. 有一些经济困难　C. 有相当大的经济困难　D. 有很大经济困难
4. 你认为你现在家里经济条件：（　　）
   A. 已经有所改善　B. 没有变化　C. 更加糟糕

"我的班级"问卷

指导语：这个问卷由一些句子组成，每个句子描述一种可能在班级里发生的情况或班级的特点。请根据你们班的实际情况，从右边选项中选择一个符合实际的答案（在答案代号上画一个"○"）。请记住你是在描述你们班的实际情况。

题目＼选项	从不如此	偶尔如此	有时如此	经常如此	总是如此
1. 同学们喜欢班主任。	0	1	2	3	4
2. 如果谁有心事，别的同学会关心他/她。	0	1	2	3	4
3. 我们班的课堂比较乱。	0	1	2	3	4
4. 同学之间竞争激烈。	0	1	2	3	4
5. 我们的家庭作业不多。	0	1	2	3	4

心理控制源量表

指导语：这是一份心理控制源量表，每一个题目都有 A、B 两个选项，请仔细阅读每一道题目，你认可哪个选项，就选那个对应的答案，填在前面的括号内。根据自己的第一感觉选择，不必仔细推敲，答案没有对、错之分。如果你已经理解了答题方法，就可以开始答题了。注意：每一题都为单选题。

1.（　）	A 孩子们出问题是因为他们的家长对他们责备太多了。 B 如今大多数孩子所出现的问题在于家长对他们太放任了。
2.（　）	A 人们生活中很多不幸的事都与运气不好有一定关系。 B 人们的不幸起因于他们所犯的错误。
3.（　）	A 产生战争的原因之一就在于人们对政治的关心不够。 B 不管人们怎样努力去阻止，战争总会发生。
4.（　）	A 最终人们会得到他在这世界上应得的尊重。 B 不幸的是，不管一个人如何努力，他的价值多半会得不到承认。
5.（　）	A 那种认为教师对学生不够公平的看法是无稽之谈。 B 大多数学生都没有认识到，他们的分数在一定程度上受到偶然因素的影响。

个体歧视知觉问卷

指导语：下面列出了一些在福州生活和学习过程中可能会发生的事情。请根据您自己的情况，对下面的事情进行评价。请在符合您情况的数字上画“○”。

题目　　选项	完全不符合	有些不符合	一般	有些符合	完全符合
6. 有些当地孩子不愿理我，躲着我	1	2	3	4	5
9. 在一些公共场所受到当地人的嘲笑	1	2	3	4	5
12. 有些当地孩子笑话我普通话不好	1	2	3	4	5
17. 我觉得当地人对我不友好	1	2	3	4	5

附录 5　外显作用机制研究所用量表（节选）

青少年孤独感量表

指导语：同学们，每个人在与同学交往中都会有一些感受。下面列出了人们体验到的一些感受。每道题后有 4 种选择（1=一点也不符合，2=比较不符合，3=比较符合，4=完全符合）。请你从中选择一个最符合你真实感受的答案，并在相应的数字上画“○”。

选项 / 题目	一点也不符合	比较不符合	比较符合	完全符合
1. 在学校我容易交上朋友	1	2	3	4
5. 在班上我很难让别的同学喜欢我	1	2	3	4
10. 当我心烦或苦恼时，找不到一个可以诉说的同学	1	2	3	4
15. 我常感到寂寞	1	2	3	4
20. 我常感到自己的兴趣和想法与周围同学不一样	1	2	3	4

流调中心用抑郁量表

指导语：下面是一些你可能有过的感受或行为，请根据你的实际情况，指出在上周内各种感受或行为的发生情况。请在相应的数字上画“○”。

在上周内，以下感受或行为发生的频率如何？	偶尔或无（不到 1 天）	有时或少许（1～2 天）	经常或一半时间（3～4 天）	多数时间或持续（5～7 天）
1. 我最近烦一些原来不烦心的事。	1	2	3	4
5. 我不能集中精力做事。	1	2	3	4
10. 我感到害怕。	1	2	3	4
15. 我觉得人们对我不友好。	1	2	3	4
20. 我提不起劲儿来做事。	1	2	3	4

儿童社交焦虑量表

指导语：请仔细阅读下面的一些描述，每个描述后有四个选项，请根据真实情况，在最符合您情况的一项上画“○”。谢谢您的合作！

选项 题目	从不这样	有时这样	经常这样	总是这样
2. 我担心被人耻笑。	0	1	2	3
4. 我和同学一起时很少说话。	0	1	2	3
6. 我觉得同学们取笑我。	0	1	2	3
8. 我担心其他同学会怎样说我。	0	1	2	3

积极/消极情感量表

指导语：请您根据自己过去一周内的实际情况对以下情绪状态进行评定，选择一个最符合自己情况的选项，并在相应数字上画“○”。

选项 题目	没有	偶尔	有时	经常有
2. 感到非常孤独或者与别人距离很大（在情感或兴趣方面）	1	2	3	4
6. 感到沮丧	1	2	3	4
10. 因为做事受到别人赞扬而感到自豪	1	2	3	4
14. 觉得莫名其妙地烦躁	1	2	3	4

生活满意度量表

指导语：下面是对过去几周生活的看法，请在最接近您的真实情况的数字上画“○”。

选项 题目	非常不同意	比较不同意	基本不同意	基本同意	比较同意	非常同意
2. 我的生活就应该是这样的	1	2	3	4	5	6
4. 我希望过一种不同的生活	1	2	3	4	5	6
6. 生活中我拥有我所想要的东西	1	2	3	4	5	6
7. 我的生活比其他大多数的同龄人要好	1	2	3	4	5	6

Rosenberg 自尊量表

指导语：请指出下列说法在多大程度上与您的情况相符合，并在最能描述您对自己感受的数字上画“○”。

题目＼选项	很不符合	不符合	符合	非常符合
1. 我感到我是一个有价值的人，至少与其他人在同一水平	1	2	3	4
3. 归根结底，我倾向于觉得自己是一个失败者	1	2	3	4
5. 我感到自己值得自豪的地方不多	1	2	3	4
7. 总的来说，我对自己是满意的	1	2	3	4
9. 我确实时常感到毫无用处	1	2	3	4

个人控制感量表

指导语：请您仔细阅读下面题目，想一下这些描述与您自己的符合程度，根据您的实际情况进行回答（在相应数字上画“○”)。

题目＼选项	非常不同意	比较不同意	比较同意	非常同意
1. 我不可能解决自己的问题	1	2	3	4
3. 我很少能够控制发生在我身上的事情	1	2	3	4
5. 我在解决生活中的问题时经常感到无能为力	1	2	3	4
7. 我很少能够改变我生活中的一些重要事情	1	2	3	4

公正世界信念量表

指导语：以下描述了一些你对这个世界以及自己的看法，想一下你对这些看法的同意程度，在最符合你真实情况的数字上画“○”。

题目＼选项	非常不同意	比较不同意	有点不同意	有点同意	比较同意	非常同意
3. 我确信公正总是可以战胜不公止	1	2	3	4	5	6
6. 我认为人们在做重大决定时会力求公正	1	2	3	4	5	6
9. 我相信我通常得到了我所应得的	1	2	3	4	5	6
12. 我相信在我生活中发生的大部分事情是公正的	1	2	3	4	5	6

攻击性问卷

指导语：请您仔细阅读下面的每一项陈述，在最符合您特点的选项上画“○”。每个人的特点都会与众不同，因此回答没有对错或好坏之分。您只要如实回答就行了，不必费事斟酌，也不要顾及他人或者社会的意见和态度，谢谢您的真诚合作！

题目 \ 选项	非常不符合	有点不符合	不清楚	有点符合	非常符合
1. 我的一些朋友认为我是一个脾气暴躁的人	1	2	3	4	5
5. 我曾经非常生气，甚至摔东西	1	2	3	4	5
10. 对那些过度友善的陌生人，我会心存怀疑	1	2	3	4	5
15. 有时我会满怀嫉妒	1	2	3	4	5
20. 有的时候，我觉得有人在背后嘲笑我	1	2	3	4	5

青少年社会退缩量表

指导语：请您根据自己的真实情况，评估您跟同学或同伴交往时的基本状况，在最符合您实际情况的数字上画“○”。

题目 \ 选项	从不	很少	有时	经常	总是
2. 常常刻意回避与同伴接触或交往	1	2	3	4	5
4. 常常将自己从群体中孤立开来	1	2	3	4	5
6. 常常表现得过分顺从别人	1	2	3	4	5
8. 常常受到周围同伴的命令和控制	1	2	3	4	5

青少年亲社会倾向量表

指导语：以下是一些句子，这些句子描述的内容可能像您，也可能不像您。请衡量一下，看看每个句子在多大程度上描述了您。有五种情况：1代表“非常不像我”、2代表“比较不像我”、3代表“一般”，4代表“比较像我”，5代表“非常像我”，请在代表最符合您情况的数字上画“○”。

题目＼选项	非常不像我	比较不像我	一般	比较像我	非常像我
3. 当别人请我帮忙时，我很少拒绝	1	2	3	4	5
7. 当别人请我帮助时，我会毫不犹豫地帮助他们	1	2	3	4	5
11. 别人求我帮助时，我会很快放下手头的事去帮助他	1	2	3	4	5
15. 当别人处于饥寒交迫时，我会很自然为他们提供帮助	1	2	3	4	5
19. 当别人要求我帮助他们时，我从不拖延	1	2	3	4	5

社会支持量表

指导语：下面是有助于您更好地在城市生活的行为，请根据您的实际情况仔细思考一下，是否有人对您做过下列行为，并在所选的答案上画“○”。

题目＼选项	没有人	几个人	一些人	有些人	很多人
1. 在你感到孤独和抑郁的时候，总有人能听你说话，陪你聊天	1	2	3	4	5
4. 在你哪都不想去时，有人陪你静静地待着	1	2	3	4	5
7. 无论快乐还是悲伤时，都有人陪着你	1	2	3	4	5
12. 帮助你解释一些你根本不懂的东西	1	2	3	4	5
15. 告诉你一些可以有的选择	1	2	3	4	5

群体认同量表

指导语：生活中，我们每个人都属于不同的群体，并且人们会用不同的词语来描述这些不同的群体，如本地人和外地人、中国人和外国人等等。对于自己所在的群体，每个人会存在不同的态度和看法。下面的问题主要是想了解你对外地人这一群体的态度。请仔细阅读每一句话，根据你的实际情况进行作答（在相应数字上画“○”）。

题目＼选项	非常不同意	比较不同意	有点不同意	有点同意	比较同意	非常同意
2. 在主要由我的群体成员参与的小组中，我表现得非常积极	1	2	3	4	5	6
5. 我很高兴自己是这个群体中的一员	1	2	3	4	5	6
8. 为了更多地了解我所在的群体，我经常和其他人讨论	1	2	3	4	5	6
11. 我对自己所属的群体具有很深的感情	1	2	3	4	5	6

附录 6　内隐作用机制研究所用材料

利益相关情境材料：

“近日，学校经研究决定，从下学期开始，在本校（A 中学）就读的所有从外地来的学生（即老家在农村，并且为农村户口的学生），在开学时必须上交每人 1000 元的借读费。原因是外地来的学生占用了学校的教育资源，影响了学校的教育质量和升学率。”

利益无关情境材料：

“近日，本校（A 中学）一名初三毕业生因为体能测试不达标而失去了报考省市重点高中的机会。据了解，该初三毕业生各门文化课成绩优秀（一直排在班级前三名），懂事乖巧，老师和同学们都非常喜欢她，仅仅因为中考体能测试不达标而失去了报考省市重点高中的机会，大家都觉得很不公平。”

后　记

2005年夏天，我“误打误撞”进入心理学，四年的本科、三年的硕士、三年的博士生涯以及六年的心理学教学与科研实践，如今我已在心理学这片沃土中默默耕耘了十六个春秋。经过十多年的“亲密接触”，我已深深地爱上了心理学这门“古老而又年轻”的学科，也逐渐领略到其中蕴含的自然科学的逻辑和人文学科的意境，特别是能够在自己喜欢的学科领域继续前行，还能够作为安身立命的手段，真的是何其幸哉！“十年磨一剑”，十多年来我专心、专一地致力于心理学的学习、研究和实践，已从一名心理学初学者逐渐成长为一名自认为合格的心理学研究者。本书的完成，得益于个人的专业积累，更得益于许多人的帮助和支持。在此，我要向多年来一直在我的学术之路上默默关心、支持我的师长朋友们倾诉我的感激和感谢！

感谢我的硕士生导师和博士生导师叶一舵教授，恩师是中国心理学界知名的心理学家，他以学识渊博、治学严谨、提携后进、平易近人而深受学生的爱戴，能够成为恩师的学生是我这一生最大的荣幸！六年里，受惠于恩师的厚爱和提携，每每去见恩师之前我都诚惶诚恐，唯恐辜负了恩师的期望和教诲。然而，恩师宽容、理解、幽默、洒脱的人格魅力和乐观坦荡的生活态度，让我心中的顾虑瞬间荡然无存；恩师对待学生无条件尊重、无条件关心、无条件支持、无条件指导的行为准则，让我每次与恩师的会面都感觉如沐春风；恩师对待学问“专心、专一、专业”的态度让我明白万丈高楼始于垒土，只有脚踏实地勤奋钻研，才有可能在心理学这片沃土上开出硕果。恩师不仅在学术道路上给予我极大的指引和教诲，在生活上也给予我无微不至的关怀，可以说我的每一点进步和提高都离不开恩师深切的关爱和教导，恩师的提携之意时常令我感动。师恩如山，无以回报，惟有今后勤勉为学，不踸师训！

感谢英国爱丁堡大学心理学系的 Wendy Johnson 教授，能够师从 Johnson 教授研修人格与社会心理学是我这一生最大的荣幸，能够到爱丁堡大学开展一年多的访学进修是我这一生最宝贵的记忆和财富！感谢 Johnson 教授在我访学期间的大力协助和适时鞭策。

感谢中国社会心理学会前任会长、中国心理学会常务理事、北京师范大学心理学部许燕教授一直以来对我学术成长的关注、关心和支持，特别是许燕教授在百忙之中欣然为本书作序，这种提携与厚爱让我深为感动。

感谢所有教诲我的老师！感谢中国科学院心理研究所的杨玉芳研究员、傅小兰研究员、李纾研究员、蔡华俭研究员，感谢复旦大学的孙时进教授，感谢南京师范大学的郭永玉教授、傅宏教授，感谢华中师范大学的周宗奎教授、马红宇教授，感谢中山大学的佐斌教授，感谢中央财经大学的辛自强教授，感谢湖北大学的邓晓红教授，感谢福州大学的白丽英教授，感谢福建师范大学的连榕教授、程利国教授、高华教授、孟迎芳教授、严由伟教授，感谢各位老师在学术上的悉心指点和思想上的启迪鼓舞。无论是课堂授业还是登门求教，各位老师在心理学领域的深厚造诣和真知灼见都让我受益匪浅。正是由于各位老师的多元建议和针砭斧正，方使本书少了一些不足，多了一些可读性。

感谢北京师范大学的方晓义教授、刘霞教授、蒋奖教授，香港中文大学的李丹黎博士，以及湖南师范大学的范兴华教授在研究工具方面的支持，特别是流动儿童歧视知觉领域的开拓者——刘霞教授的多次慷慨相助和热情地答疑解惑，让我深切地体会到一位真正的学者所应有的风范！

感谢所有帮助过我的同门和同学！感谢胡玉婷、廖艳芳、王亚楠、林梓越、蒋理想、吴玉芳等师弟师妹，特别感谢我的研究生程娟、刘志豪、刘若瑾等同学，由于他们多次不辞劳苦地协助访谈、问卷调查、数据录入以及担任实验主试，才使得我能够顺利完成这一“庞大”的书稿工程。

感谢在数据收集过程中提供便利和热心帮助的福州二十中的朱林老师，福州四中橘园洲中学的彭春梅老师，福州侨园小学的徐开娟老师，福州远洋小学的肖山校长、陈素娥老师，厦门金尚中学的李远老师，厦门何厝小学的李惠娜老师、简碧贞老师，晋江陈埭民族中学的陈瑞山校长、张建齐老师，泉州昇文小学的王岩英书记，荆州实验中学的沈丹副校长、汤祖军副校长，荆州实验小学的杨虎副校长，以及那些我未曾谋面，也未能一一列出您姓名的班主任和科任老师们，正是因为有你们的无私帮助，才使本书有可靠的数据保障。同时感谢所有参与问卷调查和访谈的同学们。

感谢长江大学教育与体育学院的张相乐院长、周守珍教授以及其他各位老师在工作方面的大力支持和帮助，能进入长江大学教育与体育学院这个大家庭是我一生的荣幸！

感谢亲爱的妻子万宝荣女士！多年来我们相知相扶，共同分享着成长中的艰辛和喜悦。特别是当我可爱的女儿熊毓灵出生之后，她主动承担了孩子的养育之责，让我有更多的时间、更大的空间、更多的自由来专注我的事业与专业发展，感谢命运之神将这样一位聪慧美丽、勤奋进取、有情有义的女子送到我的身边！

最后要感谢我的父母！自求学以来，你们的理解和支持给予了我无穷的动力，你们也是我最坚强的后盾。感谢三位姐姐在我读书期间给予经济上的适时资助和精神上的支持。感谢所有我爱的人和爱我的人，是你们的鼓励和帮助，让我不断进步。

本书即将完成，荣誉虽然是属于我个人的，但功劳却是大家的。本书完成的过程让我深切地体会到：一个人的学术进步是需要不断积累资源的；而一个人在学术道路上所取得的重要成果，除需要个人努力外，更需要他人的协助促成。这或许就是我在完成本书过程中所得到的最珍贵的收获！

熊　猛

2021 年 6 月 10 日于长江大学